ESSAIS

SUR LE RÉGIME

CONSTITUTIONNEL.

PARIS. — LE NORMANT FILS, IMPRIMEUR DU ROI,
rue de Seine, n° 8.

ESSAIS

SUR LE RÉGIME

CONSTITUTIONNEL,

ou

INTRODUCTION A L'ÉTUDE DE LA CHARTE.

PAR C. G. HELLO,

AVOCAT A LORIENT.

PARIS.

PONTHIEU ET Cie, LIBRAIRES, PALAIS-ROYAL.

LÉIPZIG. — PONTHIEU, MICHELSEN, ET Cie, LIBRAIRES.

LORIENT. — LEROUX-CASSARD, LIBRAIRE.

1827.

LA CHARTE est, dit-on, en péril; on publie qu'à aucune autre époque la question du régime constitutionnel et du pouvoir absolu ne s'est engagée d'une manière aussi précise; on appelle tous les citoyens au secours; on demande à chacun son tribut : voici le mien. J'apporte mes méditations sur le régime constitutionnel; j'ai cherché en quoi il différait précisément du pouvoir absolu; j'ai cru trouver de nouvelles raisons de l'aimer; je les offre à ses amis et à ses ennemis.

J'écarte les hommes et les choses du jour. Je dégage les principes, ou, si l'on veut, je les prive de la politique spéciale; je les réduis à leur intérêt propre. Et l'intérêt suffira-t-il? La scène que vient de nous donner la presse périodique, animée de toute la vivacité qu'une odieuse agression peut autoriser dans la défense de soi-même, a jeté sur les graves questions du pacte social un intérêt presque dramatique, dont je dois craindre que l'on ne consente plus à se passer. Au milieu des émotions qu'elle a laissées, un ouvrage de doctrine, où l'on ne recherche pas ce genre de polémique, trouvera-t-il grâce aux yeux du lecteur? Essayons. Ce serait un fâcheux symptôme pour l'esprit public que le goût exclusif des pamphlets; l'étude de la doctrine seule éclaire et soutient; quand on est venu reprendre haleine auprès d'elle, on retourne au combat plus sage et plus fort.

J'ai choisi la forme d'une allocution à un jeune homme, parce que cette forme commande le ton de modération dont je me suis fait une loi, et parce qu'elle se prête davantage aux notions élémentaires, dont les hommes instruits n'ont sans doute pas besoin, mais qui sont nécessaires à la déduction de mes idées.

ESSAIS

SUR LE RÉGIME

CONSTITUTIONNEL.

PRÉAMBULE.

A MON FILS.

PAR QUELLE RAISON ET DE QUELLE MANIÈRE IL CONVIENT D'ÉTUDIER LA POLITIQUE.

C'est à toi, mon ami, que j'adresse ces méditations; garde-toi de les recevoir comme des préceptes : je n'entends te laisser qu'une tradition. Tu dois y voir bien moins une règle pour ta croyance, qu'un souvenir de la mienne. A Dieu ne plaise qu'il m'arrive de te rien prescrire sur la détermination qui demande la plus entière liberté d'esprit, et d'échauffer ta jeune tête avant d'avoir formé ta raison! Je détesterais cette pensée à l'égal d'un crime.

Mais, mon ami, tu vas entrer dans un monde où le zèle du prosélytisme ne te laissera pas long-temps libre; tu vas respirer une atmosphère chargée de passions politiques. L'esprit du siècle t'attend : tu n'auras pas encore une opinion, qu'on s'en disputera déjà la conquête ; tu ne pourras encore faire un pas, que déjà les doctrines de chaque parti t'entraîneront en sens opposés ; et, quelle que soit ta prudence, tel est leur empire, que tu auras bientôt adopté l'une d'elles sans la connaître, et choisi avant d'avoir jugé.

C'est moins notre faute que celle du temps : on nous donne des affections au lieu d'opinions. Aussi, ceux qui persistent dans une détermination prise, cherchent-ils à la justifier, en y appropriant un système ; de là les fausses théories. Ceux que l'amour-propre ne retient pas dans une première erreur, changent : de là les contradictions de notre conduite. Cependant il ne faut point confondre ceux qui changent par conviction avec ceux qui changent par intérêt : injustice que l'on commet trop communément.

Quand on réfléchit que les premières affections politiques décident aujourd'hui de la destinée d'un homme, on frémit de la légèreté avec laquelle nous les prenons. Si nous avions assez de mémoire et de sagacité pour démêler leur véritable cause dans la complication des événemens de la vie, nous nous étonnerions des impressions fugitives qui en ont été l'origine ; car la résolution aujourd'hui la plus importante est aussi la moins délibérée. Le père de l'illustre Clarendon soutenait avec chaleur les principes de la révolution anglaise, et voulait en déposer le germe dans l'âme de son fils. Un jour, au milieu d'une violente déclamation, il fut emporté par une attaque d'apoplexie. Cette catastrophe frappa l'esprit du fils, qui suivit la fortune des Stuarts, fut honoré de leur alliance, et ne put se préserver de leur disgrâce.

La génération à laquelle tu appartiens ne connaîtra les commencemens de notre révolution que par l'histoire; mais les hommes éclairés qu'elle produira devront en apprécier les résultats par eux-mêmes. Ils auront l'immense avantage de porter dans ce jugement la candeur d'un esprit neuf et un cœur libre d'engagemens. Que ne m'est-il donné de t'apprendre à connaître les doctrines des partis, tout en préservant ton âme de leurs suggestions intéressées! Que ne puis-je d'abord t'éclairer dans la solitude et te transporter tout à coup au milieu du monde, pour te dire : « Regarde, compare et juge! » Mais, hélas! il n'est pas en nous de choisir nos sentimens et nos idées; ils se précipitent, et n'attendent pas qu'on les admette. Qui d'ailleurs me répondra de moi-même, et que mes préventions ne seront pas ton premier écueil? Tâchons du moins de diminuer le mal que nous ne pouvons éviter, et puisqu'enfin l'esprit de parti te menace, n'est-ce pas un devoir à ton père de devancer sa funeste influence, et de t'apprendre ce qu'il a trouvé de plus raisonnable à croire? Le soin de te faire une opinion politique est-il étranger à ton éducation, quand il ne peut l'être à ton bonheur?

Après tout, il ne convient pas à un citoyen éclairé, sous un gouvernement représentatif, de se faire un système de l'indifférence. Je n'approuverais dans aucun temps, et je blâmerais surtout dans le nôtre, l'égoïste neutralité de Montaigne. Ce dégoût des hommes et des choses est un vice de nos révolutions; des cœurs, épuisés par de longues passions politiques, trouvent à peine un reste de chaleur pour se ranimer aux doux noms de patrie et de liberté. On ne compte qu'un petit nombre d'esprits supérieurs qui se préservent de cette faiblesse contagieuse, et donnent encore l'exemple d'un patriotisme persévérant, vertu qui sera plus facile à ta génération qu'à la nôtre; plus heureux que nous, vous aurez connu des hommes meilleurs, et vous vous réconcilierez avec l'espèce humaine; vous aurez éprouvé l'efficacité de nos institutions, et vous aimerez un régime dont les fruits auront mûri pour vous seuls.

Rappelle-toi qu'à l'âge de cinquante-deux ans Cicéron avait vu les proscriptions de Sylla et subi un exil injuste. A ce période de la vie où nous nous détachons par lassitude des intérêts de l'État, et où nous aimons à présenter comme un conseil de la sagesse ce qui n'est, le plus souvent, que le refroidissement de l'âge, une persécution personnelle venait de fournir à Cicéron un prétexte de ne s'occuper que de lui-même; et cependant, chose que l'on n'a point assez remarquée, ce grand homme ne voit autour de lui que des raisons de s'attacher à la patrie. Réfugié au sein de l'étude, il cherche un contraste consolant aux tristes réalités qui l'environnent, dans les hautes spéculations de son génie, et il ouvre son Traité de *la République*, entrepris au milieu de tant de malheurs publics et privés, par une dissertation sur la nécessité de connaître le gouvernement. Il y retrouve toute son éloquence pour gourmander le découragement de son siècle. Je te propose son exemple, mon ami; mais je te le propose par des raisons différentes : au lieu de comparer la science politique à la vertu qu'il faut essentiellement pratiquer, au lieu de voir, comme lui, dans l'étude des lois une préparation aux emplois publics, dont l'accès était ouvert à tous les Romains, nous n'avons à y chercher que les plaisirs de l'esprit, la jouissance si noble des premières vérités philosophiques, un moyen nouveau de perfectionner la vie sociale, de connaître nos devoirs privés, de former ou de juger l'opinion générale, espèce de magistrature encore permise aux simples citoyens, et d'augmenter, par l'amour de nos lois, l'attachement à la patrie qui nous les donne. Ajoute que, dans un siècle où les passions politiques ont tout envahi, où il est plus facile de se dérober aux affaires qu'aux partis qui nous poursuivent jusque sur le foyer domestique, la neutralité des individus, si favorable au despotisme, est loin de l'être au bonheur privé : examine la vie de ceux qui affectent cette lâche philosophie, et tu te convaincras qu'ils n'ont jamais été les maîtres de se retirer tout-à-fait en eux-mêmes ; que d'impérieuses circonstances leur ont arraché des manifestations de sentimens qu'ils n'avaient pas, et qu'avec le déplaisir de l'inconséquence, ils n'ont jamais eu le mérite de la sincérité.

Puisqu'il te sera impossible de cacher toujours ta vie, et que le cours des choses t'entraînera souvent sur la place publique, fais-toi d'abord une opinion sur ces questions terribles, que le monde agite les armes à la main ; c'est le devoir du citoyen : tâche ensuite d'y conformer tes actions ; c'est le devoir d'un honnête homme.

Je vais, mon ami, pour te seconder dans ce dessein.

m'attacher à te présenter des notions sûres, plutôt que des aperçus nouveaux. Beaucoup d'autres ont prouvé avant moi que le régime constitutionnel avait sur le régime absolu tout l'avantage de la civilisation sur la barbarie; mais leurs argumens sont épars dans bien des volumes. J'entreprends de les réunir en corps de doctrine, et de les disposer dans l'ordre qui conduit à une démonstration.

Le temps viendra où les principes de notre droit puplic seront fixés. Alors, sans doute, il aura ses Domat et ses Pothier, et l'on y verra, comme dans le droit civil, une véritable science. Jusque-là nos doctrines n'auront rien d'assez positif pour cesser d'être l'objet d'une controverse, et pour devenir la matière d'un enseignement. Mais la justice et la nécessité d'une constitution écrite et promulguée, sont deux vérités aujourd'hui classiques, que l'on peut présenter, moins comme un système que comme un principe.

Quand tu entreras dans le monde, tu remarqueras que l'immense majorité de ceux qui se disent constitutionnels, ont, avec une bonne conscience, un esprit faible; l'instinct du bien les appelle à cette grande communion de tous les hommes civilisés; mais la plus légère objection, sans les ébranler, les embarrasse. Ce qui distingue le citoyen éclairé, c'est d'ajouter à l'instinct d'une persuasion intime, la puissance d'une conviction raisonnée.

Tu remarqueras encore qu'une certaine classe travaille à reléguer la nécessité d'une constitution parmi les préjugés de notre époque. Ici, un homme du monde sourit au nom de constitution, avec ce dédain élégant qui en impose et qui donne je ne sais quelle mauvaise honte de défendre la loi fondamentale de son pays. Là, c'est un casuiste devant lequel tous les scrupules s'évanouissent, quand il s'agit de porter une atteinte à cette loi : il fait une catégorie des articles qui sont de son essence, une catégorie de ceux qui forment un simple contrat, une catégorie de ceux qui sont réglémentaires ; et après avoir porté dans le sein de la Charte le scalpel de ses distinctions mortelles, il la livre aux partis comme une proie inanimée. J'ai quelquefois alors comparé notre constitution à la tête du vieillard de La Fontaine : chaque faction la dépouillant tour à tour de ce qui lui déplaît, ne finira-t-elle point par rester nue ?

Plus loin, c'est un ennemi habile qui, sachant que les idées reçues résistent toujours à une attaque ouverte, entre en ami dans la place ; il prend la couleur de celui qu'il déchire ; comme les serpens de Laocoon, il se cache sous le bouclier de Minerve, et c'est le plus légalement du monde que se font les choses les plus illégitimes. Quand la constitution promet la liberté et que la loi la refuse, je ne connais rien de plus propre à décréditer notre régime.

Une autre tactique qui ne manque pas d'adresse, est de contester obstinément ce qui paraît incontestable ; car une des faiblesses de l'esprit humain est d'abandonner par lassitude ce qu'on lui dispute avec opiniâtreté, ou du moins d'imaginer qu'on lui donne ce qu'on lui restitue, et qu'il gagne ce qu'il ne perd pas. C'est alors que l'on a bon marché de son ignorance reconnaissante.

De toutes ces causes réunies, il s'en forme une générale, qui agit imperceptiblement sur les esprits. Dès qu'une loi fondamentale voit diminuer l'opinion que l'on a de sa durée, elle perd sa sanction. L'inutilité de tant d'efforts, les obstacles que l'on multiplie dans les voies de la liberté, avec une constance si décourageante, amènent ce dégoût et cet abattement qui suivent une longue lutte. Comme on est toujours ingénieux à s'excuser par des sophismes, on aime à se persuader que notre régime est impraticable, et qu'une charte est une entrave. Le jeu fatigant d'une machine que l'on meut si laborieusement, fait regretter l'action facile du pouvoir absolu, et cette impression dangereuse se propage plus rapidement qu'on ne pense.

La plus sûre manière de la combattre est de ramener les esprits aux notions primitives du régime constitutionnel, et de résoudre les questions spéciales par les principes généraux.

Dans toutes les sciences, mais surtout en politique, l'art de généraliser ses idées, est aussi celui de les rectifier. Les vues courtes sont presque toujours des vues fausses, surtout quand on fait une longue route. Dans la vaste plaine que nous parcourons, tant de sentiers se croisent, que nous sentons de temps en temps le besoin de monter sur quelque éminence, pour reconnaître le but et le point de départ.

Les questions de politique spéciale nous égarent et nous passionnent, parce qu'elles ne nous laissent apercevoir que l'intérêt du moment. L'esprit s'irrite et se consume dans la chaleur de cette vaine controverse; mais il s'épure et s'alimente au milieu des grands principes qui dominent la science. Nous rapportons des régions de la philosophie cette sérénité que donne tout ce qui est élevé, et qui donne elle-même plus de gravité, de calme et d'aptitude. Nous voyons mieux les mouvemens d'un corps agité, quand nous les étudions de loin et de haut. Car nous observons alors l'intervalle de l'histoire, et nous nous mettons à la distance de la postérité.

La politique spéciale est l'arène de l'esprit de parti; la philosophie de la politique est la carrière du publiciste. Cicéron ne voulait pas que l'on se bornât à étudier le droit civil dans l'édit du préteur et dans la loi des Douze Tables; il voulait qu'on allât en chercher les notions dans les profondeurs de la philosophie *. *Quid sit homini tributum naturâ, quantam vim rerum optimarum mens humana contineat, cujus muneris colendi efficiendique causâ nati, et in lucem editi sumus, quæ sit conjunctio hominum, quæ naturalis societas inter ipsos; his enim explicatis, fons legum et juris inveniri potest.*

Des généralités ne sont pas nécessairement des abstractions; elles peuvent se déduire de faits aussi positifs que les observations de détail elles-mêmes, et elles ont autant de réalité que celles-ci. Les détails ne s'apprécient avec justesse que comme les parties d'un tout; aussi, un procédé familier aux bons esprits, est-il de ne les recueillir que pour les classer en catégories.

La pratique de l'administration exige sans doute ce

---

* De leg., l. 1, § 5.

que l'on est convenu d'appeler un génie spécial. Mais le génie spécial, qui ne s'est point nourri des notions primitives du gouvernement représentatif, s'habitue à n'y voir qu'un mécanisme, tandis qu'il est impossible de le comprendre, si l'on n'y reconnaît le symbole d'une grande pensée morale, et comme le signe extérieur de la civilisation moderne.

Il faut le dire : les premiers essais de notre régime nous entraînent dans des voies étroites. Nous sommes trop préoccupés du gouvernement matériel; la perte d'une place, le changement d'un ministre, l'intérêt d'une élection, le talent d'un orateur, une pétition scandaleuse, une discussion solennelle, un procès politique, un acte arbitraire, en un mot, le jeu visible de la machine absorbe et concentre sur un seul point tout ce que nous avons de faculté pour l'étude et l'attention : carrière laborieuse où l'on ne trouve que de la fatigue, choc violent dont ne jaillit point la lumière. Défions-nous de cette propension qui nous porte à placer toutes nos craintes et nos espérances dans le succès ou le revers d'un jour. Le philosophe dont l'âme est assez forte pour ne point abstraire d'une série de faits ceux qui n'en sont que des accidens, et qui sait que les temps de réaction politique, si longs pour les individus, ne paraissent qu'un point dans l'histoire, juge mieux les événemens contemporains, a plus de patience avec les traditions du pouvoir absolu et plus de foi dans la liberté. Je n'ai jamais vu d'homme véritablement éclairé sur la marche de notre révolution, dont les actions et les discours n'annonçassent cette modération énergique, qui dans les temps ordinaires est toujours un mérite, et qui, dans les temps difficiles, est le prodige de la vertu. Car l'élévation de l'esprit, que l'on puise à la source de la doctrine, se communique nécessairement au caractère.

Les généralités que je te propose, il ne faut les confondre ni avec les utopies de l'antiquité, ni avec la scolastique du moyen-âge, ni avec les théories du dix-huitième siècle; quand tu auras médité ces trois époques de la philosophie de la politique, tu verras avec admiration que notre gouvernement constitutionnel, en nous apprenant à ne nous satisfaire que de notions positives, a jugé leurs systèmes. Le seul fait d'une représentation nationale nous avertit que tout est changé, et que la vérité, si long-temps et si vainement recherchée dans les combinaisons des législateurs et dans les livres des publicistes, se trouve uniquement dans l'état social. C'est donc de l'état social qu'il faut déduire les idées générales dont je te parle. Aussi, mon ami, dois-tu te hâter de te dégager l'esprit des anciennes théories; dès que leur vanité te sera démontrée, tu auras fait un progrès.

Parmi ces théories, il en est que je dois particulièrement te signaler comme suspectes; car il n'est point de raison humaine qu'elles n'aient égarée, ou du moins fatiguée sans fruit. Dès ton entrée dans la carrière, prends-y garde; les théories sur l'origine du pouvoir vont t'investir de toutes parts : Quelle est la nature de la souveraineté? Est-elle de droit divin? La source en est-elle dans le peuple? Réside-t-elle dans la puissance paternelle? S'acquiert-elle par prescription? Y a-t-il un contrat social exprès ou tacite? Existe-t-il un droit naturel? et s'il existe, où en est la sanction? Est-elle uniquement dans les conventions des hommes, comme l'ont prétendu d'anciens sceptiques, et cet Anglais *Hobbes*, dont les sombres doctrines désolent la philosophie; ou dans la volonté de Dieu, comme le soutiennent Puffendorf et Domat; ou dans le sens moral, comme l'enseignent les académiciens Platon et Cicéron; ou dans les relations nécessaires des choses, selon Grotius, Cumberland et notre immortel Montesquieu; ou dans toutes ces causes combinées, selon la méthode éclectique de quelques jurisconsultes, et notamment de M. Garran de Coulon?

Rien n'est plus incertain que ces systèmes : il n'en est peut-être pas un seul qui soit susceptible d'une démonstration rigoureuse. Je dirais bien ceux que je rejette; j'indiquerais difficilement celui que j'adopte.

Cependant s'il ne faut pas s'attacher à choisir parmi eux, il ne faut pas dédaigner de les connaître. Les systèmes sur l'origine du pouvoir sont à la science sociale, ce que les temps héroïques sont à l'histoire : il est bon de ne pas les ignorer; il n'est pas sage d'y chercher la certitude.

C'est Dieu que nous devons remercier d'un bon gouvernement, comme de tous les biens de ce monde. Mais qu'en résulte-t-il pour expliquer la souveraineté? Les Rois disent aux peuples : *Vous ne pouvez rien sur l'autorité que nous tenons de Dieu.* Les peuples répondent aux Rois : *Vous ne pouvez rien contre la liberté que nous tenons de Dieu.* Que gagne-t-on de part et d'autre à un argument qui laisse la question entière? N'est-on pas ramené à en chercher la solution dans les choses humaines? Aussi la doctrine du droit divin est-elle presque généralement abandonnée.

Et si nous la cherchons dans les choses humaines, où la trouver, demandent les partisans de la souveraineté du peuple, ailleurs que dans la collection de tous les citoyens? Ce qui nous épouvante, répondent les adversaires de ce dogme, c'est que vous faites cette souveraineté illimitée ; ce qui devrait vous rassurer, reprennent ses défenseurs, c'est que toute souveraineté a sa limite nécessaire dans la justice, et qu'aucun peuple n'a le droit de franchir cette limite, parvînt-il à remplir la condition à peu près impossible de l'unanimité. Mais pourquoi, ajoutent-ils, la souveraineté qui aurait son principe dans les choses humaines, serait-elle moins limitée que celle qui dériverait du ciel? N'est-ce pas le contraire qu'il faudrait croire ? Que si la limite de la souveraineté est méconnue par le peuple, ne peut-on pas objecter aux Rois, le même inconvénient dans le système du droit divin?

Si l'on compare un monarque à un père, pour puiser dans cette vérité de sentiment des préceptes d'amour et de confiance réciproques, j'aime cette comparaison, elle parle à mon cœur : si l'on veut y trouver une similitude exacte, pour en déduire rigoureusement nos droits et nos devoirs, je la rejette comme un intolérable abus de figure. Les publicites * ont prouvé qu'entre le pouvoir politique et l'autorité paternelle, il n'y a de commun ni la cause, ni la nature, ni la durée.

---

* *Esprit des Lois*, l. 1, ch. III. — Locke, *Gouvern. civil*, ch. v et xiv. — Puffendorf, *Droit de la Nature*, liv. VI, ch. 5, v. 10, et la note.

Que la prescription soit un moyen d'acquérir créé par le droit civil, ou donné par le droit naturel, il est également déraisonnable d'examiner avec quelques publicites si c'est par cinquante, quatre-vingts ou cent ans qu'une usurpation peut se légitimer. Dans le premier cas, la formation du droit civil ayant suivi celle de la société, le pouvoir de gouverner n'a pu s'acquérir en vertu d'un droit qui n'existait pas encore, et qui ensuite n'a réglé que les affaires privées. Dans le second cas, une légère difficulté m'arrête : la possession violente ne peut produire la prescription ; où est le chef de dynastie qui soutiendrait cet examen ? Après tout, est-il bien digne et des Rois et des peuples de mettre la souveraineté dans le commerce ?

La chose est très-vraie : des hommes ont soutenu que les peuples étaient faits pour les Rois. Que César dise dans la Pharsale *humanum paucis vivit genus*, on le conçoit, la haine d'un poëte républicain lui prêtait ce langage ; que Caligula proclame cette maxime, on le conçoit encore, Caligula était un monstre en démence. Mais quand on la retrouve dans quelques publicistes du seizième siècle, on se demande à quoi sert la raison humaine, si, pour la tromper sur nos plus chers intérêts, il suffit d'une absurdité protégée par la force.

Lorsque deux hommes ne peuvent pas non seulement vivre ensemble, mais avoir des rapports momentanés, sans qu'il résulte de leur commerce des obligations réciproques, comment peut-on s'enquérir si entre les princes et les peuples il y a un contrat exprès ou tacite ? Qu'importe que le contrat soit exprès ou tacite, pourvu qu'il existe ? Si le contrat tacite manquait de

réalité, ne serait-ce pas la justice universelle et le droit
naturel lui-même qui en manqueraient? On a vingt
fois cité à ce sujet un écrivain, que l'on n'accusera pas
d'avoir écrit dans un siècle de licence : « Il y a, dit
» La Bruyère, un retour de devoirs du souverain à ses
» sujets et de ceux-ci au souverain..... Dire que le prince
» est le maître absolu de tous les biens de ses sujets,
» sans égards, sans compte ni discussion, c'est le lan-
» gage de la flatterie, c'est l'opinion d'un favori qui se
» dédira à l'agonie. »

Pour expliquer la souveraineté, des publicistes ont
rappelé ce passage de Plutarque dans la vie de Pélo-
pidas : « Aussi est-ce la première loi de nature, à
» mon advis, qui veut que celui qui de soi-même ne
» se peut garder et défendre, se soumette à celui qui
» peut et a moyen de ce faire. » On remarquera, disent-
ils, qu'à peu d'exceptions près, plus la raison de celui
qui obéit augmente, plus l'autorité de celui qui commande se modifie; cette remarque, ajoute-t-on, juste
des gouvernans aux gouvernés, comme des enfans aux
pères, annonce que la cause du pouvoir est dans le
besoin d'être guidé, avec lequel le pouvoir naît, augmente, diminue ou cesse. Cette doctrine a quelque
chose de faux et de vrai : ce qu'elle contient de faux,
c'est la pensée de Plutarque, qui justifierait toutes les
usurpations et les dépossessions violentes des princes
incapables; ce qu'elle contient de vrai, c'est que le
pouvoir se modifie par les progrès de la civilisation.

Nier le droit naturel, c'est nier la morale, c'est nier
Dieu. Le soin de concilier les divers systèmes des philosophes sur la sanction de ce droit, appartient plutôt à la

jurisprudence qu'à notre sujet, et n'est pas indigne de fixer un bon esprit : Domat et Puffendorf ont raison, Dieu est la source première de tout. Hobbes n'a pas tort, les hommes ont ajouté de la force à des vérités éternelles. Il faut en croire Cicéron et Platon ; la conscience seule nous révèle ces vérités, et la sensibilité nous y attache.

N'étends donc pas jusqu'à ces notions, qui sont le fondement de la justice, l'indifférence avec laquelle j'écarte les systèmes sur l'origine du pouvoir. Ces notions ont leur importance, puisque sans elles la législation manquerait de base, et qu'elles occupent une place nécessaire dans la chaîne de nos connaissances morales. Mais ne t'y arrête pas long-temps : sois en garde surtout contre les idées exclusives que donnent ces hautes abstractions, et empresse-toi d'en descendre pour t'occuper de généralités d'une application plus sensible.

Socrate a donné un grand exemple. Lorsqu'il parut, les écoles de la Grèce étaient partagées sur l'origine du bien et du mal, et les spéculations de chaque secte faisaient toute la philosophie du temps. Socrate ne rechercha point l'origine du bien et du mal, mais il en adopta l'existence et la distinction, en déduisit nos devoirs, fonda sa morale, et fut proclamé le plus sage des hommes.

Faisons en politique ce qu'il a fait en morale : partons de ce point, que le pouvoir est une chose réelle, juste, nécessaire, sans nous embarrasser de la question oiseuse de son origine ; nous prouverons plus tard que le pouvoir n'est pas absolu, mais qu'il est conditionnel.

Occupons-nous donc des conditions du pouvoir; recherchons par quelle raison il faut qu'elles soient connues, quelle est leur nature, et comment elles doivent
être exécutées; suivons dans nos recherches l'ordre le
plus naturel, l'ordre chronologique.

1° Prenons le régime constitutionnel à sa naissance.
Pourquoi faut-il qu'une constitution soit écrite et promulguée? Ne doit-il pas suffire à la monarchie française d'être gouvernée par un bon prince? Comment
justifier une nation éclairée qui, aimée d'un Roi qu'elle
aime, désire encore autre chose? Quelle est l'époque
où se forment les constitutions? D'après quel mode se
forment-elles? Pourquoi l'Angleterre a-t-elle devancé
la France dans la carrière?

2° La constitution étant née, quel est son caractère?
Quels effets doit-elle produire? En quoi diffère-t-elle
précisément du pouvoir absolu? Quel est dans le gouvernement français l'objet de la représentation nationale? Comment convient-il d'entendre cette grande
abstraction politique? Faut-il conserver dans notre
ordre constitutionnel les dénominations d'aristocratie
et de démocratie?

3° Le mécanisme de la constitution étant bien connu
et une fois mis en action, de quel esprit faut-il que le
nouveau régime soit animé pour produire son effet?
Sous quel aspect considère-t-il les hommes? De quelle
manière doit-il les traiter et former les mœurs constitutionnelles?

Tu le vois, mon ami, il s'agit de choisir entre les deux
doctrines du pouvoir absolu et du pouvoir constitutionnel, qui se partagent le monde, et de juger le gou-

vernement sous lequel tu vas vivre : dois-tu le mépriser comme une innovation sans objet, ou l'estimer comme une amélioration réelle? Jamais ta raison ne s'exercera sur de plus grands intérêts; jamais les hommes ne se sont émus pour des vérités plus intimement liées à leur bonheur. Aussi vois-tu qu'une seule passion semble animer tout l'univers; d'un hémisphère à l'autre, les mêmes besoins se manifestent, les mêmes cris se répondent; c'est désormais le seul objet que la paix ait à approfondir, le seul que la guerre ait à décider. Les armées ne se mettent plus en campagne pour disputer quelques places de guerre ou quelques lieues de territoire, elles se lèvent pour ou contre le régime constitutionnel : le régime constitutionnel est l'unique question du siècle.

PREMIÈRE PARTIE.

PAR QUELLE RAISON, A QUELLE ÉPOQUE ET DE QUELLE MANIÈRE LES CONDITIONS DU POUVOIR DOIVENT ÊTRE CONNUES ET PUBLIÉES.

Ce titre contient deux ordres d'idées bien distincts qui nous fourniront deux divisions principales. *La raison* pour laquelle les conditions du pouvoir doivent être connues et publiées, appartient à la philosophie, et nous occupera la première; *l'époque* et *le mode* de leur publication ne peuvent se rechercher que dans l'histoire et dans le droit public, nous en ferons la matière d'un second chapitre. Nous ne distinguerons point, nous réunirons au contraire dans une seule et même division le droit public et l'histoire, parce que la politique n'étant point une spéculation, mais pouvant s'appeler aussi l'expression de la société, il est impossible de séparer les faits des doctrines.

CHAPITRE PREMIER.

. . . *Rerum cognoscere causas.*

Oɴ lit dans le préambule de la Charte cette phrase pleine de sens : *Nous avons reconnu que le vœu de nos sujets pour une Charte constitutionnelle était l'expression d'un besoin réel.* Qu'est-ce que ce besoin? Est-il bien réel? Serait-il autre chose qu'une aberration de notre esprit ou une dépravation de notre cœur? La civilisation tout entière ne serait-elle pas la dupe d'un paradoxe? Le pouvoir absolu modéré par un bon prince n'est-il pas, aux yeux du sage, la perfection de l'état social? Car cette manière d'envisager le gouvernement a son attrait, puisqu'elle séduit tant de bons esprits; on ne comprend point sans peine qu'un peuple heureux sous son Roi, puisse avoir une bonne raison de désirer un changement, et l'on est tenté de s'arrêter à ce bien-être matériel, au-delà duquel la méditation seule découvre encore quelque chose à la civilisation.

Il faut sans doute que l'homme soit à lui-même le plus incompréhensible des phénomènes, puisque les vérités dont le principe est dans son âme, semblent reléguées le plus loin de son intelligence. Il ne songe à se demander un secret dont il est le dépositaire, qu'après avoir interrogé autour de lui tout ce qui ne peut pas lui répondre, ou ce qui ne peut que le tromper. Son esprit, après avoir fait dans le monde matériel un voyage immense et inutile, revient au point de départ, où il trouve la vérité qui l'attend. Si nos docteurs politiques avaient commencé par où ils finissent; si, au lieu de nous expliquer l'établissement d'une constitution par des théories vraies ou fausses sur les sociétés humaines, et de faire au pouvoir absolu des argumens auxquels il n'acquiesce jamais, ils lui eussent tout d'abord démontré la nécessité du nouveau régime par l'évidence de nos propres sensations, la question, mieux posée, eût été mieux comprise; au lieu de soutenir une thèse de droit public, qui n'intéresse que les esprits spéculatifs et qui ne les réunit jamais, ils eussent eu l'immense avantage de révéler un besoin de l'âme, dont tous les hommes se sentent agités sans le définir, mais qu'ils ne contestent jamais à qui vient leur en rendre compte.

Sous ce rapport, un bon commentaire de la Charte serait un excellent traité de morale. Si l'on envisageait attentivement le régime constitutionnel, on apercevrait derrière lui la philosophie, sans laquelle les formes du gouvernement représentatif seraient autant de cérémonies indignes d'un peuple raisonnable, mais avec laquelle il ne se passe rien autour de nous dont nous ne puissions trouver en nous-mêmes la véritable cause. Les rapports de la philosophie avec la science sociale cachent encore une mine féconde, que les investigations des publicistes sont loin d'avoir épuisée. On semble n'avoir vu jusqu'ici dans la relation intime de l'homme politique à l'homme moral que des raisons d'assujettir le gouvernement aux règles de la justice universelle, et ce point de vue était immense. Mais il fallait y voir surtout le principe, unique peut-être, des modifications que subissent les sociétés humaines. Ce n'est pas sans doute que la voie n'ait été souvent indiquée ; mais on s'est arrêté dès les premiers pas, comme si l'on eût craint de s'avancer dans un lieu commun, et le lieu commun serait seulement dans l'énonciation vague du principe ; car les applications en sont plus neuves qu'on ne paraît le croire.

Ce qui aurait dû détourner de chercher la cause de nos révolutions dans les événemens politiques, c'est qu'elles ont éclaté au milieu du calme. L'époque qui a immédiatement précédé 1789, est une des plus paisibles de notre histoire : elle n'est signalée par aucune de ces guerres, de ces catastrophes, de ces violences, que nous nous habituons à donner comme une date aux grands changemens des empires, et qui expliquent ordinairement la colère des peuples. Les dernières années du dix-huitième siècle n'ont eu rien que d'aimable ; ceux qui ont vécu sous le règne de Louis XVI ne se rappellent pas sans regret cette autorité timidement absolue, qui semblait douter d'elle-même à mesure qu'elle approchait de son terme, ce perfectionnement de la vie privée, cette élégance des mœurs, ce charme des manières, cette facilité de vivre, cette activité du commerce, cet éclat des professions libérales, cet orgueil des nouvelles découvertes, cet enthousiasme d'une civilisation brillante et paisible, que beaucoup de citoyens éclairés vantent encore comme autant de raisons de préférer l'ancien au nouveau régime. Ne trouves-tu pas.très-remarquable que les deux monarques qui ont eu le malheur de voir se décider sous leur règne les grandes crises de l'ordre social chez les modernes, Charles Ier et Louis XVI, aient eu cependant toutes les qualités qui se concilient l'amour des peuples? La Providence devait à leurs vertus de leur choisir des temps moins difficiles. Certes, si la vue de la nation française avait été bornée à l'horizon d'un seul règne; si les dispositions d'un bon prince avaient été, comme autrefois, un gage suffisant de sa sécurité, le ciel même était ouvert devant elle, et elle n'eût pas demandé à des institutions le bonheur que venait lui offrir le caractère du prince. Un tel moment est toujours mal choisi pour une révolution, si toutefois ce moment peut se choisir. Une constitution se présente mal, lorsque, arrivant après une catastrophe dont elle semble le prix, elle vient recueillir de la défiance et de la haine, sur la tombe de l'illustre victime qui emporte avec elle tant de regrets et de pitié! Ombre auguste, ce n'est point à la liberté que vous fûtes sacrifiée; non, et ce n'est point sur elle que votre sang a rejailli. Elle a été atteinte du coup qui vous a frappée, et vous n'avez jamais obtenu plus de larmes que de ses véritables amis. Mais ne semble-t-il pas que les choses aient été arrangées ainsi, afin que nous ne puissions pas nous y méprendre, ni attribuer au mécontentement d'un mauvais règne, la révolution, qui n'a pour cause que le nouveau sentiment auquel nos âmes viennent de s'ouvrir?

Interrogeons un de ces fougueux presbytériens qui, las des vertus de Charles Ier, comme cet Athénien l'était de la justice d'Aristide, troublent toute l'Angleterre de leurs appels à une constitution, et entreprennent de briser dans la main royale l'instrument de leur bonheur; demandons-lui compte de sa conduite : que veut-il? Un bon prince? mais Charles est un de ces rois dont l'Angleterre devrait remercier le ciel, si elle n'avait à lui demander que de la probité et de la vertu. La paix publique? mais les premiers malheurs de ce règne mémorable, avoués avec une bonne foi qui ne permet plus de les reprocher, sont réparés avec un zèle qui les rachète. La sûreté des personnes? mais depuis que la suppression de la chambre étoilée a rendu les citoyens à leurs juges naturels, il serait impossible d'alléguer un seul attentat de ce genre. Le droit de propriété? mais on avoue qu'à une autre époque, il ne fut plus sacré aux yeux du pouvoir. Une meilleure administration des finances? mais jamais économie plus judicieuse ne régla l'emploi des fonds publics; cette économie est telle que la taxe arbitraire des vaissaux est, en quelque sorte, un bien; l'Église se soumet au joug de la loi, et oppose son contrepoids à l'autorité séculière; la population s'augmente au sein de la paix, du commerce et de l'abondance; l'Angleterre prélude par le bonheur à la gloire. De quoi se plaint donc cette nation turbulente? Quelle démence la soulève contre une puissance amie? Est-ce au milieu de la prospérité publique qu'il faut placer une innovation?...

Hélas! sans doute, un mal caché peut empoisonner

tant de bienfaits; et notre presbytérien, tout en convenant de ces avantages, dont nous avons pris le tableau dans un ami des Stuarts, dans Hume, peut nous répondre avec notre auteur lui-même : « Il ne nous » manque aucune des bénédictions d'un heureux gouvernement, excepté l'exercice présent de notre liberté » *et une sécurité suffisante pour l'avenir.* »

Cette réponse est d'une vérité qui frappe l'esprit; elle m'a long-temps occupé, et je crois y voir la solution de ce problème que présente la situation des peuples pendant la dernière moitié du dix-huitième siècle, leur anxiété dans la paix, leur malaise dans la prospérité. La cause n'en est pas politique; elle est toute morale.

Je me dis avec une sorte de joie que la Charte est nécessaire, par la raison même que je suis ici-bas un être privilégié. Un des caractères distinctifs de l'espèce est en effet la faculté presque inépuisable de s'améliorer; tandis que les autres animaux, renfermés dans le cercle immuable de l'instinct, font éternellement les mêmes choses de la même manière, l'homme, destiné sans doute à un changement perpétuel qui est une conséquence de ce besoin d'amélioration, promène une curiosité dont il ne peut dompter le principe, dans un espace dont il ne peut assigner les bornes. Dieu n'a départi qu'à l'homme ce bienfait de la tradition des idées, à l'aide duquel, ajoutant à ses propres notions, les notions d'un autre individu, d'un autre peuple, d'un autre âge, d'Aguesseau communique avec Cicéron, et l'Hospital continue cette même chaîne dont Lycurgue tient le premier anneau. Ce don précieux de perpétuer et de combiner nos connaissances, cette impatience qui nous pousse vers le mieux, cette aptitude à le saisir, sont appelés la perfectibilité de l'homme, et servent d'argument pour prouver la supériorité de notre nature. L'antiquité avait admis ce principe dans sa philosophie; mais il est devenu chez nous une croyance religieuse; au lieu de voir, comme les anciens, dans les progrès de la civilisation, une simple différence du passé au présent, nous qui découvrons de loin une autre vie, et pour qui les élans inquiets de notre âme sont le pressentiment d'un état préférable, nous devons avec plus de foi croire à cette noble faculté, et la cultiver avec plus de persévérance.

Cette perfectibilité, qui n'est pas de l'inconstance, dont la limite existe et nous est cachée, qu'il faut circonscrire dans l'ordre des choses possibles, méconnue par les uns, exagérée par les autres, attachée cependant aux plus hautes vérités, et aussi nécessaire que la moralité des actions et le libre arbitre, se manifeste surtout dans les sciences d'observation, et par conséquent dans la politique. Nos mœurs et nos lois n'ont rien qui ressemble aux lois et aux mœurs d'un autre âge, et l'histoire de nos changemens est toute notre histoire. Un Saxon du temps de l'heptarchie n'eût pas reconnu l'Angleterre sous Guillaume-le-Conquérant, et le Conquérant lui-même chercherait en vain aujourd'hui ce peuple qui lui permit jadis de régner par l'épée. La France de Hugues-Capet n'était plus celle de Charlemagne; la France de Louis-le-Gros n'était déjà plus celle de Hugues. A quelle distance n'était-on pas sous Louis XIV du siècle où la justice se rendait à l'ombre des arbres de Vincennes? Combien s'en fallait-il que Louis XVI eût pu dire : *L'État, c'est moi?* Depuis 1789, les nouvelles altérations de nos mœurs sont sans contredit le sujet le plus fécond que l'histoire moderne offre aux méditations de la philosophie morale. Épiménide, endormi il y a trente ans, et se réveillant de nos jours, croirait sortir d'un sommeil de plusieurs siècles. La marche de la civilisation pourrait se comparer à la chute des corps graves : à sa naissance, elle chemine lentement; elle se hâte à mesure qu'elle grandit, et sa vitesse s'accélère dans une proportion toujours croissante : *Mobilitate viget, viresque acquirit eundo.*

On a reproché à notre révolution de remplir les classes inférieures d'une ambition désordonnée : ce reproche s'adresserait plus justement à notre nature, dont elle est une maladie; et tous les âges, comme tous les peuples, en auraient leur part. L'effervescence qui tend à nous élever au-dessus de notre condition, est vieille comme les sociétés humaines; elle est d'ailleurs une cause et non un effet. Cette sève d'une civilisation vigoureuse fait éclore les crises politiques, au lieu d'en être un produit. Dans quel temps et dans quel pays de bonnes et de mauvaises ambitions n'ont-elles pas aspiré à monter? Les mœurs de l'ancienne France peuvent se prouver par ses lois : qu'on se rappelle ces édits où la noblesse était exigée pour entrer dans les emplois ecclésiastiques et dans les grades militaires; s'opposer au mouvement des classes inférieures, c'était le constater; c'était un dernier effort pour maintenir des rangs qu'il tendait à confondre. Nos anciennes mœurs peuvent aussi se prouver par notre littérature : Pascal nous atteste qu'avant Louis XIV, la politique des jésuites, toujours attentive aux penchans du siècle, pour gagner jusqu'aux vices, en leur fournissant des excuses et des apologies, signalait déjà le besoin de s'élever comme un des caractères de la nation, et n'avait pas manqué de s'en emparer. Il faut voir, dans *les Provinciales* *, avec quelle complaisance habile leurs maximes savaient flatter ce que l'Espagnol *Vasquez* appelait dès lors *un désir vague et indéterminé de s'agrandir.*

De ce que notre esprit s'est quelquefois ralenti ou écarté dans sa marche, ne concluons rien contre sa perfectibilité. On a dit avec une raison ingénieuse que l'espèce humaine s'avance toujours, mais en ligne spirale : c'est sa faiblesse qui l'oblige au repos ; ce sont les obstacles qui la forcent à des détours.

On a craint sans fondement que la civilisation ne se détruisît elle-même, en isolant les citoyens par la mollesse, et en substituant l'idée du bien-être individuel à l'amour du bien public : ce mal vient de la corruption plutôt que de la civilisation. Celle-ci, telle que je l'entends, est le perfectionnement de toutes nos facultés, et combat, loin de la supposer, la dépravation qui les dégrade. Je ne la fais pas uniquement consister dans le développement des moyens matériels de rendre la vie commode ; mais encore, et principalement, dans cette amélioration morale qui donne l'élévation de l'âme, la générosité des sentimens et les vertus du citoyen. C'est de l'ensemble de ces hautes qualités que je compose les mœurs constitutionnelles.

* *Réfutation de la Réponse des Jésuites à la douzième Lettre*

C'est un paradoxe de dire que l'homme qui pense se déprave, puisqu'il fait usage de sa plus noble faculté. Par une correspondance que nous ne saurions trop admirer, plus l'esprit se forme, et plus l'âme se perfectionne; il n'acquiert point de lumière qui ne réfléchisse sur cette partie excellente de notre être. Ne nous défendons pas d'un juste orgueil : nous ne pouvons nous étudier, sans nous ennoblir à nos propres yeux, et la contemplation de nous-mêmes nous révèle chaque jour notre haute vocation. Pouvons-nous douter que nous ne recélions quelque chose de divin, quand nous éprouvons que notre pensée, après un long exercice sur sa propre nature, sort plus pure et plus grande de ce commerce avec elle-même?

Mais ce qu'il faut remarquer, c'est qu'une fois parvenus à cette dignité de l'intelligence, si nous tendons toujours à être heureux, nous tardons à l'être différemment; le bonheur devient difficile, à mesure que le goût devient superbe. Le bon Bramin de Voltaire, tout en convenant qu'un sot était plus heureux que lui, n'aurait pas voulu de son bonheur, qui avait cessé d'en être un pour un esprit éclairé. Notre cœur, auquel ne peut plus suffire la possession d'un bien réel, a besoin désormais que cette possession ne soit point précaire; ce n'est même point assez pour lui du fait de la liberté, il faut encore qu'il en éprouve le sentiment intime dans toute sa plénitude et sa sécurité.

Rendons ceci plus sensible. Supposons un prince parfait, mais absolu. Ses sujets raisonneront d'une manière différente, selon l'époque où nous les prendrons. Si nous nous reportons au premier âge de la société,

ils se contenteront du bienfait actuel d'une administration douce et juste ; voici quel sera leur langage : « Le
» prince pourrait être mauvais, mais il est bon ; il
» pourrait nous accabler d'impôts, mais il n'exige que
» les subsides nécessaires ; il pourrait attenter à notre
» vie et à notre liberté, mais il en est le premier pro-
» tecteur *. »

Si au contraire nous nous plaçons à ce période où la
civilisation a changé l'homme moral, il faut prendre la
proposition converse : « Le prince est bon, mais il pour-
» rait être mauvais ; il n'exige que les subsides néces-
» saires, mais il les exige, et il pourrait nous acca-
» bler d'impôts ; il est notre premier protecteur, mais il
» pourrait attenter à notre vie et à notre liberté. »

Ici, mon ami, une idée nouvelle a fait naître un nouveau besoin ; cette idée est celle d'un droit, et ce besoin
celui d'une garantie. Car la connaissance d'un bien ne
nous est pas acquise, la douceur de sa possession ne s'est
pas fait sentir, qu'à l'instant même la possibilité de le
perdre se fait prévoir. C'est une vérité triste, que, dans
l'ordre moral, il n'y a pas une jouissance légitime à laquelle ne soit attachée une inquiétude ; et, comme rien
n'est plus entreprenant que l'esprit de domination, rien
ne doit être plus ombrageux que l'esprit de liberté. Est-
ce un bien ? est-ce un mal ? C'est le fruit de l'arbre de la
science. D'opiniâtres déclamateurs se récrient contre cette
révolution universelle ; il en est qui vont jusqu'à la contester. Laissons-les quereller l'ordre éternel des choses ;

---

* « Que l'empereur ne donne rien, c'est assez pourvu qu'il n'ôte
pas ; qu'il ne se charge pas de nourrir, n'importe, pourvu qu'il ne
détruise pas. » *Panég. de Trajan*, trad. de La Harpe.

il est plus aisé d'en nier l'existence que de se soustraire à ses effets. Le mouvement de la terre emporte Galilée et ses juges.

Le besoin des garanties : ainsi s'explique ce phénomène de l'homme civilisé, qu'une inquiétude ennemie de son bonheur, vient agiter au sein des élémens du bonheur même ; ainsi se résout ce problème d'une administration douce ne rencontrant que de la défiance, et d'un bon prince entouré de mécontens ; ainsi doit se traduire le mot si frappant de Cromwel, qui, interrogé sur ses vues politiques au commencement des troubles : « Je sais bien ce que je ne veux pas, répondit-il ; mais je » ne sais pas encore ce que je veux. » Car ce mécontentement (que l'on y prenne garde) n'est point un symptôme de l'esprit de faction, et ne peut ni s'interpréter ni se réprimer comme tel ; loin d'accuser la dépravation de notre cœur, c'est que notre cœur le porte en lui spontanément, avec toute son innocence et toute sa pureté. Il n'est pas plus en nous de l'en arracher, que de changer notre nature, et il faut bien croire que cette disposition de l'âme est indépendante de la volonté, puisqu'elle lui fait éprouver un véritable malaise, en la roidissant contre le pouvoir. Car enfin il faut vivre avec son gouvernement ; rien n'est plus fatigant pour un honnête homme que d'obéir et de haïr ; séparer son affection de son devoir, est le tourment d'un mauvais ménage. Aussi ne se peut-il rien de plus injuste que de reprocher à un sujet et surtout de punir en lui l'absence de l'amour pour le gouvernement ; comme si la société pouvait prolonger cette situation pénible, sans une cause profonde ; comme si la civilisation ne creusait pas dans le cœur de l'homme un abîme, qu'il faut se résoudre ou à remplir d'un vaste sentiment de sécurité, ou à laisser éternellement ébranler par les tempêtes : comme si Louis XVIII, en proclamant dans un acte célèbre, qu'une inquiétude vague, mais réelle, agitait les esprits, n'avoit pas reconnu que l'établissement constitutionnel en France ne remplissait pas encore sa destination !

Notre révolution, dont la définition n'a peut-être jamais été trouvée, n'est donc qu'une réforme entreprise par le besoin des garanties, et détournée de son but, par la fureur des factions : lui chercher une explication d'un autre genre dans une circonstance donnée de l'époque où elle a éclaté, et dans les actes extérieurs du gouvernement qu'elle a renversé ; s'obstiner à n'en voir l'origine que dans la suppression dès jésuites, ou dans l'assemblée des notables, ou dans la convocation des états-généraux, ou dans la réunion des trois ordres, ou dans la séparation de la constituante ; l'attribuer exclusivement à l'audace de la littérature et aux écarts de la philosophie ; aller jusqu'à indiquer nommément ses auteurs, et trouver une liaison nécessaire entre la terreur et l'encyclopédie, c'est prendre perpétuellement un effet pour une cause, et imputer à une simple occasion le résultat d'une prédisposition générale ; c'est juger de tout un siècle, comme un soldat d'une bataille, par l'accident que l'on a sous les yeux ; c'est se laisser prendre à ces sophismes dont on repaît le vulgaire, à qui l'on présente notre réforme politique comme un changement sans but, une faute sans excuse, un malheur sans compensation.

Lorsqu'on est disposé à voir partout le commence-

ment de la révolution, on l'est également à en voir partout la fin : l'assemblée législative a décrété que le terme
en était arrivé; on l'a dit sous les consuls; on l'a offi-
ciellement proclamé sous l'empereur; on le publie aujourd'hui même que ce terme si désiré semble, en re-
culant sans cesse, nous avertir que notre carrière n'est
point fournie. C'est qu'aux yeux de chaque parti, la fin
de la révolution n'est autre chose que la possession du
pouvoir.

Je crois apercevoir deux époques distinctes dans
cette série d'événemens qui se sont succédé en France
depuis 1789; l'une d'elles sera le complément nécessaire
de l'autre, et elles font partie du même tout. Pendant
la durée de la première, qui commence avec l'assemblée constituante et se termine à la restauration, nous
avons discuté des théories, essayé des systèmes; et,
après avoir subi les épreuves de l'anarchie et du despotisme, leçons terribles qui semblent placées à la tête de
la révolution pour présider à tout le reste, nous avons
rassemblé dans la Charte les principes fondamentaux de
notre régime. Dans la seconde époque, qui s'est ouverte
à la restauration et dont il ne nous est pas donné d'assigner le terme, on tente de pratiquer les principes dont
on a fait la conquête dans la première, et d'animer cette
Charte par des institutions organiques : c'est sans doute
un pas de plus vers le but, dont cependant nous sommes
encore éloignés. Dans cette progression des événemens,
il est à remarquer que le despotisme a remplacé le règne
des théories, comme pour en démontrer la vanité, et
précédé le temps de l'application, comme pour faire
sentir la nécessité des mœurs constitutionnelles. On

croit voir, dans cet enchaînement des choses, une intention de l'intelligence qui conduit tout. Il a fallu reprendre la révolution au période où Napoléon y est
intervenu, et, pour rappeler une de ses prédictions,
c'est un livre qu'il a fermé et que nous r'ouvrons à la
page où il a laissé le signet. Fasse le ciel qu'une troisième épreuve ne nous soit pas réservée, et que la
liberté, déjà sortie vivante de l'anarchie et du despotisme, n'ait pas encore, avant de se consolider, à passer
par l'aristocratie !

La fin de la révolution ne peut être que la cessation de
sa cause : jusqu'à ce que le besoin des garanties soit satisfait, elle continuera son cours irrésistible, brisant toutes
les résistances et n'écoutant plus aucune promesse.

Veux-tu étudier, dans ses effets, le principe dont
nous recherchons l'origine, et te faire une idée de la
puissance avec laquelle il se fait jour à travers les obstacles? Tu peux le voir vivre et agir dans une de ces
scènes dramatiques, dont abonde le règne de Charles Ier.

Charles Ier a occupé le trône d'Angleterre dans un
de ces momens décisifs et terribles, où c'est un devoir
rigoureux pour un monarque d'être un homme de
génie. Il aimait son peuple, il fut le meilleur et le plus
malheureux des Stuarts ; mais de bonnes intentions lut-
taient mal dans cette âme faible contre l'indomptable
préjugé du droit divin. Les premières années de son
règne avaient été marquées par de grandes fautes, dont la
puissance alors naissante des communes s'autorisa dans
la suite pour commettre de grands crimes ; car la popularité des factieux ne s'alimente que par les fautes
des rois ; et, si l'on veut y regarder de près, on se

convaincra que les révolutions, portées par le peuple aux plus détestables excès, ont eu pour origine des injustices incontestables et commencé par des plaintes qu'il eût fallu écouter. En 1628, la chambre basse n'avait point encore franchi la limite qui sépare la liberté de la licence ; Hume lui rend cette justice, qu'elle défendait alors les intérêts du peuple avec une fermeté respectueuse et une sage énergie. Dans ce temps donc où il n'y avait encore aucun reproche à lui faire, elle proposa, sous le nom de *pétition de droits*, un bill destiné à prévenir les taxes et les emprisonnemens arbitraires, dont les exemples étaient encore récens. Charles se donna le tort de commencer par refuser ce qu'il devait finir par accorder ; et les débats qui s'ouvrirent à cette occasion, te feront voir d'un côté le Parlement insister sur la rédaction d'un bill, en alléguant le besoin d'une institution ; et de l'autre, un prince justement aimé opposer inutilement à l'ombrageuse prévoyance des communes, la foi de ses promesses et l'autorité de son caractère.

Sur le simple bruit qu'un comité de la chambre s'occupait d'un projet de *pétition de droits*, le Roi s'empressa d'expédier aux communes un message, pour les presser « de lui faire connaître quelle confiance elles avaient *dans* » *sa parole royale.* » Tu peux déjà t'apercevoir que le Roi changeait l'état de la question. Ce message, soutenu par le secrétaire-d'État *Coke*, fut combattu par plusieurs orateurs des communes, parmi lesquels on distingue ce Thomas Wentworth, qui a depuis acquis tant d'illustration sous le nom du comte de Strafford. La présence de ce grand homme dans le parti de l'opposition nous atteste que l'opinion soutenait le projet de *pétition de droits* : « Est-ce nous personnellement, s'écria-t-il, » que vous stimulez de nous abandonner à la cou- » ronne? Jamais chambre n'eut dans la bonté du Roi » une confiance plus entière. Mais, chargés que nous » sommes de fonder la sécurité de l'avenir, notre ambi- » tion est que cette bonté même se perpétue pour nos » derniers neveux. » Cette idée, rapporte Hume, expri- mait si bien les sentimens de la chambre, que tous les suffrages s'y réunirent. La question y était posée avec une précision telle, que le Roi devait dès lors se con- vaincre que sa personne était hors de cause.

Cependant, après une seconde tentative inutile, il re- vint demander formellement par un troisième message : « Quel besoin avez-vous d'une loi, si vous vous fiez aux » déclarations que j'ai fait entendre aux deux chambres? »

Le chevalier Edouard Coke répondit : « Depuis quand » la parole du souverain ne doit-elle plus être écrite? » Est-ce par des déclarations verbales que se manifeste » la volonté du législateur? Je cherche en vain dans » les usages de la chambre, cette manière étrange de » satisfaire aux griefs de la nation, par la pompeuse et » vaine cérémonie d'un message. A Dieu ne plaise que » je soupçonne la sincérité du monarque! Nous devons » chérir, dans les communications affectueuses qu'il » ouvre avec la chambre, les témoignages de son » auguste bienveillance. Mais, je le déclare, il m'est im- » possible de croire à l'efficacité d'une mesure qui ne » serait point prise dans les formes parlementaires. » La dignité royale, trois fois compromise à la chambre basse, vint s'humilier encore à la chambre haute, en récla-

mant sa protection auprès des communes. Charles écrivit aux pairs une lettre qui contenait la substance de
ses trois messages. Mais rien ne put empêcher la *pétition* de passer aux deux chambres; et le Roi, qui n'o-
sait refuser ni donner son consentement, après avoir
essayé de substituer au protocole ordinaire une circon-
locution vague et captieuse, triste subterfuge qui ré-
vélait toute sa faiblesse, prononça enfin la formule sa-
cramentelle de la sanction. Le bill devint loi.

L'histoire moderne ne t'offrira pas d'époque plus féconde en instructions, que celle de ces débats célèbres.
La leçon qu'ils nous transmettent est d'un sens profond. L'aveugle Charles s'obstinant à se faire de la difficulté des temps une question toute personnelle, n'a-
percevait même pas le véritable esprit de son siècle. Ce
besoin moral d'institutions fixes remuait les âmes, sans
qu'il pénétrât la nature de cette puissance nouvelle dont
il subissait l'ascendant. Que fût-il cependant arrivé d'une
conduite toute contraire? La différence probable des
résultats est incalculable : la dignité royale demeurée
intacte, la confiance maintenue entre la nation et le
trône, les factions sans prétexte, , c'est-à-dire sans
armes, la fougue des esprits modérée par cette autorité que donne aux princes l'initiative d'une concession
franche et populaire, Cromwel dans la condition privée
et les Stuarts sur le trône : Oh! que le régime constitutionnel est plein de vérité, et combien la pensée en est
puisée profondément dans le cœur humain !

CHAPITRE II.

A QUELLE ÉPOQUE ET DE QUELLE MANIÈRE LES CONDITIONS DU POUVOIR
DOIVENT ÊTRE CONNUES ET PUBLIÉES.

Tantæ molis erat.....

COMMENT concevoir une condition qui resterait inconnue? Et quand il s'agit du pouvoir, comment la faire connaître, sans la publier?

Convenir des conditions du pouvoir, et les publier, c'est proprement écrire et promulguer une constitution. Dès que ce grand ouvrage est possible, il faudrait l'entreprendre. Mais quand est-il devenu possible? En d'autres termes, quand une nation a-t-elle acquis l'aptitude nécessaire pour se donner ou recevoir une constitution?

Si nous devions nous contenter de notions théoriques, je me bornerais à distinguer deux époques :

Ou la société, encore dans l'enfance, n'a que le sentiment de ses besoins, sans connaître les moyens de les satisfaire, et alors la rédaction d'un pacte est impossible. Il ne peut être mis à l'exercice du pouvoir que la condition générale de rendre le peuple heureux : l'essai prématuré d'une constitution peut même devenir funeste en suscitant une lutte inégale entre elle et le pouvoir absolu : les longs débats de la Russie et de la Pologne en rendent un triste témoignage. On conçoit en effet qu'à cette époque les rapports des hommes entre eux doivent être bien simples. Quelque théorie que l'on adopte sur la cause primitive des sociétés, il sera toujours certain que l'on doit attribuer la première réunion bien moins au raisonnement qu'à nos besoins, et le premier gouvernement bien plus à un instinct qu'à un système. C'est après des siècles que l'observation réduit en principes les leçons de l'expérience : vérité de tous les temps qui, appliquée à la législation, est exprimée en ces termes par la loi romaine : * *Regula est, quæ rem quæ est, breviter enarrat; non ut ex regulá jus sumatur, sed ut ex jure, quod est, regula fiat;*

Ou la société a déjà vieilli ; elle est avancée dans cette marche universelle du genre humain vers un état meilleur; elle est éclairée par ses méditations et avertie par son expérience. La vie sociale a fait sentir ses abus; les abus ont fait naître l'examen. Il y a eu des séditions, et l'on a cherché les limites de la liberté; il y a eu des oppresseurs, et l'on a cherché les limites du pouvoir. Par une compensation bien due aux peuples encore ignorans, les preuves de leur liberté ont été une révélation du despotisme; alors tout change : ce peuple est apte à se faire une constitution, et, s'il en reste privé, c'est par quelqu'accident particulier qui contrarie son vœu. La condition de le rendre heureux ne suffit plus, et peut même devenir nuisible; car sous le nom de raison d'état, elle sert d'arme à l'arbitraire, et de prétexte

* L.. l. *De Div. reg. . juris antiqui.*

à l'oppression. Un précepteur peut se contenter de répondre à son élève, *C'est pour votre bien :* au lieu qu'à un homme qui pense et qui juge, on doit des explications et un compte.

Ces notions théoriques sont justes; mais elles sont bien vagues, mon ami; elles donnent des idées peu précises sur cette seconde époque, dont je voudrais te rendre le caractère sensible. Essayons de la reconnaître à des signes plus certains, et particulièrement de la reconnaître chez nous.

Quand je te parle d'une nation éclairée, tu n'entends sans doute pas cet état de choses où les notions exactes du droit politique ont également pénétré la masse entière : on peut douter que cette époque arrive jamais pour les nations civilisées, puisqu'elle suppose une égalité à peu près impossible; on peut au moins affirmer qu'elle n'est encore arrivée pour aucune. Ce que je veux t'indiquer, c'est ce période de la civilisation où il se forme au sein de la société une classe d'hommes, qui, capable de raisonner ses devoirs et ses droits, commence à sentir le besoin des garanties politiques.

Cette classe n'est pas l'aristocratie; l'aristocratie tend à la domination, et hait la liberté dans les autres. D'ailleurs, comme elle est essentiellement en minorité, par la raison même qu'elle est aristocratie, elle ne peut servir à fixer le caractère général d'une nation.

Cette classe n'est pas celle des prolétaires. Les prolétaires vivent dans une dépendance inévitable, dont ils ne sortent qu'aux jours des calamités publiques; ils renoncent volontiers à la liberté; ils vont même jusqu'à l'oublier et finissent par se plaire dans la servitude

Ce n'est point encore en eux qu'on peut voir une nation.

Ces deux extrémités de l'ordre social se touchent presque toujours; l'aristocratie attire à elle ceux dont la condition est précaire, et ceux-ci s'attachent à l'aristocratie dont ils deviennent les instrumens.

De manière que, dans l'état informe d'une société naissante, dominer ou être dominé sont les deux seuls modes d'existence possibles.

L'intervalle entre ces deux extrêmes est resté vide pendant les siècles barbares; la civilisation seule a pu le combler, en retirant de la classe inférieure des hommes qui se sont rachetés de leur premier état à force de travail et d'industrie, et qui, d'abord possédés par la terre, sont parvenus à la posséder. Pour eux, la propriété a été la première et la plus légitime des conquêtes, en même temps que l'origine de leur liberté.

L'apparition de ces hommes nouveaux dans notre France, a suffi pour en changer la face. Leur existence se manifeste dans notre histoire, par la consolidation de la propriété, par le démembrement successif de la puissance féodale, par le perfectionnement de la culture, par l'augmentation de la population, par la création des communes.

L'indice infaillible auquel tu la reconnaîtras est la première organisation du régime municipal parmi nous; car il n'a pu y avoir de régime municipal, que lorsque la commune est devenue une corporation indépendante, et c'est principalement sous le règne de Louis-le-Gros que cette indépendance a été déclarée. Néanmoins ne va pas en conclure qu'on doive faire à l'époque précise de ce règne tout l'honneur d'une aussi importante révolution. Les lois sont toujours précédées par les faits, et l'origine de ceux-ci n'est pas facile à découvrir; l'affranchissement des communes présuppose celui des individus, qui lui-même révèle dans les mœurs d'autres modifications antérieures : de manière que nous pouvons nous arrêter aux chartes données par Louis-le-Gros, uniquement comme à la preuve légale de la préexistence du fait que nous recherchons.

Les historiens sont partagés sur la question si ces hommes se composaient en tout ou partie d'ingénus ou d'affranchis; j'ai quelque propension à croire que leur liberté n'est devenue légale que par l'affranchissement; mais cette question me paraît oiseuse. Il nous suffit que les hommes libres se soient multipliés, à mesure que la féodalité a perdu de sa force : il nous suffit qu'entre la cabane du vassal et le château du seigneur, se soit élevée d'abord la métairie du propriétaire ou la boutique du marchand, et ensuite la maison du bourgeois, pour qu'à ce signe non équivoque nous reconnaissions l'existence d'une classe intermédiaire.

Le vœu de la classe intermédiaire était de n'avoir ni maître ni esclave : c'est le trait qui la distinguait des deux autres. Se faire une loi commune qui lui garantît la jouissance de ses propriétés, la sûreté des personnes, l'exercice de son industrie : telle était sa tendance, et comme telle est aussi la vocation de tous les hommes, elle s'est progressivement augmentée, parce qu'elle répondait à des besoins universels. Cette propagation des personnes libres est la cause inaperçue de tous les grands changemens dont les effets éclatent dans l'histoire, et particulièrement de ce travail moral, de ce besoin d'institutions qui agite la société. C'est par là que la classe intermédiaire est devenue une partie considérable de la nation, ou, à bien dire, la nation même. C'est du moins elle qui la caractérise, qui lui donne ses traits, qui détermine son génie.

Elle constitue tellement la nation, que partout où on ne l'aperçoit pas, ou en d'autre termes, partout où l'on ne voit pas ce régime municipal, qui en est l'organisation, la nation elle-même semble avoir disparu. D'où vient le puissant intérêt de l'Histoire Ancienne? De ce que la classe moyenne, dont le nom est moderne, mais dont les élémens ne le sont pas, y est partout présente; elle y répand sa vie; elle l'embellit de sa gloire; elle l'anime des inquiétudes, des combats, des triomphes, des leçons de cette liberté qui n'est faite que pour elle. Pourquoi l'histoire du Bas-Empire commence-t-elle à tomber dans la langueur? Parce que la classe moyenne y disparaît insensiblement : la cité, qui donnait de si beaux droits aux municipes dans Rome antique, n'impose plus sous l'Empire que des devoirs importuns, et a fini dans les Gaules par dégénérer, sous le nom de curie, en une condition servile. Ainsi, selon la différence des temps et les variations de l'état des personnes, la même institution a servi à prouver la qualité de citoyens, et à enregistrer des esclaves. Par quelle raison faut-il s'armer de ce courage que donne seul le besoin de s'instruire, pour lire ces livres où l'imagination domine sous la forme de l'érudition, qu'il nous plaît d'appeler l'Histoire des premiers temps de la France, et qui ne sont réellement qu'une suite de conjectures plus ou moins plausibles sur l'époque la plus obscure de nos annales ? par la raison que la classe moyenne y est anéantie ; aussi tout y est mort. Des princes qui se dévorent comme des bêtes féroces ; des grands qui les imitent ; un clergé qui envahit le sol ; c'est tout ce qu'il est possible d'y apercevoir. On n'y soupçonne l'existence d'un peuple, que parce qu'il y est question d'esclaves : une population pauvre, abrutie, rare, occupe çà et là quelques portions d'un territoire, qu'elle abandonne sans défense à chaque irruption des Normands. Ces agglomérations d'hommes n'ont pas de nom et n'en méritent pas dans l'histoire. Telle était la misère de ces temps, que la féodalité dut y être reçue comme un bienfait.

De nos jours, l'Espagne s'agite dans tous les sens, comme un malade qui cherche une position. D'où vient qu'elle n'a pu se reposer encore dans le régime constitutionnel ? parce qu'entre une noblesse où se distinguent quelques esprits généreux, et un peuple subjugué par le clergé, la classe intermédiaire n'a pu jusqu'aujourd'hui se faire une place.

Il semble que l'Impératrice Catherine ait voulu, pour mieux démontrer cette vérité, la mettre en action sous ses yeux. Lorsqu'en 1767, elle convoqua près d'elle les députés de son vaste Empire, Moscow put voir rapprochés dans la même salle les extrêmes degrés de la barbarie asiatique et de la civilisation européenne. La première séance fut consacrée à la lecture d'une instruction rédigée par l'Impératrice, qui se convainquit, en débutant, de l'inutilité de son essai. Il ne fut jamais possible de faire concevoir aux Samoïèdes l'idée d'une loi ; un d'eux prit la parole et dit : « Nous sommes simples et justes ;

» nous paissons tranquillement nos rennes; nous n'a-
» vons pas besoin de code; mais faites des lois pour les
» gouverneurs que vous nous envoyez. » Entre le
Boyard et le serf il n'y avait rien, et le temps de la
légalité n'était pas venu. Cet exemple est peut-être l'u-
nique d'une législation offerte prématurément à un
peuple. Ce classement de la société n'a rien qui rappelle l'ancienne et fausse division des trois ordres : celle-
ci était factice et contrariait les véritables élémens de
la nation, dans lesquels au contraire est puisée ma division tripartite. L'aristocratie se compose des illustra-
tions de tous les ordres; la classe intermédiaire absorbe
la presque totalité de la noblesse, du clergé et surtout
du tiers-état, duquel il faut détacher les prolétaires,
qui restent et qu'il faut laisser aux derniers degrés de
l'échelle sociale.

En indiquant la formation de la classe moyenne
comme la manifestation la plus sûre de l'esprit constitutionnel, peut-être différé-je en quelque chose des divers systêmes que l'on a hasardés sur cette grande question. Des publicistes ont caractérisé la seconde époque
dont nous nous occupons par d'autres circonstances
de temps et de lieu, qui sont bien aussi une cause,
mais une cause médiate de l'objet de nos recherches. Il
est vrai que la réunion des provinces à la France, et la
dissolution de la féodalité, ont amené chez nous l'esprit
constitutionnel; mais parce qu'elles ont d'abord con-
tribué à former la classe intermédiaire. L'ordre des
idées doit être conforme à celui des faits : la classe intermédiaire est donc le point saillant sur lequel nous
devons d'abord fixer nos regards; les autres circons-

tances viennent secondairement nous expliquer ce qui
a facilité ou contrarié sa formation.

Ces circonstances sont surtout à considérer en France
et en Angleterre, deux puissances que je réunis dans
nos recherches parce que leurs points de contact sont si
nombreux que leur histoire est identique : leur marche
semble devenir parallèle, et il me paraît impossible de
connaître l'une sans étudier l'autre : ce sont surtout
leurs différences qui doivent nous conduire à la vérité.
Si tu suis ce rapprochement avec quelque attention, ce
n'est pas seulement à l'approfondissement des faits que
tu parviendras, mais à la solution des difficultés les plus
graves sur le mode de formation ou de changement de
nos lois fondamentales. Tu vas voir le droit naître de
l'histoire ; c'est une grande leçon qui sort d'un spectacle
immense.

L'Angleterre s'est fait un gouvernement représentatif
plusieurs siècles avant la France, et cependant la naissance de la classe moyenne chez nos voisins n'a pas précédé d'aussi loin le même événement chez nos ancêtres.
En Angleterre, la civilisation et la constitution sont
nées le même jour ; on les a vues croître ensemble, et
s'avancer du même pas dans la carrière, toujours ap-
puyées l'une sur l'autre : de toutes les combinaisons
désirables pour rencontrer une bonne constitution,
c'est sans contredit la plus heureuse. En France, la civilisation est née seule et la première ; elle a produit la
classe moyenne ; elle a fait d'immenses progrès dans la
carrière ; mais des accidens particuliers à notre histoire
ont long-temps retenu notre constitution politique dans
les liens du pouvoir absolu. Cette position est moins

favorable, mais elle a quelques avantages, qui doivent nous être d'autant plus précieux qu'ils nous servent de dédommagement, et que cependant nous perdrions, en assimilant sans restriction notre destinée à celle de nos voisins.

Quels sont les accidens particuliers à chacun des deux peuples, qui ont été, là favorables, ici contraires aux intérêts de la classe moyenne? Pourquoi la nation française, qui s'avance à la tête de la civilisation moderne, n'occupe-t-elle que le second rang dans cette marche ascendante vers l'ordre constitutionnel? Comment a-t-elle pu parvenir à sa maturité sociale, sans porter les mêmes fruits que la nation anglaise?

Car, si la civilisation prépare la constitution et la rend nécessaire, elle ne la donne pas. La France en est une preuve : depuis des siècles, la classe moyenne s'y était formée; elle avait porté son génie dans le commerce, les arts, les sciences, la littérature, la philosophie, et même dans la législation civile; pour améliorer la législation civile, il suffit du mouvement naturel de la société vers la perfection. Mais chez nous la constitution fondamentale de l'État ne s'est point laissé maîtriser par la main de l'homme; des obstacles d'une nature supérieure y contrariaient ce besoin impérieux de la classe moyenne, qui, devenu une passion politique, s'est égaré et assouvi dans une révolution violente.

Une observation digne d'être méditée, comme tenant au fait général dont nous allons rechercher la cause, c'est qu'en France le droit privé s'est perfectionné avant le droit public; au lieu qu'en Angleterre le droit public a précédé le droit privé, lequel est jusqu'ici resté stationnaire. La supériorité presque universellement reconnue de notre Code civil assure à la France sur les États limitrophes un genre de suprématie que la force des armes ne donne ni ne retire, et que ne détruiront pas les efforts récemment tentés chez une puissance voisine pour se soustraire à cette conquête de la sagesse. L'histoire atteste que pour atteindre cette hauteur, le génie de notre nation a successivement franchi les degrés qui séparent notre nature de la perfection ; en effet, nous avons les premiers secoué la poussière de la législation à laquelle on se soumit après l'invasion des Francs, principalement dans cette partie des Gaules où l'avantage de vivre sous la loi salique enleva au droit romain la population presque entière ; les premiers, nous avons constaté par l'écriture ces usages, dont l'existence incertaine ne pouvait être prouvée qu'à l'aide de la tradition orale ; les premiers nous avons cherché l'uniformité dans la législation, et tenté de fondre, dans une loi unique, ces innombrables coutumes qui faisaient du sol de la France une bigarrure où la justice changeait de couleur à chaque province ; ouvrage immense que Charlemagne, saint Louis et Louis XIV ont entrepris vainement, que notre révolution seule a rendu possible, et qui seul a peut-être achevé de faire de nous une nation.

En Angleterre, les idées sociales ont suivi une marche inverse ; pendant que la loi politique s'y façonnait sous la main du temps, la loi civile restait intacte et ne recevait du temps même aucune de ces modifications que tout en reçoit dans ce monde. Les Anglais l'ont conservée avec ce respect religieux qu'ils portent aux choses établies, et que l'on admirerait avec moins de scrupule, si les sentimens les plus louables n'avaient leur mesure, et si ce peuple lui-même n'avait montré dans la création de sa loi fondamentale, un esprit d'amélioration qu'on ne retrouve plus dans l'histoire de son droit privé. Les Anglais du dix-neuvième siècle sont régis par une *loi commune*, qui n'est autre chose qu'une coutume immémoriale, dont l'origine remonte aux Saxons; elle est conservée dans une volumineuse collection de jugemens, dont on ne laisse connaître que des extraits sous le nom de *reports*, et qui est commentée dans les nombreux ouvrages des jurisconsultes *Glanvin*, *Bracton*, *Littleton*, *Fortescue*, *Édouard Coke*, *Blackstone*, etc. Cette dévotion superstitieuse aux coutumes de leurs pères vient de leur amour pour la liberté, sentiment inquiet qui les domine partout. Un seul paragraphe des Pandectes *, qui serait la consécration même du pouvoir absolu, et dont notre ancienne maxime, *Si veut le Roi, si veut la loi*, est une traduction presque littérale, leur a inspiré une telle horreur pour le droit romain, qu'ils l'ont repoussé tout entier sans distinction, et qu'ils ont fermé leur Code à la haute sagesse de Paul et d'Ulpien. Par une singularité remarquable, leur haine pour le droit romain tolère une exception, et cette exception est une faute; ils ont introduit chez eux, sous le nom de *writs*, le système des actions; système absurde, qui tend à faire de tous les cas possibles des catégories matérielles, et à les ranger comme sous des numéros et des étiquettes; système pernicieux, par qui la juris-

---

* Quod Principi placuerit legis habet vigorem. *D.*, l. I, t. 4.

prudence dégénérerait en une science de mots, et le sentiment du juste en un effort de mémoire. Ces *writs* resserrent tellement l'action de leurs tribunaux civils, qu'ils ont été entraînés à faire, dans l'établissement d'une cour d'équité, la critique de tout le reste de leur organisation judiciaire. Croiras-tu qu'au centre de la philantropie, l'état des personnes ne soit assuré par aucun acte régulier? que, dans un pays libre, le premier acte d'une procédure, la manière d'intenter son action est de forcer son adversaire à comparaître, soit de l'appréhender au corps? faculté que l'on a, il est vrai, ôtée aux demandes au-dessous de 10 livres sterling, mais qui subsiste pour toutes celles qui excèdent ce taux. Croiras-tu que sur la terre devenue classique de cette belle institution du jury, originaire de France et naturalisée en Angleterre, le combat judiciaire puisse encore servir à constater légalement un fait, et que, lorsqu'un assassin jette le gant à sa victime, le juge étonné ne trouve que des lois qui le permettent [*]? que ces mêmes lois autorisent un mari à mener sa femme au marché, la corde au cou, pour la vendre, qu'on en cite des exemples récens [**], et que l'exercice de cette faculté légale ne soit contrarié que par les mœurs et l'opinion?

Dans cette répartition des avantages de la société, la France a été moins bien partagée que sa rivale. Il est toujours à souhaiter pour un peuple que sa loi politique se forme la première, par la raison qu'elle sert de type au droit privé. On a fait la remarque que les im-

[*] *Moniteur* du 22 novembre 1817. — *Introduction à l'Histoire de Charles-Quint.* — Lally-Tollendal, *Vie de Strafford.*
[**] *Constitutionnel* du 5 janvier 1824.

perfections de l'ordonnance criminelle de 1760 sont un effet nécessaire du système politique, sous l'influence duquel elle fut rendue : le despotisme de Louis XIV livra les accusés à cette instruction sombre et terrible qui, pour me servir des expressions employées dans le conseil même de Louis XV, *ne permettait aux juges d'arriver qu'à la condamnation* *. En 1789, de bons esprits déclarèrent que le moment n'était pas venu de faire à cette ordonnance les réformes que l'opinion sollicitait à grands cris, et l'on serait tenté de croire que ce moment n'était pas encore arrivé en 1810, quand on récapitule celles de nos lois pénales qui respirent tout le génie de Napoléon. Par un bonheur inappréciable, notre Code civil a pris naissance sous le régime doux et régulier du consulat, auquel il doit peut-être cette haute philosophie qui en fait un des plus beaux monumens de la civilisation moderne. Robertson ** va jusqu'à dire qu'une bonne loi civile est un mal sous une mauvaise loi politique, en ce que réglant avec équité les intérêts privés, elle endort le peuple, accrédite le despotisme et fait aimer la servitude. Il remarque que dans le moyen-âge, la sagesse du droit canon fut un danger pour l'Europe, parce qu'elle devint un des moyens d'influence, dont les papes se servirent pour menacer la liberté des nations.

Nous n'avons pas à regretter cette destinée de notre législation, puisqu'il n'était pas laissé à la sagesse humaine de la régler autrement. Tu vas t'en convaincre,

---

* Lally-Tollendal, *Mémoire au Conseil du Roi.*
** *Introduction à l'Histoire de Charles-Quint.*

en remontant aux causes de cette différence si étonnante entre les deux peuples.

Les publicistes ont hasardé sur cette importante matière des conjectures si diverses, que l'analyse seule de leurs systèmes serait un volumineux travail; il faut les lire, pour tout connaître; car il faut tout connaître pour choisir; voici l'opinion que je me suis faite, et que je te propose :

Delolme et M. Guizot * me paraissent avoir donné de ce grand problème la solution la plus satisfaisante, avec cette différence que M. Guizot, écrivant à une époque où l'on fait de l'histoire une science presque nouvelle, a pénétré plus avant que Delolme, et découvert des causes plus profondes.

Les deux écrivains envisagent l'Angleterre au moment où Guillaume en fit la conquête, vers la fin du onzième siècle; c'est en effet le point de départ qu'il convenait de choisir; l'histoire des temps antérieurs n'apprend rien aux publicistes : on y voit beaucoup de faits incertains, et l'on n'y recueille presque aucune observation utile. Nos deux auteurs, en commençant leur parallèle à la conquête, trouvent deux causes principales du fait qui nous occupe; l'une est purement politique, l'autre est complexe, et se compose de circonstances de temps et de lieu. Commençons par celle-ci :

Première cause. La France n'est point sortie toute formée de la barbarie des premiers âges. Cette belle contrée, dont nous admirons aujourd'hui la vaste circonférence et l'inappréciable position, est un assortiment de pièces de rapport. Il lui a fallu des siècles

* *Essai sur l'Histoire de France*, 1823.

pour s'adjoindre toutes ces provinces, qui participent,
maintenant à ses nobles destinées. C'est peut-être au
droit de réunion * que nous devons la France. Ne
semble-t-il pas qu'une attraction irrésistible ait rapproché les parties détachées d'un même tout, quand
on la voit en *réunir* quelques unes par droit d'avènement au trône, comme la Navarre et le Béarn sous
Henri IV ; d'autres par la félonie du suzerain, comme
la seigneurie de Rambouillet sous Hugues-Capet, et le
duché de Normandie sous Philippe-Auguste ; les unes
par acte de dernière volonté, comme la Provence sous
Louis XI ; les autres par des mariages, comme la
Champagne sous Philippe-le-Bel, et la Bretagne sous
François Ier ** ; celles-ci par droit de déshérence,
comme la Bourgogne sous le même Louis XI ; et celles-
là par droit d'acquisition et de conquête, comme la
baronnie de Montpellier sous Philippe-de-Valois, le
marquisat de Saluces sous Henri IV, la principauté de
Sedan sous Louis XIII ; la Flandre et l'Alsace sous
Louis XIV, la Lorraine et la Corse sous Louis XV ? On
croit voir ce géant de l'Arioste remettre en place les
membres qu'on lui a coupés. Avant de songer à établir
la cité, il a fallu bâtir la ville. Comment le premier
soin de la France eût-il pu être de se constituer régulièrement, quand sa première peine a été de rassem-
bler les élémens qui la composent, de se créer elle-
même, de conquérir sa place dans l'Europe ? D'abord,

---

* Delolme, Hénault. — Édit de juillet 1607. — Un arrêt de cassation, du 30 janvier 1822.

** Selon M. Daru, la réunion de la Bretagne n'aurait été consommée que sous Henri II. (*Hist. de Bret.*, t. III, p. 271.)

pendant que la France englobait successivement ces grands fiefs limitrophes, chaque province, isolément appelée à l'agrandissement commun, loin d'apporter une volonté et une force suffisantes à la conquête de la liberté, devenait un instrument de plus pour l'asservissement des autres. Ensuite lorsque ces réunions partielles eurent été effectuées, chaque province réunie conserva long-temps son esprit et ses prétentions; figure-toi le chaos où dût jeter le mélange de tant de peuples alors étrangers; quels ne furent point la bigarrure des mœurs, le choc des priviléges, la confusion des langues dans cette autre Babel! L'unité de la nation française, et par conséquent la classe moyenne ne s'établit qu'à la longue; rien qu'une révolution ne pouvait abattre ces barrières, et l'incorporation des provinces, que nos Rois ont commencée sous le nom de *réunion*, n'a été pleinement consommée que par la circonscription départementale.

Telle n'a point été la destinée de l'Angleterre. Depuis la fin de l'heptarchie, elle a été une; les hommes de la classe moyenne ont pu sortir de la barbarie générale, parce que, d'un bout de l'île à l'autre, ils ont pu se reconnaître, s'appeler, se répondre, et devenir une classe, qui, en s'occupant tout d'abord des lois politiques, s'est occupée du seul soin qui lui importât. La nature leur avait créé une patrie, tandis qu'il nous a fallu faire la nôtre.

Cette cause, que nous indique Delolme, en a elle-même une, que nous apprend M. Guizot, et qui tient aux effets contraires qu'a dû produire dans les deux pays une même institution, la féodalité.

Lorsque les Francs envahirent les Gaules , la classe moyenne y avait péri; les Gaules furent plutôt repeuplées que conquises; l'espèce humaine avait besoin d'être renouvelée dans un pays devenu désert; c'était la société civile qui recommençait chez nous. Les nouveaux hôtes s'y répandirent sans éprouver de ces résistances locales, qui attestent l'existence du peuple dépossédé. Les chefs de l'invasion, n'ayant à redouter aucune disposition hostile des indigènes, se séparèrent; chacun d'eux put fonder avec sécurité un établissement particulier, et s'y créer une souveraineté. Telle est l'origine de cette féodalité qui, quatre siècles plus tard, fut un bien relatif; c'était une société barbare sans doute, mais au moins était-ce une société; c'était une chaîne de fer qui liait des ruines. La Gaule était démembrée, ou plutôt la Gaule n'était plus, et la France n'était pas encore; pour la créer, il fallait que la monarchie l'arrachât par lambeaux à la féodalité.

Mais Guillaume ne put occuper l'Angleterre sans gagner son surnom de Conquérant; la société saxonne n'y était point dissoute; il fallut la vaincre; la bataille d'Hastings et les nombreux combats qui la suivirent en sont une preuve. Après l'avoir vaincue, il fallut traiter avec elle, et elle se soumit plutôt qu'elle ne fut domptée. La présence d'une nation indigène toujours prête à reprendre par la force ce que la force lui avait ôté, ne laissa jamais aux lieutenans de Guillaume assez de sécurité pour leur permettre de se séparer de lui; la nécessité les tint réunis, et le fruit de la conquête fut pour eux, au lieu de souverainetés indépendantes créées par eux-mêmes, des concessions qu'ils reçurent de leur Roi à titre de fiefs. Dans le dixième siècle, la féodalité naissante n'avait point eu assez de vigueur en France pour contenir l'ambition des chefs ; mais lorsque vers la fin du onzième, elle fut importée par Guillaume en Angleterre, le peuple conquis la reçut déjà toute puissante, avec cette hiérarchie habilement despotique qui lui avait donné tout l'occident de l'Europe ; il en résulta que la suprématie de Guillaume ne fut jamais contestée.

C'est ainsi que la féodalité, qui avait détruit en France l'unité de l'État, l'a maintenue en Angleterre.

La classe moyenne a donc dû naître plus tard chez nous que chez nos voisins ; mais après sa naissance, quelle puissance ennemie lui a refusé la liberté ? C'est ce qui nous reste à apprendre.

Deuxième cause. Cette cause rentre dans la première, dont elle n'est, à bien dire, que le développement. Mais elle a eu son effet distinct, et elle mérite d'être présentée comme une cause seconde.

A mesure que la classe intermédiaire augmentait, la monarchie prenait des forces, et se sentait dans les hommes libres un appui, dont elle se servit pour briser le joug commun des seigneurs ; car ce joug lui était aussi pesant qu'au peuple. Les *leudes* ou *fidèles* étaient les compagnons d'armes des Rois francs, qui envahirent les Gaules ; mais ces superbes auxiliaires de leurs chefs en devinrent bientôt les tyrans. Depuis le commencement de la monarchie jusqu'à Louis-le-Gros, ce corps turbulent et dominateur s'éleva progressivement à une hauteur telle, qu'il vit le trône au-dessous de lui, et dans cet espace de six siècles, il ne put être

si non tout-à-fait réprimé, au moins momentanément
contenu que par le génie de Charlemagne. A cette exception près, notre gouvernement était plus aristocratique
que monarchique. Les seigneurs exerçaient une véritable souveraineté, puisqu'ils avaient le droit de rendre
la justice en dernier ressort, et de terminer les différends
par le combat judiciaire, le droit de faire la guerre et
de commander la milice, le droit de battre monnaie,
celui de lever des impôts et le privilège de n'en payer
aucun. L'aristocratie asservit les Rois mérovingiens, se
révolta souvent contre eux, et nomma jusqu'aux maires
du Palais ; elle fit expier le règne vigoureux de Charlemagne à ses débonnaires successeurs ; et après l'usurpation de Hugues-Capet, grâces à une doctrine que lui
fournit la féodalité alors naissante, elle termina l'autorité royale à un simple droit de suzeraineté ; le Roi devint un seigneur allodial. Pourquoi Hugues, qui ne fut
surnommé le *Grand* qu'à raison de l'étendue de ses domaines, avait-il, quatre-vingts ans avant l'avènement de
Hugues-Capet, refusé le trône dont il fit présent à
Louis d'Outremer? Est-ce par magnanimité? c'est parce
qu'il dédaignait une autorité avilie, et qu'il devait préférer l'indépendance d'un seigneur, puissant aux prérogatives contestées d'un Roi qui ne l'était plus. Il refusa
la couronne par ambition.

Mais Louis-le-Gros vint porter le premier coup à ce
colosse en affranchissant les communes * ; ensuite Phi-

---

* En disant, avec le préambule de la Charte, que l'affranchissement des communes est dû à Louis-le-Gros, je laisse le nom de ce
prince où l'histoire l'a attaché. Ce n'est pas que je n'admette la
critique pleine de justesse de M. Thierry, (*Lettres sur l'Histoire de
France*) : la cause réelle de l'affranchissement est antérieure, est

lippe-Auguste, par la réunion de plusieurs domaines,
et notamment de la Normandie, rompit l'équilibre féodal, solda des troupes (innovation alors audacieuse),
et, sans ôter expressément aux seigneurs le droit de
faire la guerre, il le paralysa dans leurs mains en devenant le plus fort. Ce fut saint Louis qui frappa l'aristocratie dans son endroit peut-être le plus sensible, en
abolissant le duel judiciaire, et en évoquant à lui les
appels des cours seigneuriales. Du moment où la justice ne se rendit plus à coups d'épée, la prépondérance
aristocratique déclina, et les gens de robe peuplèrent
les tribunaux, qu'une orgueilleuse ignorance interdisait
aux seigneurs. Depuis cette époque décisive, on voit
ceux-ci perdre sous Philippe-le-Bel, le droit de battre
monnaie et de faire la guerre, s'affaiblir sous les fils de
ce roi, et devenir, en 1357, le point de mire de l'insurrection populaire nommée *Jacquerie**. On les voit humi-

étrangère à Louis-le-Gros ; mais enfin il a régné à l'époque où ce
grand mouvement s'est fait sentir, et il l'a secondé : c'est assez pour
que son nom y reste fixé ; la justice de l'histoire n'en demande pas
davantage. La gloire de la plupart des princes se réduit à ne pas empêcher le bien dont on leur fait un mérite. Auguste a-t-il réellement créé l'époque qui porte son nom ? Le siècle que nous appelons
de Louis XIV, est-il l'ouvrage personnel de ce monarque ? Quelle
part Justinien a-t-il prise à ses Pandectes ? Ne dirons-nous cependant plus le siècle d'Auguste, le siècle de Louis XIV, les Pandectes
de Justinien ? Rectifions les idées fausses, mais faisons grâce à des
dénominations consacrées.

* Il n'est par indifférent de savoir que le mot de *Jacquerie* vient
de ce que les nobles appelaient le peuple *Jacques bonhomme*. Un
dicton vulgaire peut devenir un monument historique. On a donné
aussi au peuple anglais le sobriquet de *John bull*, mais avec une
intention différente : on croit voir dans *Jacques bonhomme* un
manant imbécille, et dans *John bull* un matelot robuste.

liés par Charles V dans le plus chéri de leurs priviléges,
et supporter une taxe arbitraire; sous Louis XI tenter
un effort inutile dans une guerre, qu'ils appellent la
guerre du bien public, et se rattacher ensuite par le sentiment de leur faiblesse à l'autorité royale; montrer de
nouveaux symptômes de décadence sous Louis XII et
François Ier; recevoir un dernier échec sous Henri III
par l'abaissement de la pairie; et sous Henri IV s'incliner vers leur chute, que l'ascendant de Richelieu
consomme sous Louis XIII. C'est de la destruction de
l'aristocratie féodale qu'est née sous Louis XIV cette
noblesse de cour que l'on connaissait en France avant
la révolution, et qui avait accepté une servitude brillante en échange d'une indépendance factieuse; satis-
faite de recevoir des faveurs, et heureuse de n'avoir à
les payer qu'en flatteries, elle s'est couchée aux pieds
du trône qu'elle ne pouvait plus combattre, et a fait
encore une guerre de crédit à cette classe moyenne,
qu'elle renonçait à comprimer par sa puissance.

Ces résultats généraux, que tu compléteras par une
étude approfondie de l'histoire, te suffiront pour rectifier une idée fausse que tu entendras souvent reproduire : on a coutume de répéter que notre ancienne
constitution était vieille de quatorze siècles, pour conclure de cette longue durée en faveur de son excellence.
Mais tu viens de voir que notre régime politique, tel qu'il
existait en 1789, était un état de choses tout moderne.
Depuis la fondation de ce que nous avons l'habitude de
nommer la monarchie française, le gouvernement a subi
une série de changemens qui ont altéré son essence. D'a-
bord démocratique, ensuite aristocratique et féodal jus-

ques et inclusivement les premiers règnes dé la troisième race, il n'est devenu monarchique que depuis Philippe-Auguste et saint Louis ; encore ne l'est-il devenu que successivement. Le pouvoir des rois de France dans toute sa plénitude, tel que le possédait Louis XVI, ne remonte réellement pas au delà de Louis XIV.

Ainsi, quand on a dit que la noblesse française, après avoir asservi nos rois, les a ensuite occupés de ses entreprises séditieuses ; qu'enfin, abaissée par eux, elle s'est jetée du côté du trône, tour à tour opprimant le peuple esclave, et délaissant ce même peuple affanchi mais débile, on a fait le résumé de l'histoire de France. Dans la première moitié de cette histoire, les rois ont été trop faibles : ils n'ont pu seconder efficacement l'émancipation de la classe moyenne. Dans la seconde, ils ont été trop puissans ; dépravés par la possession d'un pouvoir qui demeurait sans contre-poids, ils ont rejeté leur premier appui, et la royauté absolue a pris naissance. La classe moyenne, qui se faisait jour à travers les obstacles, travaillait en silence à acquérir de nouvelles idées et de nouveaux besoins ; sa destinée était de ne pouvoir ajouter à ses lumières, sans ajouter à son malaise, et elle tendait à une réforme par la seule force de la civilisation ; à aucune des deux époques, l'équilibre social n'a pu s'établir, et cette succession d'anarchie, d'aristocratie et de pouvoir absolu, n'a laissé aucun intervalle à la liberté.

Chez les Anglais au contraire, la noblesse et le peuple ont été réunis depuis la conquête ; leur intelligence que rien n'a pu rompre, a produit une force que rien n'a pu vaincre. Entre eux et le trône s'est établi un équilibre, et la classe moyenne s'est développée. D'où vient ce phénomène? car on peut appeler de ce nom l'union de deux classes qu'une sorte d'instinct met partout en opposition : il provient de cette même cause que nous avons déjà signalée.

Tandis que la France, morcelée par ses conquérans, reproduisait dans chacune de ses parcelles une souveraineté égale ou supérieure à la royauté, Guillaume, à qui la vigueur de l'organisation féodale permettait de maintenir l'unité monarchique, fut absolu dès le premier jour de son établissement. Son autorité, despotique à sa naissance, dégénéra bientôt en tyrannie, et s'étendit également sur les grands et sur le peuple. En France, c'est des seigneurs que l'oppression était venue au peuple; en Angleterre, tout le danger vint du trône. Aussi la lutte s'est-elle engagée chez nous, entre le trône et le peuple contre l'aristocratie; chez nos voisins, entre l'aristocratie et le peuple contre la couronne. Ici, les rois ont affranchi le peuple pour s'affranchir eux-mêmes des seigneurs; là, les seigneurs se sont rendus populaires pour contenir la prérogative; d'où il est arrivé que la noblesse anglaise s'est faite l'amie de la classe moyenne, à laquelle la noblesse française est restée antipathique. On dirait qu'un reste de rancune de nos vieilles querelles a formé un instinct national qui a passé dans nos mœurs; considération grave qui nous avertit que l'élément aristocratique ne peut dominer chez nous autant qu'en Angleterre; et que, lui donner la même place dans notre gouvernement, c'est faire une violence morale à la nation. Une comparaison judicieuse de la position des deux peuples finirait par nous guérir de ce fanatisme d'imitation qui est une de nos maladies.

Plus nous allons avancer dans notre étude, plus nous découvrirons de raisons de chercher en nous-mêmes nos règles de conduite : la seule similitude réelle que nous ayons avec les Anglais, est dans la nature de notre gouvernement devenu représentatif; dans tout le reste, je ne vois que des différences, et même des oppositions. C'est une observation que nous allons vérifier, en passant de l'étude des faits à celle de la doctrine.

L'histoire vient de nous apprendre a quelle époque se forment les constitutions; mais cette époque une fois arrivée, de graves questions s'élèvent sur la manière dont elles se forment : on demande s'il ne suffit pas que le prince, d'abord absolu, consente à ne plus l'être, et qu'il fasse connaître les conditions auxquelles il se soumet; s'il ne faut pas que la nation intervienne dans la formation du contrat : si l'acte consenti ou imposé par une seule des parties n'est pas essentiellement révocable par elle; si la constitution est l'ouvrage du temps ou celui des hommes; si enfin elles ne peuvent pas émaner d'une ou plusieurs assemblées législatives, et par cela même constituantes, auxquelles les Anglais attribuent l'*omnipotence parlementaire.*

Nous touchons ici, mon ami, les plus grandes difficultés du nouveau régime, pour lesquelles les hommes se disputent et se battent sans les comprendre, et sur lesquelles je te dois toute ma pensée.

Certes, si jamais doctrine révolta la raison, c'est celle qui fait d'une constitution octroyée par le prince une concession révocable à sa volonté : reconnaître nos droits, ce n'est pas nous les donner; et parce que le prince publie l'acte qui les déclare, ce n'est point à dire que nous les tenons de lui. Je n'avoue que Dieu pour l'auteur de ma liberté; c'est la nature humaine qui en contient la preuve; c'est son développement successif qui en manifeste le besoin. Nos droits sont dans nos facultés; nos titres sont dans l'histoire; et ce ne sera jamais une même chose, d'en être le protecteur, et d'en être l'origine. La Charte a proclamé et n'a pu créer ce qui existait avant elle; et ce qui est vrai de nos droits, l'est également des institutions qui les garantissent. Celles-ci sont, comme les premiers et par la même rai-raison, hors de la dépendance des princes.

Voilà sans doute ce qu'enseigne la morale; mais, mon ami, sans le secours d'une institution positive, combien la morale est faible, et se laisse facilement corrompre par la doctrine! On ignore trop communément à l'aide de quelle théorie le pouvoir absolu s'était fait un droit de donner et de retenir. C'est Tibère qui a tout l'honneur de cette invention : ce tyran-sophiste décida qu'en montant sur le trône, les empereurs n'étaient pas obligés par les lois de leurs prédécesseurs, qui avaient besoin d'être confirmées à chaque mutation de prince. Titus, les délices du genre humain, eut la gloire d'abolir l'édit de Tibère, et purgea la puissance impériale de cet odieux privilége; Suétone * nous apprend qu'il alla jusqu'à défendre de lui demander des confirmations de cette espèce. On voudrait oublier que

* Suétone, *Vie de Titus*, ch. VIII.

c'est la cour de Rome qui a ressuscité le principe de Tibère : les papes, se regardant comme des successeurs à titre singuliers indépendans les uns les autres, se réservèrent ce prétendu droit de confirmation, et les canonistes y adaptèrent une doctrine. Mais la justice ne change pas plus que le monde ne se renouvelle à chaque élection du conclave.

Le croiras-tu ? Grotius * et Puffendorf ** consacrent chacun un chapitre à discuter les questions suivantes : Les Rois ont-ils quelque privilége particulier en vertu duquel ils puissent se dégager de leur parole ? Jusqu'à quel point leurs promesses obligent-elles leurs successeurs ? Et ce n'étaient point de ces théories oiseuses sur lesquelles les esprits spéculatifs aimaient à s'exercer dans les derniers siècles ; c'étaient des controverses qui naissaient de l'état de la science à cette époque. On avait à combattre des principes ennemis de toute morale, que l'on ne tenait pas toujours renfermés dans les livres des publicistes, mais que l'on en tirait par intervalles pour produire dans le monde les plus effroyables explosions. Le mal en était venu au point que les adversaires de ces détestables maximes, leur faisaient eux-mêmes des concessions qui aujourd'hui nous étonnent. Le Roi David, ayant juré à Séméï de lui donner la vie, ne laissa pas de recommander en mourant à Salomon, son fils, de faire en sorte que Séméï finît ses jours par une mort violente ; sur quoi Puffendorf *** observe qu'en effet David ne s'était engagé que pour lui seul à ne pas

---

* Grotius, liv. II, ch. xiv.
** Puffendorf, liv. VIII, ch. x.
*** Liv. IV, ch. ii, §. 13.

faire mourir Séméi. La France, que l'hérédité du pouvoir, et la maxime si heureusement énergique, *Le Roi ne meurt jamais*, semblaient, en identifiant tous ses princes, mettre à l'abri de ce fléau, la France a vu Louis XI abolir la pragmatique sanction, qui était une véritable constitution pour notre Église; elle a vu Louis XIV perfectionner cette doctrine, et révoquer l'édit de Nantes, après avoir écrit, en 1666, à l'électeur de Brandebourg, qu'il engageait sa parole royale à le maintenir. M. de Calonne, dans sa fameuse lettre au Roi, du 9 février 1789, lui dit que ses concessions ne peuvent lier ses successeurs.

Bénissons, mon ami, le nouveau régime qui nous a délivrés de ce sophisme cruel; plaignons les princes qui en ont eu besoin; plaignons jusqu'aux publicistes qui le leur ont fourni. Nous verrons ailleurs comment la constitution a réhabilité la politique par la morale.

Mais quoi? parce que la doctrine des concessions est absurde, est-ce à dire que le seul contrat valable est celui auquel le peuple participe? Cette question se résout par celle-ci : Une constitution est-elle l'ouvrage du temps ou des hommes? Et en examinant cette seconde question, prenons soin de distinguer les vérités générales auxquelles elle va nous conduire, des applications particulières que nous en ferons aux deux peuples.

A la considérer du point de vue où nous nous mettons, il est difficile d'admettre qu'une constitution puisse se faire, comme ces actes de la vie civile, que les jurisconsultes appellent synallagmatiques, et peut-être est-ce ici le moment de te prémunir contre les idées fausses, que des exemples pris dans notre révolution sont propres à te donner. Les choses ne se passent point entre une nation et un prince, comme entre deux individus également maîtres de leur volonté et de la forme dans laquelle ils l'expriment. Tant de régularité est impossible dans la création du pacte politique. Dans quel lieu sur la terre deux contractans qui se partagent la toute puissance humaine, trouveraient-ils un juge? Quelle défense resterait-il à de modernes amphictyons contre les violences de Lacédémone? Sans parler des passions que soulève cette transition orageuse, la difficulté qui résulte seulement du grand nombre des citoyens est telle, qu'on en est encore à chercher pour une vaste monarchie, le véritable mode d'expression de sa volonté ; et, à mon avis, cette difficulté est insoluble. Une délibération de plusieurs millions d'hommes sur le contrat social, n'est pas au rang des choses praticables, non-seulement pour le faire, mais même pour l'accepter. Je ne sache pas de mode de publication sincère, qui manifeste pure et libre la volonté d'un grand peuple ; et depuis la constitution de l'an III, qu'a promulguée le canon de vendémiaire, jusqu'à celles de l'an VIII, de l'an XII et d'avril 1815, pour lesquelles on a commandé des votes publics, je n'en connais pas une qui puisse revendiquer l'avantage d'être véritablement synallagmatique.

Soyons vrais, et allons droit au but ; qu'importe-t-il à la nation? du fond, que la constitution soit appropriée à son état réel ; dans la forme, qu'elle oblige toutes les parties. Or on peut remplir cette double condition sans tenir au système des chartes bilatérales.

Une des misères de notre temps, est de nous passionner pour un système avec la même ardeur que pour la vérité, et de prétendre régler par des théories le cours irrésistible des choses. Rien n'est peut-être plus indépendant des spéculations humaines que la forme de nos associations politiques. Buffon a prétendu que notre globe est un fragment détaché du soleil, auquel un mouvement de rotation continué pendant des siècles a donné la forme ronde; c'est l'image d'une constitution. Le génie de nos gouvernemens modernes est le résultat combiné d'une foule de causes naturelles et de forces majeures; non-seulement nous ne le maîtrisons pas, mais le plus souvent nous ne pouvons ni le définir ni même le distinguer; il se modifie imperceptiblement; et, quand il est formé, tout l'effort de notre esprit est de le reconnaître. Les variations par lesquelles passe l'atmosphère nous échappent, et ne nous deviennent sensibles qu'après le changement. Aussi, à peine ouvrons-nous les yeux sur la cause d'un événement contemporain, que déjà cette cause appartient à l'histoire; nous ne l'apercevons que derrière nous. Ce ne sont plus de ces peuplades qui se réunissent et qui s'organisent délibérément sous un ou plusieurs chefs; c'est une rencontre fortuite, inévitable, violente, d'agrégations étrangères et quelquefois ennemies, qui se font une place en présence l'une de l'autre; c'est la Gaule éteinte avec l'Empire romain, qui renaît après l'invasion des Francs sous un nom et avec des traits nouveaux; c'est la France que la féodalité déchire en lambeaux; c'est la féodalité elle-même qui expire dans le long enfantement de la monarchie; ce sont mille causes diverses et puissantes qui hâtent en Angleterre ce qu'elles retardent en France, sans que la main de l'homme ait pu seulement y toucher. Le temps est passé où les législateurs disciplinaient les peuples ; aujourd'hui les peuples forment les législateurs ; et le prodige du génie de Lycurgue serait, non de créer ce qui n'est pas, mais d'approfondir ce qui est. C'est de nos jours surtout qu'il est juste de comparer la philosophie spéculative à l'alouette qui s'élève jusqu'au ciel sans rien rapporter de son voyage, et la philosophie expérimentale au faucon qui ne redescend des airs qu'avec une proie. Montesquieu a montré la source ; la politique est dans l'histoire.

Lors même que nos vieilles sociétés sont parvenues à leur plus grande maturité, il n'est encore donné à personne de mettre au jour un corps complet de lois constitutionnelles. Cette œuvre n'est point la conception d'un homme, mais le produit successif du temps, et de sa lente élaboration. A mesure que la civilisation s'avance, les institutions viennent à sa suite se placer d'elles-mêmes les unes près des autres ; c'est, si l'on peut ainsi parler, une juxtà-position de principes faite par les circonstances : ces principes adhèrent, se coordonnent à la longue, et finissent par présenter un tout. Réfléchis, et tu te convaincras que, sauf les restrictions commandées par notre position particulière, les constitutions faites chez nous d'une autre manière ont manqué de vérité et de durée, et que si la Charte de 1814 porte ce double caractère, c'est parce qu'on l'a composée de principes recueillis de notre histoire ancienne et de notre révolution. Une expérience chèrement acquise, y a mis en réserve les notions essentielles qui ont surnagé dans nos nombreux naufrages, et les articles dont elle est formée, sont, relativement les uns aux autres, de véritables actes additionnnels. Car ce mot, qui a valu tant de critiques à la fameuse constitution à laquelle il sert de titre, n'est cependant autre chose que l'expression d'une des plus grandes vérités dont il importe de te pénétrer : c'est le titre nécessaire de toute constitution raisonnable, et l'on ferait un éloge très-judicieux de la Charte de 1814, en la qualifiant d'acte additionnel aux constitutions de l'Empire.

Ces vérités peuvent blesser l'orgueil des hommes d'État, auxquels elles font la part si petite dans un ouvrage qu'ils aiment à donner comme une création. Mais il ne dépend pas plus d'eux de le sanctionner que de le faire; notre raison est si débile, que pour juger du mérite de nos lois, nous sommes obligés d'attendre les effets qu'elles produisent. Nous n'apercevons pas leur bonté, comme par une sorte d'intuition, le jour où nous les promulguons : Dieu seul peut dire, en regardant l'ouvrage qui sort de ses mains : *Cela est bien*, et nos formes législatives sont imparfaites au point de laisser de l'incertitude sur la validité même de notre consentement. Le concours des volontés ne se manifeste que par une longue obéisssance; c'est peut-être l'unique manière de les connaître, et la véritable consécration des lois est dans leur durée.

Ce n'est pas, mon ami, que je sois le contempteur de nos formes législatives; je me hâte de reconnaître qu'elles peuvent seules communiquer aux actes de la puissance publique cet empire qui est de leur essence, parce

qu'après tout, il faut convenir d'un procédé pour dis-
cerner ce qui est ordonné de ce qui est défendu. Un ancien l'a dit : *La loi n'est pas ce qui est juste, mais ce qui
est loi.* Car il serait absurde d'attendre pour l'exécuter,
le caractère que le temps seul peut lui donner. J'entends
donc parler uniquement de ces lois fondamentales, qui
déterminent bien le mode d'après lequel se formera le
droit privé, mais qui ne se forment point elles-mêmes
d'après un mode convenu ; qui sont produites par le
siècle, aussi spontanément que l'herbe par le sol ; que
l'on n'exécute pas seulement parce qu'on les a jugées
bonnes, mais que l'on juge bonnes parce qu'on les a
long-temps exécutées. Loin que cette doctrine relâche
le lien social, elle le resserre : si la loi fondamentale ne
se forme et ne se sanctionne pas autrement, avec quelle
réserve faut-il donc y toucher, puisque nos spéculations
n'anticiperont jamais sur l'avenir, et que la plus plausible des innovations ne peut encore avoir pour elle ce
grand argument de l'expérience, le seul qui cependant
soit décisif?

La liberté y trouve son compte autant que le bon
ordre. Une constitution en effet, de la manière dont je
la conçois, prend un caractère d'irrévocabilité que ne
lui assure aucune autre théorie, et qui la place à une
hauteur au-dessus de toute atteinte ; elle n'est plus une
condition délibérée par deux parties, ou dictée par
l'une d'elles, et par conséquent sujette à leurs caprices ;
elle est fille du temps, elle ne dépend que de lui. Sa
racine n'est pas dans une acte unilatéral ou synallagmatique, mais dans l'état social dont elle est une déclaration. Celle des deux parties qui prend l'initiative n'a sur

l'autre que l'avantage d'avoir la première reconnu l'état social, signalé une vérité préexistante, découvert une propriété commune, dont elle ne peut disposer. En ce sens, une Charte octroyée n'est l'ouvrage que de la nécessité; et le prince qui la promulgue obéit au siècle, alors même qu'il semble lui commander. Louis XVIII remplace Napoléon, et octroie sa charte; Napoléon fait sur le trône une seconde apparition, et octroie à son tour une constitution, qui reproduit la Charte de Louis XVIII dans ses dispositions fondamentales et qui n'en diffère que dans les accessoires. Ce rapprochement est plein d'intérêt; on y voit l'esprit du siècle imposer également les mêmes conditions à deux dynasties rivales; on sent qu'il n'y avait de querelle que sur les personnes; il ne pouvait y en avoir sur les choses, contre lesquelles les personnes avouaient tacitement qu'elles étaient sans pouvoir. Elles recevaient la loi, bien plus qu'elles ne la faisaient. Avec la doctrine que le temps seul constitue les États, ce privilége n'appartient pas plus à un congrès de princes qu'à une assemblée de législateurs; il faut même ajouter qu'il manque aux premiers plus qu'à ceux-ci. Chaque nation a en elle-même la plénitude de pouvoir nécessaire pour déclarer son état social; et, si elle reçoit quelque chose du temps, c'est la sagesse. Mais des princes étrangers ne sont ni de bons juges, ni des juges compétens de la loi qu'un peuple quitte et de celle qu'il se donne; ce n'est pas seulement la sagesse, c'est le droit qui leur manque. Une nation n'a pas de propriété plus intime et plus inviolable que la faculté de juger elle-même sa position; et il faut renoncer au droit des gens, si un monarque peut déclarer la guerre à un seul article de la constitution de son voisin.

Qu'importe donc qu'une constitution vienne plutôt du peuple que du prince, ou qu'elle soit le résultat de leurs délibérations communes? Je n'y mets qu'une condition : qu'elle soit une déclaration vraie de l'état de la nation, et le contrat est formé. Prince, pourquoi combattre la loi que le peuple s'est faite, si ses mœurs la demandent? Peuples, pourquoi vous indigner contre la Charte octroyée par le prince, si elle s'adapte à vos besoins? Où tendent ces vaines disputes sur une forme dont personne n'est le maître? Comment justifier ces guerres impies, dont l'unique prétexte est d'attribuer aux hommes ce qui n'appartient qu'au temps? On cite comme une absurdité célèbre, l'expédient auquel eut recours l'empereur Othon, pour vérifier si la représentation devait être admise dans la loi des successions; il ordonna le combat en champ clos, et le champion du principe fut heureusement le plus fort : exemple singulier d'un combat plus législatif que judiciaire. Sommes-nous moins absurdes, et ne sommes-nous pas plus cruels, nous qui remettons à des armées le soin de décider si nous aurons une constitution écrite, si nous n'en aurons pas, si elle viendra du prince, si elle viendra du peuple, si nous aurons deux chambres, si nous n'en aurons qu'une? Malheureux, qui perpétuez ainsi les révolutions, vous ignorez combien peu vous influez réellement sur leur issue. Hélas! que vos systèmes sont puérils sous la main puissante qui les domine! Tandis que le sang coule, le siècle vous entraîne, en se riant de vos doctrines et de vos armées, la question se décide malgré vous, et presque sans vous ; vous passez, la vérité reste, et la liberté sanglante sort de dessous toutes ces ruines.

Toutefois, mon ami, gardons-nous encore de prendre ces notions générales pour des règles inflexibles. En politique, il n'y a peut-être pas un principe absolu : toutes les applications sont relatives ; tant la science est difficile à créer ! Cette observation ne s'adresse pas seulement aux théories que je combats, elle s'applique également aux raisons que je leur oppose. Voici le moment de nous occuper de nous-mêmes, et de choisir ce qui nous convient.

L'Angleterre est à la fois pour nous une leçon et un écueil ; et, si nous persistons dans la fausse voie ou nous sommes engagés, il est à craindre que son exemple ne nous égare, encore plus qu'il ne nous éclaire. Jusqu'ici nous n'avons pas bien senti ce qu'il y avait de particulier dans la destinée de ce peuple qui, par les raisons que nous venons de dire, a devancé les autres dans la carrière. Il n'y était précédé par aucun guide, il n'a pu l'explorer qu'en tâtonnant ; sa marche a été irrégulière, et il n'a dû la parcourir qu'après des siècles. Sans expérience et sans théorie, la force des choses l'a plutôt porté que conduit, et son parlement s'est trouvé là, comme pour noter les observations de ce long voyage. Il est naturel que dans cette position unique, un peuple ait converti en principes deux vérités que lui démontrait sa vie entière : la première, que la constitution est l'ouvrage des circonstances ; la deuxième, que le parlement peut tout [*].

[*] Inst., l. I, t. II, § 10. Et non ineleganter in duas species jus...

Fox répétait souvent que la sagesse d'aucun homme, ni d'aucune réunion d'hommes, n'était douée d'une vertu spéculative, capable de pourvoir à l'inépuisable variété des événemens de ce monde. Cet illustre ami de la liberté avait coutume de comparer à la construction d'un édifice, la manière dont le gouvernement s'était constitué dans sa patrie : « Quelque belle, disait-il, que soit à » l'œil la symétrie d'un plan tracé sur le papier, la » maison la plus commode et la plus habitable est celle » qu'on élève, suivant le besoin du moment, pièce à » pièce et à diverses reprises. » Cette idée, frappante par sa justesse, est l'épilogue de l'histoire d'Angleterre. Elle exprime avec exactitude ce qui est arrivé, lorsque, pour contribuer à l'achèvement de l'édifice, chaque génération est venue poser sa pierre ; lorsque Jean-sans-Terre a fourni sa charte de forêt et sa grande charte, modifiée dans la suite par Henri III ; lorsque Edouard Ier a fourni le statut qui créa la chambre basse, et celui qui a fait du vote de l'impôt une attribution du parlement ; Edouard III, le principe de la périodicité dans la réunion des deux chambres, qui dès lors ont exercé le droit d'accuser les ministres ; Henri VI, un système électoral ; Henri VII, le célèbre statut qui proclame cette maxime conservatrice, que personne ne peut être recherché pour avoir servi un prince régnant ; exemple remarquable du soin des Anglais à ériger en lois les

civile distributum esse videtur ; nam origo ejus ab institutis duarum civitatum Athenarum scilicet et Lacedæmoniorum fluxisse videtur : in his enim civitatibus ità agi solitum erat, ut Lacedæmonii quidem magis ea quæ pro legibus observabant, memoriæ mandarent ; Athenienses verò ea quæ in legibus scripta comprehendissent, custodirent.

maximes nées de chaque nécessité présente ; Henri VIII, l'inviolabilité des députés ; Jacques Ier, le privilége des communes de vérifier le pouvoir de leurs membres ; Charles Ier, *la pétition des droits ;* Charles II, l'acte *d'habeas corpus ;* enfin Guillaume, prince d'orange, le *bill des droits.*

Les choses ne se sont point ainsi passées en France, où par conséquent le mot de Fox est moins rigoureusement vrai. L'état social y recevait du temps sans doute de nombreuses modifications ; mais ces modifications obstinément méconnues par un gouvernement, dont le préjugé était de ne point quitter le pouvoir absolu qui le quittait, se manifestèrent toutes à la fois, lorsque le jour fut arrivé, et leur irruption dans le code politique n'eut pas lieu sans déchirement. La déclaration de l'état social s'est faite en France après plusieurs siècles de civilisation ; la nation, éclairée par l'exemple de l'Angleterre et par ses méditations sur elle-même, voyait dès long-temps s'accumuler autour d'elle les matériaux de tout un édifice constitutionnel, qu'elle eut à mettre en œuvre le même jour. Un seul acte fut promulgué. De là vient que depuis 1789, époque fameuse où nous avons commencé à écrire nos constitutions, et qui correspond dans notre droit public à celle de la rédaction des coutumes dans le droit privé, notre histoire nous présente, au lieu d'une série de principes ajoutés à des principes, des systèmes entiers d'organisation politique qui sont sortis du sein de nos assemblées délibérantes, comme Minerve du cerveau de Jupiter. Des députés se sont réunis pour se dire : Faisons une constitution ; et l'esprit de système étant l'écueil inévitable de ce mode, nous avons vu notre loi politique, tourmentée par des factions contaires, devenir tour à tour démocratique et monarchique, dans le même âge et à de courts intervalles. Telle est, n'en doutons pas, la cause de ce discrédit injuste dans lequel notre régime est tombé chez ces hommes, qui ne savent retirer d'autre fruit du malheur des temps que le dégoût des plus nobles choses. En Angleterre, où la création de la loi fondamentale a été successive, un esprit de suite et d'ensemble a recueilli l'expérience de chaque époque, la leçon de chaque événement, et en a grossi le trésor de la sagesse nationale. De cette manière, le remède naît du mal, et la réforme de l'abus; l'excès de la force dans le peuple avertit de donner une arme de plus à l'autorité royale; l'excès de la force dans le prince de resserrer la prérogative, et l'on finit par trouver l'équilibre; au lieu que chez nous, l'excès de la force dans le peuple a poussé vers l'anarchie, et l'excès de la force dans le prince vers le despotisme. Aussi pourrait-on suivre la marche de notre révolution dans nos divers actes constitutionnels, et deviner chacune de ses phases par l'espèce de Charte qu'elle a produite et qui porte sa physionomie.

Celle de 1791 a tous les défauts qu'elle ne pouvait pas ne pas avoir; et la seule chose dont il faudrait s'étonner, c'est qu'elle eût été ce qu'elle devait être. On avait l'esprit frappé des abus du pouvoir : en Angleterre on se fût borné à lui donner un contre-poids; en France, on le détruisit, et nous ne sûmes choisir qu'entre des excès. On commit la faute d'établir une assemblée unique; on n'aperçut pas tout ce qu'avaient de dangereux la permanence d'un corps délibérant et le renouvellement trop fréquent de ses membres; on se trompa dans le partage du pouvoir législatif, en n'attribuant au Roi que le privilége passif et souvent odieux du *veto*. Sous prétexte de réprimer les parlemens, on abaissa l'ordre judiciaire devant l'ordre administratif, pouvoir nouveau qui s'éleva sans mesure, qui marcha sans frein, dont le despotisme s'est fait un auxiliaire, et qui aujourd'hui encore s'égare lui-même dans la complication affectée de sa ténébreuse jurisprudence.

L'acte (car, le moyen de dire la constitution de 93?) est un monstre horriblement grotesque qui est mort en naissant. Le gouvernement représentatif anéanti, un conseil exécutif composé de vingt-cinq membres, une assemblée unique et permanente qui propose la loi, le peuple qui la sanctionne par lui-même et sans inter- médiaire, la France changée en un vaste Forum, où vingt-cinq millions d'hommes discutent tous les jours des projets de loi que tous les jours on leur présente : telle est la conception, dont on est cependant réduit à regretter que l'exécution n'ait pas été tentée, quand on songe au code affreux qui a pris sa place. Remarque ici, mon ami, que les plus détestables excès qui aient souillé notre révolution, remplissent cet interrègne du régime constitutionnel; depuis l'abolition de la royauté jusque vers la fin de l'an III, nous n'avons eu aucune Charte, bonne ou mauvaise.

Il y a des siècles, l'intervalle est incommensurable entre cette orgie démagogique et la constitution de l'an III. Elle nous rendit la représentation nationale, et nous délivra des clubs; mais par une suite du vice at- taché à sa naissance, on eut à lui reprocher une multitude de développemens dogmatiques et réglémentaires, une dangereuse prodigalité de définitions, la permanence de son corps législatif, la dépendance réciproque, ou plutôt l'homogénéité de ses deux conseils, dont la dénomination même était une inconséquence, l'absence du droit de dissolution de la part de son directoire, le retour annuel et simultané des élections qui alimentait dans le corps social une fièvre sans intermittences, une distribution mal entendue des trois pouvoirs, qui produisait entre le directoire et les deux conseils, au lieu de l'équilibre d'un balancement régulier, les collisions d'une rivalité jalouse.

La haine du pouvoir absolu avait aveuglé l'assemblée constituante, l'horreur de l'anarchie égara le législateur de l'an VIII. Celui-ci donna plus à Bonaparte, que l'autre n'avait ôté à Louis XVI. Déplorable condition des peuples! on se trouva heureux d'offrir à un consul, dont on ne connaissait que le génie militaire, ce qu'on s'était indigné de trouver en des mains d'une vertu éprouvée. La responsabilité des agens du pouvoir fut équivalemment abolie; on créa un corps législatif, auquel on interdit le droit de discussion; ce sont les deux traits caractéristiques de cet acte. On sait ce qui en est résulté.

Aucune de ces constitutions n'est restée, et tel sera toujours le sort de ces tentatives qui auront pour objet l'institution simultanée de tout un ordre social. La supériorité de notre Charte consiste en ce qu'elle n'a point eu à faire prévaloir une création nouvelle. Elle a composé l'édifice politique des matériaux retirés de ces édifices écroulés; résumé des discussions passées, dépôt de

principes reconnus, elle a recueilli les grandes formes
de la monarchie représentative, dispersées et non détruites par la tourmente. Elle a gardé de la constitution
de 1791, le principe du gouvernement d'un seul allié
au nouveau régime, et quelques maximes de notre
droit public exprimées avec une simplicité majestueuse;
de la constitution de l'an III, la division du corps législatif en deux chambres, et le paiement d'une contribution foncière comme condition de la qualité d'électeur ou d'éligible; de la constitution de l'an VIII, le
droit de dissolution et l'intermission de la tenue des
chambres. La révolution même, la révolution sagement
entendue est entrée dans la Charte; elle y respire, elle
y parle; elle est la raison de son excellence, le secret
de sa force, et le principe de sa durée.

La conclusion de tout ceci est que, chez le peuple
qui a frayé la voie, la loi fondamentale a dû se former
par une succession de précédens, et que chez ceux qui
se sont civilisés avant de se constituer, l'état social a
pu se déclarer dans un seul acte, parce qu'il a pu être
embrassé d'un coup d'œil; que par conséquent nous ne
devons pas adopter la doctrine des précédens, et que
nos actes constitutionnels sont plus susceptibles d'une
délibération régulière, à condition d'en puiser les élémens dans l'état social formé par le temps, et de ne
point prétendre le redresser nous-mêmes. Nous ne
pourrions nous assujettir servilement à la doctrine des
Anglais, sans nous condamner à parcourir le long
cercle qu'ils achèvent; idée fausse et décourageante,
dont la conséquence nécessaire serait que, pour jouir
d'un régime aussi parfait, nous aurions à traverser les

cinq siècles qui séparent la conquête de Guillaume de la révolution de 1688. Pour commencer par le premier anneau cette longue chaîne, à laquelle suffit à peine la vie d'un peuple, il faudrait nous supposer encore jeunes, et cependant que sommes-nous, que des vieillards à qui les momiens sont chers, et que la civilisation a remplis de lumières, de besoins et d'impatience? Si l'avantage des Anglais a été de rencontrer avec plus de certitude l'équilibre politique, leur désavantage a été d'admettre du mélange dans leur constitution; si notre lot ne vaut pas celui qui leur est échu, en ce qu'il renfermait l'esprit de système, il portait en lui-même, comme une compensation, la faculté de profiter de leur expérience, et de faire un triage dans l'effrayante promiscuité de leurs précédens : leur destinée sera toujours assez belle d'avoir été chargé par la Providence de faire cette grande épreuve au profit du genre humain. Mais si nous n'avons pas besoin de les égaler en persévérance, notre devoir est au moins de les surpasser en sagesse. Après vingt-cinq ans de révolution, nous avions transporté dans notre société, composée des mêmes élémens que la leur, les fondemens de leur admirable régime. Jugeons-les en les imitant; qu'un discernement judicieux leur emprunte ce qu'ils ont de noble et de pur, et défende notre jeune constitution des principes de mort qui, depuis le dernier siècle, menacent la vieillesse de son aînée.

Parmi les dogmes politiques que nous avons cru pouvoir leur emprunter, je te signalerai surtout celui qui attribue à leur parlement le pouvoir de changer la loi fondamentale, pouvoir pour lequel ils ont créé le mot

nouveau et désormais consacré parmi nous d'*omnipotence parlementaire*. La Charte comptait à peine une
année d'existence, que déjà une ordonnance royale du
13 juillet 1815, révoquée par une autre ordonnance du
5 septembre 1816, avait sollicité la législature d'user de
ce pouvoir; depuis ce temps, le Roi et les deux chambres ont discuté la question à l'occasion de la septennalité, et ont reconnu leur omnipotence par la loi du
9 juin 1824. Ainsi nous voilà engagés dans la voie des
précédens; ainsi l'exemple des Anglais commence à devenir chez nous un argument, auquel nous ne savons
plus trouver de réponse; nous débutons par des abus,
et nous sommes vieux à notre naissance.

Les partisans de l'omnipotence objectent la nécessité
toujours présente de perfectionner la loi fondamentale;
ils demandent s'il y a parmi nous quelque puissance
au-dessus du Roi et des deux chambres, et quel
droit on peut refuser à qui les exerce tous; du reste,
ils allèguent moins la raison que l'autorité, et termi-
nent la discussion en jurant sur la parole de Blackstone.

Les adversaires de l'omnipotence se partagent en deux
classes, et s'opposent au même dogme par des raisons
contraires :

Les uns tiennent à la plénitude de la royauté, dont
tous les autres pouvoirs sont des émanations qu'elle peut
rappeler à elle; ils ne reconnaissent pour valable
qu'une charte octroyée, et refusent aux chambres de
participer à la formation de la loi politique : c'est la
doctrine des concessions.

Les autres voient dans la réunion du Roi, des pairs

et des députés, un corps législatif créé par la Charte, et qui ne peut porter la main sur l'acte dont il tient l'existence. L'unique source du pouvoir constituant est dans la nation, et la constitution n'est légitimée que par la manifestation du consentement universel : c'est la doctrine de la souveraineté du peuple.

Cette question, comme tu le vois, a tant de profondeur et d'étendue, qu'on ne peut y pénétrer sans descendre jusqu'aux racines de l'arbre social.

Nous savons maintenant, mon ami, quelle a été l'origine de l'omnipotence parlementaire chez les Anglais, et par son origine nous avons découvert son véritable sens. Chez un peuple qui semble prendre le régime représentatif à l'essai, il est naturel qu'un corps politique observe chaque épreuve, proclame chaque résultat, et forme un dépôt de traditions. Loin d'être une création de la loi fondamentale, ce corps en est le créateur; pour la créer, il est nécessaire qu'il puisse tout; l'histoire prouve qu'il l'a pu, le droit public l'enseigne, et voilà comme le droit naît de l'histoire. Ainsi l'axiome que le parlement *peut tout*, est l'énonciation d'un fait de l'histoire d'Angleterre; c'est l'expression de la manière dont la constitution s'y est formée. Ajoutons que si cet axiome convient à ce pays, il ne convient qu'à lui; sa révolution n'a point été, comme la nôtre, la conversion brusque et violente d'un régime long-temps absolu, en un régime soudainement constitutionnel; le gouvernement anglais, constitutionnel dès le règne de Jean-sans-Terre, n'a pas cessé de l'être jusqu'à nos jours, et sa révolution n'a été autre chose que le perfectionnement progressif d'un même régime. D'où il est arrivé que le parlement a introduit ses améliorations, sans aucune altération essentielle, et que son omnipotence s'est exercée dans le cours régulier et légal du gouvernement. C'est alors, c'est lorsqu'on est jeune et qu'on peut se donner le loisir d'attendre, que l'expérience consultée avec fruit et saisie à propos, manifeste l'utilité générale et corrige les inconvéniens de l'omnipotence.

Sachons résister à l'entraînement de cet exemple ; l'axiome des Anglais, nécessaire chez eux, serait funeste chez nous. C'est un joug à secouer ; cherchons à nous déterminer par des considérations qui nous soient propres.

Une autre espèce de joug que nous portons dans les décisions les plus importantes, est celui des théories. C'est vraiment merveille de nous voir nous éprendre pour elles de je ne sais quelle passion, que nous finissons par suivre comme un principe. Il n'est point de sacrifices, y compris celui de la liberté, auquel on ne puisse nous amener, en nous leurrant d'un dogme favori ; l'illusion est telle, que, moyennant certaines concessions, nous consentirions aux résultats les plus détestés, et que nous accepterions, ou le despotisme qui proclamerait la souveraineté du peuple, ou l'anarchie qui prendrait pour enseigne le droit divin.

Je ne tiens pour aucune théorie ; je m'intéresse fort peu au triomphe d'un dogme sur un autre ; mais je recherche ce que réclame notre position particulière, *quid utile, quid non*, et je n'hésite pas à rejeter l'omnipotence de notre parlement, sans m'inquiéter si cette détermination tire à conséquence pour ou contre l'un des deux systèmes. Je n'opposerai pas Vattel * à Blakstone; et je préférerai la raison à l'autorité.

Ce qui me frappe surtout dans le régime représentatif, c'est la crainte que le pouvoir ne tombe en des mains ennemies de la liberté, et que toutes les voies légales ne soient occupées par un parti : car les partis donnent la vie à ce gouvernement; il serait aussi funeste à la liberté de se priver de leur énergie, que de se livrer à leur domination; ils faut les tolérer et les contenir. Avec le dogme de l'omnipotence, la constitution est une proie incessamment offerte à leur convoitise; il suffit à l'un d'eux d'obtenir la majorité dans les chambres, et avec cette majorité de se composer un ministère, pour asservir le parlement, et dominer la constitution. Or, je veux une garantie contre ce péril toujours imminent; et, cette garantie, je ne la trouve que dans la séparation du pouvoir constituant, d'avec le pouvoir législatif.

Ce n'est pas pour introduire dans notre organisation un arrangement systématique; ce n'est pas précisément parce que Rousseau l'a dit dans son Contrat social; c'est parce que je crois la chose profondément vraie et nécessaire, que j'aperçois deux degrés de notre édifice politique; le premier est occupé par la constitution, et le second par la loi : celle-ci agit dans la sphère inférieure que la première a créée, et qu'elle ne peut surveiller sans la maintenir au-dessous d'elle. Ceux qui tiennent pour la plénitude de la royauté tombent ici dans une étrange inconséquence; ils ne reconnaissent qu'au prince le

* Vattel, l. 1, ch. iii, § 14.

droit de faire la constitution, et cependant ils conviennent que le prince seul ne peut faire la loi ; ce qui se
réduit à lui attribuer le plus et à lui refuser le moins.

L'ordre des idées nous apprend cette génération des
pouvoirs, et la subordination de l'un à l'autre. Si dans
un gouvernement qui se forme par une succession de
précédens, ils sortent confusément de la même source ;
dans un gouvernement tout formé, leur filiation s'aperçoit distinctement, et la supériorité du premier sur le
second, en résulte comme une conséquence nécessaire.
Là, l'omnipotence est la continuation d'un ancien état de
choses ; ici, elle est une innovation, et l'innovation qui,
en confondant deux pouvoirs distincts, en donnant à la
constitution la mobilité ou plutôt la mortalité de la
loi, ouvre la barrière à tous les partis, est le plus funeste présent que l'on puisse faire à une nation, dont
l'humeur inquiète et changeante n'a pas besoin d'être
sollicitée.

Je veux sans doute que la constitution se modifie
selon le besoin des temps, et nous verrons ailleurs que
la facilité de prendre les formes de la civilisation est une
de ses propriétés les plus merveilleuses ; je veux encore
que ces modifications s'y introduisent, sans qu'on appelle la nation entière à une délibération impossible,
c'est-à-dire, sans remettre tout l'ordre social en question. Mais je ne saurais concevoir que la constitution
doive être touchée par les mêmes mains et de la même
manière que la loi. Lorsque la nécessité d'une réforme
se fait sentir, pourquoi, sur l'initiative prise par la couronne, ne chercherait-on pas dans une élection spéciale une chambre de députés, dont les devoirs seraient

circonscrits par l'ordonnance de convocation, et qui viendrait concourir à ce grand acte avec la chambre des pairs? Qu'y aurait-il donc dans ce mode, je ne dis pas d'impraticable, mais de difficile? Quel inconvénient sérieux la bonne foi y verrait-elle? Si je m'attachais à satisfaire des théories, je pourrais démontrer qu'aucune d'elles n'aurait à s'en plaindre; mais, certes, la chose publique y trouverait son avantage : cette solennité particulière donnerait l'éveil à l'opinion, tempérerait notre impatiente légèreté par de sages lenteurs, réduirait le parti dominant à l'impuissance d'abuser d'une majorité acquise, communiquerait plus de sanction à la Charte, et nous préserverait du danger de la voir, au milieu d'une session et avec la même promptitude que l'on emporte une loi ordinaire, disparaître tout entière dans un abîme d'améliorations.

Pour qui préfère la vérité à des dogmes, trois choses principales sont à considérer dans notre Charte de 1814 : 1° son mode de publication; 2° l'époque à laquelle elle est née; 3° sa rédaction.

Je t'ai dit ma pensée sur le mode de publication; une Charte octroyée peut être obligatoire; elle est l'ouvrage d'une seule partie, ce qui ne signifie pas qu'elle est une concession. Cette forme unilatérale lui est commune avec un grand nombre de constitutions étrangères, et ne donne lieu qu'aux réflexions générales dont je t'ai fait part.

Mais ce qui la distingue de toutes les autres, c'est d'abord l'époque à laquelle elle est née, et ensuite, sa rédaction. Ces deux circonstances lui sont particulières, et doivent produire pour nous un droit politique spécial.

Depuis le moment où le pouvoir absolu a cédé la France au régime constitutionnel, une foule de théories opposées se sont partagé les esprits; beaucoup de contestations se sont élevées sur les choses et sur les personnes; la Charte est venue terminer ces débats, de la même manière qu'un procès finit par un arrêt ou par une transaction. Elle en a reçu un caractère d'irrévocabilité, qu'on ne trouve à aucun autre acte de cette espèce. Aussi le prince qui l'a promulguée a-t-il témoigné cette pensée, en indiquant celles de ses dispositions qu'il regardait comme transitoires; en quoi il a fait entendre qu'à ses yeux les autres étaient définitives. La raison ne dit-elle pas en effet qu'il y a un temps où il ne faut jamais songer à toucher la constitution? Ce temps est celui où les choses et les hommes pour lesquels elle a été faite, subsistent encore. Permettre à quelques uns de ces mêmes hommes de la changer à leur gré, c'est souffrir qu'une seule des parties altère la transaction ou l'arrêt. Mais quand toutes les parties ne sont plus, quand ces hommes ont passé et sont remplacés par d'autres qui apportent sur la scène du monde des intérêts et des passions différentes, on conçoit plus facilement la nécessité d'une modification. L'instinct seul du bien public a porté les Anglais à observer de longs intervalles entre chaque réforme, au lieu que chez nous, la Charte, née en 1814, a été menacée dès 1815 par l'esprit d'amélioration, et, après dix années d'existence, elle ne nous reste que toute mutilée par l'omnipotence parlementaire.

Ce serait une digne punition de notre imitation servile, d'être délaissés par l'Angleterre elle-même dans la fausse route où son exemple nous entraîne; et il n'est pas impossible que cette leçon nous soit donnée un jour : le temps est venu pour l'Angleterre de sortir de la voie des précédens; son organisation politique est achevée, et la séparation peut s'y faire entre le pouvoir constituant et le pouvoir législatif. Cette vérité commence à germer; Bacon a réclamé il y a long-temps un corps de droit public; et de nos jours, la foi dans le dogme de l'omnipotence s'ébranle; l'auteur des Lettres de *Junius* a donné à ses compatriotes un signal que de bons esprits ont entendu.

✦✦✦✦✦

DEUXIÈME PARTIE.

QUEL CARACTÈRE DOIT AVOIR LE RÉGIME CONSTITUTIONNEL
POUR PROCURER LES GARANTIES SOCIALES.

Il est des adversaires du régime constitutionnel, sur lesquels on ne gagne rien en leur découvrant sa racine au fond de notre âme ; tu les trouveras tout prêts à en reconnaître la nécessité ; mais ils ont l'art de rendre cette concession stérile, et leur politique évasive a d'autres détours où t'échapper. Le nouveau régime n'est point à leurs yeux une institution amie, qu'on doive féconder par une bonne culture, mais un préjugé dominant qu'il faut mitiger par des palliatifs. C'est un hochet jeté au milieu d'une multitude agitée, et duquel il est heureux qu'elle s'occupe ; c'est une de ces innovations dont on nie la bonté philosophique, mais auxquelles on se soumet, parce qu'elles ont pour cause une erreur de notre esprit et un désordre de notre cœur, qu'il n'est point en nous de faire cesser. Ils en concluent qu'il faut la réduire à un simple changement de noms et de formes, et mettre toute son habileté à en obtenir les mêmes résultats que de l'ancien régime. La perfection d'un gouvernement régulier serait ainsi de redevenir l'équivalent de celui qui ne l'était pas. Car tel est le triste effet d'une révolution, conçue par la justice, et exécutée par la violence : le bien lui-même contracte la ressemblance du mal dont il sort.

Nous avons donc fait peu de choses, mon ami, si nous ne prouvons que le régime constitutionnel n'est pas un préjugé, et que, digne en tout de la civilisation dont il est l'ouvrage, la philosophie eût dû l'appeler, si la force des choses ne l'avait produit; que nos hommes d'État eussent dû le choisir, s'il ne nous eût pas été donné; qu'il serait beau d'en être proclamé l'auteur, s'il pouvait avoir d'autres auteurs que la nature et le temps. Car Montesquieu s'est laissé séduire par une image plus piquante que juste, lorsqu'il a dit que notre système avait été trouvé au milieu des bois. Nous allons remonter à une plus digne origine de ce gouvernement tutélaire, auquel nous ne devons pas nous résigner comme à un mal inévitable, mais que nous devons étudier comme la preuve de nos progrès, défendre comme la garantie de nos droits, aimer comme le prix de nos souffrances.

Cette matière est immense autant que confuse; et, à qui l'envisagerait dans ses innombrables détails, le soin de l'ordonner paraîtrait impossible. Notre droit public est dans un tel désordre, les questions de politique spéciale accablent notre esprit sous une telle masse de théories, que c'est presque une découverte d'y démêler un principe. Tâchons cependant de diviser une matière aussi abondante; diviser, c'est réduire. La vraie division d'une thèse aussi vaste, est un commencement de démonstration, et la première pierre de la science. Celle-ci est créée, quand l'ordre est trouvé.

Lorsqu'une science se forme, le procédé le moins incertain, ou plutôt le seul possible, est de conclure de l'état de choses connu à l'état de choses inconnu. Pour nous, le connu, c'est l'ancien régime; l'inconnu, c'est le nouveau. Si les signes caractéristiques d'une monarchie constitutionnelle résidaient dans ses différences avec la monarchie absolue, n'aurions-nous pas trouvé la source où puiser nos principes? Ainsi le plus sûr moyen d'entendre le gouvernement représentatif, pourrait en résumé n'être autre chose qu'une comparaison bien faite avec celui qui ne l'était pas.

La monarchie absolue est l'empire d'une volonté unique. Quelle que soit cette volonté, bonne ou mauvaise, sage ou insensée, éclairée ou aveugle, partout où elle règne seule, la monarchie est absolue sans distinction; on peut seulement dire qu'elle est absolue, ici pour le bien, là pour le mal.

La constitution introduit dans le gouvernement une seconde personne, qui est la nation, et dont le vœu se manifeste aussi dans des formes établies.

Quand il n'y avait qu'une seule personne, il était naturel que sa volonté fît tout. Depuis qu'il y en a deux, il est nécessaire qu'il s'élève entre elles un principe reconnu, qu'elles respectent également; autrement il n'y aurait pas de lien commun. Ce principe est ce que j'appelle l'institution. J'entends par ce mot la même chose que M. Benjamin-Constant par le *pouvoir royal;* mais je préfère ma dénomination, parce que l'institution est, selon moi, indépendante du Roi ou de la nation isolément, et qu'une dénomination qui semble la subordonner à une seule des deux parties, rendrait mal ma pensée.

Dans cette société nouvelle, la suprématie qui appartenait autrefois à la volonté d'un seul, appartient donc à l'institution ; et ce qu'une personne unique décidait dans sa sagesse ou dans son erreur, doit différer essentiellement de ce que deux personnes délibèrent en commun.

De ces notions premières découlent les deux propositions suivantes :

1° Le régime constitutionnel met l'institution à la place de la volonté ;

2° Le régime constitutionnel convertit les maximes en lois.

Tels sont ses deux effets principaux et caractéristiques, que j'énonce comme des axiomes, et dont je fais dériver les garanties sociales. On va sentir la justesse de ces divisions à la facilité avec laquelle les questions spéciales y trouveront leur place.

Ce n'est pas tout ; nous venons de voir que ces deux effets tiennent à une cause commune, à la présence d'une seconde personne, et comme cette seconde personne est un grand peuple, c'est-à-dire une personne collective, elle intervient dans le gouvernement par la représentation nationale.

La représentation nationale est donc la forme établie pour que cette partie intervienne dans le gouvernement.

C'est une forme excellente sans doute ; mais qui n'est telle que parce qu'elle produit les deux effets que je viens d'indiquer ; sans eux, on ne pourrait voir en elle qu'une cérémonie puérile, mais avec eux, c'est le plus grand bienfait que les nations civilisées aient reçu de la Providence.

Ceci nous conduit à les examiner avant de remonter à leur cause; commençons par marquer le but, pour mieux juger la route qui doit nous y conduire.

CHAPITRE PREMIER.

LE RÉGIME CONSTITUTIONNEL MET L'INSTITUTION A LA PLACE DE LA VOLONTÉ.

QUAND on dit que dans la direction des affaires, une institution fixe remplace la volonté humaine, que veut-on dire? Car il arrive rarement que l'on saisisse tout le sens de cette vérité presque triviale.

On parle beaucoup de pouvoir absolu; mais y en a-t-il chez les hommes? Cette appellation superbe est-elle faite pour un être essentiellement borné, de qui rien d'absolu ne peut sortir? Toutes les controverses de nos publicistes à ce sujet n'auraient-elles abouti qu'à renouveler l'histoire de la dent d'or? Je combats le pouvoir absolu de la même manière que l'athéisme : je le nie; avant de soutenir qu'il est avantageux, prouvez-moi qu'il existe. Quoi que nous fassions, notre pouvoir réel aura toujours les mêmes limites que nos facultés; si le prince peut plus qu'un sujet, c'est par l'accession des facultés d'autrui; il a des intermédiaires pour lui apporter la vérité, des intermédiaires pour expédier ses ordres, des intermédiaires pour les exécuter; il agit

par des mains, il voit par des yeux qui ne sont pas les siens. Mais la vérité qui lui arrive, mais la volonté qu'il envoie à travers tant d'influences subalternes, parviennent-elles pures à leur but? Sait-il bien ce qu'il doit savoir? Veut-il bien ce qu'il doit vouloir? Fait-il bien connaître ce qu'il veut? Lorsque chaque partie intéressée y a mis et en a ôté ce que son importance relative lui permet d'en ôter et d'y mettre, que reste-t-il du bon plaisir des rois? Je n'exagère rien; le plus impérieux despote est un esclave, et sa domination est servile : « Prenez tout, usurpez tout, s'écrie Jean-
» Jacques [*]; et puis, versez l'argent à pleines mains;
» dressez des batteries de canon; élevez des gibets, des
» roues; donnez des lois, des édits; multipliez les es-
» pions, les soldats, les bourreaux, les prisons, les
» chaînes; pauvres petits hommes, de quoi vous sert
» tout cela? Vous n'en serez ni mieux servis, ni moins
» volés, ni moins trompés, ni plus absolus. Vous direz
» toujours nous voulons, et vous ferez toujours ce que
» voudront les autres. » Je cite ici Jean-Jacques préférablement à tout autre, parce qu'ayant, à l'exemple de Hobbes dont il est d'ailleurs l'antagoniste, établi dans son *Contrat Social* la dangereuse doctrine d'une souveraineté sans limites, il n'est pas inutile de prouver que chez ce grand écrivain, le moraliste diffère du spéculatif, et a le plus souvent raison contre celui-ci.

On a dit quelque chose de sublime sur Dieu, dont cependant l'attribut essentiel est la toute puissance : on a dit qu'il avait commandé une fois, pour obéir tou-

[*] *Émile*, liv. II.

jours. L'idée d'une règle se lie tellement dans notre esprit à l'idée du pouvoir, que, n'imaginant rien au-dessus de Dieu, nous l'avons soumis à l'ordre qu'il a créé lui-même. Mais la flatterie a prononcé pour les rois de la terre, ce que notre intelligence n'a pu admettre pour le roi du ciel.

Un pouvoir tout-à-fait sans règle et sans condition n'est heureusement nulle part dans la nature. Aucune combinaison de l'état social ne peut rendre un homme assez puissant pour l'affranchir, sinon de l'empire des lois, au moins du joug de l'usage et de la tyrannie des préjugés. Il y a obligation au Grand-Turc de se produire en public dès qu'un incendie éclate dans Constantinople ; aussi, lorsqu'on veut lui faire entendre une réclamation qui n'a pu percer les murs de son sérail, on met le feu à un quartier de sa capitale, et force lui est de sortir. C'est une pétition à la manière des Turcs.

Un pouvoir véritablement absolu ne serait cependant qu'un pouvoir sans condition et sans règle ; car, à la lettre, il cesserait d'être absolu avec une règle ou une condition obligatoire. Je ne puis adopter ce que dit Puffendorf * : *Que le pouvoir absolu ne consiste pas à tout faire à sa fantaisie....., mais à ne suivre que ses propres lumières dans l'administration des affaires publiques, ce qui n'est pas incompatible avec la nécessité de se rendre à de justes représentations.* La nécessité de se rendre aux représentations d'autrui, ne sera jamais compatible avec le droit de ne suivre que ses propres lumières.

* Liv. VII, ch. vi, § 12.

De l'ordre moral, cette vérité a passé dans l'ordre politique, où elle peut s'énoncer sous la formule rigoureuse d'un argument :

S'il n'y avait point de Rois avant qu'il y eût des peuples, les peuples n'ont pas été faits pour les Rois ;

Si les peuples n'ont pas été faits pour les Rois, les Rois ne sont pas la fin de la société ;

Si les Rois ne sont pas la fin de la société, ils ne sont qu'un moyen de parvenir à cette fin ;

Si leur pouvoir n'est qu'un moyen, il n'est donc pas sans condition.

Mais, bien que le pouvoir absolu n'ait pas d'existence réelle, nous continuerons à nous servir de cette dénomination, dans le sens que lui donne l'usage, et par opposition au pouvoir constitutionnel.

Or, c'est ici l'idée qu'il t'importe de bien saisir.

La question n'est pas, comme tu le vois, de quitter un pouvoir sans limite pour un pouvoir limité, un pouvoir sans condition pour un pouvoir conditionnel ; quels que soient le gouvernement, le temps et le lieu, à Tunis comme à Londres, partout où le pouvoir est dans la main des hommes, il a ses limites et ses conditions nécessaires. Il ne s'agit au fond que de changer ces conditions et ces limites. Tel est le véritable état de la question.

Eh bien! à la place de cette volonté, que tout trompe et altère, notre régime met une institution qui est immuable et que la nécessité seule modifie. Le monarque est toujours soumis à une règle, puisqu'enfin il en faut une ; mais cette règle, autrefois prise dans les passions de ceux qui l'entourent, l'est aujourd'hui dans les be-

7

soins de ceux qu'il gouverne. Il obéit au siècle au lieu d'obéir à sa cour; il secoue un joug pour adopter une loi.

Voilà proprement ce que produit l'institution substituée à la volonté, un simple changement dans les conditions et les limites, auxquelles tout pouvoir chez les hommes est inévitablement assujetti. Tu t'aperçois déjà qu'il n'en résulte pas une véritable perte de domination au détriment des princes; et que, pour détruire un préjugé fatal qui aliène leur cœur au nouveau régime, il suffit de rectifier une idée fausse.

Suivons les conséquences de ce changement.

SECTION PREMIÈRE.

De l'Institution en elle-même.

L'institution, venons-nous de dire, est immuable, et la nécessité seule la modifie. Ce principe de la politique moderne tient à une de ses différences avec l'ancienne; dans le temps des constitutions *à priori*, le législateur pouvait donner une forme au peuple qui n'en avait aucune; il a été permis à Lycurgue de créer un état social propre à la loi qu'il avait conçue, et d'enchaîner par un serment le peuple à une règle éternelle, au lieu que de nos jours, l'état social étant rebelle à la main de l'homme, c'est lui qu'il faut prendre pour type.

D'une part, tout change en nous et autour de nous; le pouvoir qui ne changerait jamais serait donc contraire à notre nature et à l'ordre universel. De l'autre cependant, la stabilité est un des premiers besoins de la société.

Le problème à résoudre était de trouver un mode de gouvernement qui remplît ces deux conditions.

Or, le pouvoir absolu ne satisfaisait à aucune d'elles.

Qui ne croirait que ce pouvoir est aussi variable que la volonté dont il dérive est versatile? Il est cependant à remarquer qu'il reste immobile au milieu du mouvement général. Incessamment menacé par la force des choses, son instinct est de conserver avec superstition, de surveiller avec jalousie le principe d'une volonté unique et absolue; quand il est parvenu, quoi qu'il arrive, à le maintenir, il semble qu'il ait rempli sa destination ici-bas. Il s'arrange volontiers de la civilisation, pourvu qu'elle le laisse intact; ce qui ne se peut pas. Son existence étant à ses propres yeux la première condition sociale, ne nous étonnons plus qu'il ait proclamé que les peuples étaient faits pour lui : cette conséquence était nécessaire. De là, ce dépôt de traditions que le conseil du prince garde identiquement pendant des siècles, et dont il se compose une prétendue sagesse, que tout heurte et contrarie; de là une autre bizarrerie de sa nature, qui est de ne pouvoir céder ni résister à propos; ombrageux sur le principe d'une volonté unique, il s'endort sur la direction journalière de cette volonté que les courtisans se disputent comme une proie. La raison en est dans l'orgueil humain, dont il contracte l'inflexibilité; tandis que sa maxime fondamentale se perpétue ainsi par l'empire des traditions, c'est dans les détails de l'administration, dans les actes qui nous touchent partout et sans cesse, qu'il se prête aux caprices de l'arbitraire.

L'institution au contraire s'adapte admirablement à la condition nouvelle où la société est entrée. Elle n'est point un homme, mais une chose; elle est donc sans passion et sans préjugé. Loin d'opposer à l'impulsion du siècle l'orgueilleuse roideur des traditions antiques, elle marche avec lui; c'est au moins la qualité qu'elle doit avoir, et si elle en manquait, ce serait par un vice d'organisation; mais tel est son esprit. On dit que le corps humain perd et acquiert avec assez de rapidité, pour qu'en peu d'années, sa substance se renouvelle entièrement; il en est à peu près ainsi du corps social. Le régime qui lui convient est donc celui qui reçoit et abandonne avec lui les modifications successives qu'apportent les mœurs et les lumières.

Cet heureux don de suivre le siècle sans le devancer, et de se reproduire par la même cause et en même temps que les choses humaines, nous révèle tout le secret d'éviter les révolutions violentes. Veut-on un exemple frappant de ce qui arrive, quand le gouvernement se laisse devancer par le siècle à une trop grande distance? Qu'on se rappelle l'immense destruction de la nuit du 4 août 1789; qu'on se figure l'élite de la France, dans le gothique édifice de la féodalité, ébranlant avec joie les appuis de cette voûte, dont la chute va l'écraser la première, tous les ordres de l'État se précipitant à l'envi l'un de l'autre, et chacun voulant honorer son bras d'un coup porté à ces fondemens ruineux. Imprudence fatale, quoique ennoblie par l'abnégation de soi-même! Qui oserait, sans craindre de se calomnier, répondre qu'il se fût garanti de cette séduction de l'enthousiasme? Il est de ces erreurs que l'on eût partagées, et que de longs malheurs ont donné le triste droit de blâmer. Tant de précipitation à démolir sans reconstruire, contraste douloureusement avec ces lents accroissemens de la constitution anglaise, dont on n'enlevait jamais une pièce sans la remplacer, et que le fleuve du temps a formée, comme par une alluvion insensible. La civilisation marchait en France à pas de géant, quand le pouvoir absolu se tourmentait dans l'inaction et périssait d'immobilité. Les eaux du fleuve une fois accumulées contre l'obstacle, ce qui devait être une réforme devint un ravage; car la réforme véritable emporte, avec la nécessité d'une suppression, celle d'un établissement nouveau. Cette nuit mémorable, qui n'eut à montrer au jour suivant que des ruines, et qu'il faut reprocher à l'ancien régime bien plutôt qu'à la nation, nous fait ressentir ses fautes aujourd'hui même; car de quoi nous occupons-nous, que de remplacer ce qu'on a détruit le 4 août 1789?

Mais si l'institution change avec la société, elle ne change qu'avec elle; quand un système tient à la volonté de l'homme, non-seulement il est possible qu'il passe, il est encore probable qu'il passera avec cet homme, par l'unique raison que cet homme aura passé lui-même. C'est le propre du pouvoir absolu, que le premier soin de chaque nouveau règne soit de prendre le contrepied du règne précédent; au lieu que l'institution, éternelle, inaltérable, impassible, ne sait obéir qu'à la force des choses, et résiste aux entreprises des novateurs. Bâcon y verrait l'accomplissement de son fameux précepte, l'empire de la volonté combattu et atténué dans l'administration civile et politique *. La désastreuse folie de Law n'est venue donner le vertige à toute la France, qu'après avoir été repoussée de l'Angleterre : c'est un spectacle curieux, que le pouvoir constitutionnel renvoyant cette périlleuse expérience au pouvoir absolu, chez lequel il a suffi, pour la faire admettre, de séduire l'amour-propre et d'éblouir l'imagination d'un homme. L'institution est à l'abri des prestiges et des coups d'État; elle ne fléchit jamais devant les partis, à moins que l'un d'eux ne parvienne à la dominer par l'omnipotence, son ennemie mortelle, qui ne la dépouille de l'empire que pour en ressaisir la volonté. A cette exception près, elle garde long-temps ce que l'on introduit dans son sein; elle garderait long-temps le mal lui même, si une fausse représentation nationale y introduisait autre chose que le bien.

De cette vérité politique sort une grande leçon morale : vous que la fortune porte à la tête des affaires, tremblez d'altérer l'institution dans l'intérêt d'un parti dominant : l'institution ne doit plus, comme sous le pouvoir absolu, disparaître avec les hommes qui l'ont créée ; et vous vous exposez au risque probable de préparer une victoire au parti contraire. Le chancelier Poyet se plaignait de l'odieuse ordonnance criminelle de 1539 qui entravait sa défense ; mais cette ordonnance était son ouvrage, et on lui fit cette réponse terrible : *Patere legem quam ipse tuleris.* Cette réponse autrefois adressée à un magistrat prévaricateur, aujourd'hui les partis se la font tour à tour. Les mêmes armes ont servi aux

* Optima lex quæ minimum relinquit arbitrio judicis.

presbytériens contre les royalistes, aux indépendans contre les presbytériens, aux militaires contre les indépendans. La septennalité établie par les wighs, profite aux torys. Le règne de l'institution détruit la distinction d'Aristide : il n'y a de vraiment utile que ce qui est juste, et il n'y a que du danger à ne l'être pas envers son ennemi ou son rival.

Le caractère de l'institution est donc d'être à la fois stable et flexible : quels sont les effets de ce double caractère sur le prince, l'administration, la justice et la patrie?

SECTION II.

Du Prince.

L'institution règne. Les changemens que ce principe apporte dans le prince absolu, sont immenses; la nation y gagne, et, ce qui va sembler un paradoxe, le prince y gagne lui-même. Considérons notre sujet sous ce double rapport, qui à bien dire est unique; car c'est un des plus déplorables préjugés de notre époque de séparer deux intérêts qui se confondent, et il est rigoureusement impossible que le prince perde où la nation gagne. Politiquement, les deux personnes que le nouveau régime met en présence, sont identiques; elles ne sont distinctes que dans un sens naturel et vulgaire.

§ 1er. — Le Roi ne meurt jamais.

En France le Roi ne meurt jamais; qu'est-ce à dire? Cette belle fiction n'est pas nouvelle; elle existait sous le pouvoir absolu, comme un pressentiment de l'ordre constitutionnel. Mais il n'en avait fait une règle que pour l'hérédité de la couronne ; il n'y voyait qu'une autre version de cette maxime de droit privé, par l'effet de laquelle l'héritier est saisi de plein droit de la succession de son auteur, sans aucun intervalle. Elle n'a jamais eu d'autre sens : Delaurière, après avoir rappelé qu'anciennement la première année de chaque règne ne se comptait que du jour du sacre, enseigne qu'aujourd'hui le Roi ne meurt jamais ; « ce qui signifie, ajoute-t-il, que le trône ne vaque pas. » Mais nos Rois ne l'étendaient pas jusque dans la direction des affaires ; Louis XI et Louis XIV l'y ont méconnue, en abolissant, l'un la pragmatique sanction, et l'autre l'édit de Nantes.

L'institution seule développe le principe de l'immortalité politique du prince dans toute sa portée, et en obtient des résultats si neufs, que la création semble lui en appartenir. Avec elle, oublie que le prince est un homme ; ne vois plus en lui qu'une partie intégrante de l'institution, dans laquelle sa personne disparaît et s'anéantit ; ou, si tu le préfères, suppose que la monarchie s'est faite homme, pour se perpétuer sans interruption dans une succession d'individus, dont l'existence particulière est finie, et dont l'existence politique ne l'est pas ; envisage dans cette fiction, non les individus qui naissent et meurent sur le trône, mais la monarchie éternelle qui se manifeste à nos yeux par ce symbole. De cette manière il y a identité entre tous les princes qui se succèdent, et le dernier ne peut révoquer l'ouvrage de son prédécesseur, par la seule raison qu'il ne s'est pas obligé personnellement.

On comprendra mieux le vrai sens de ce principe par

la fausse application qu'en a faite l'Angleterre. Lorsqu'en 1642, le parti presbytérien leva une armée contre Charles Ier, il la leva au nom du Roi, et ce fut, dit M. Villemain [*], par habitude plutôt que par dérision. C'était très-sérieusement, et par un abus de la doctrine constitutionnelle, que les parlementaires se prévalaient contre le Roi, du nom du Roi lui-même. Charles II (1675) proposa un bill portant *qu'on ne peut prendre les armes par l'autorité du Roi contre sa personne ou contre ceux qui agissent en vertu de ses ordres ;* ce bill ne passa à la chambre haute qu'à la majorité de deux voix ; il ne fut pas discuté à la chambre des communes, et n'est jamais devenu loi de l'État.

Partout où ce principe a été inconnu, on n'a cherché d'amélioration à l'état social que dans le perfectionnement des qualités personnelles du monarque ; les utopies les plus célèbres ne s'occupent que de l'homme. La politique d'Aristote aboutit à former un prince ; Platon termine ses pompeuses théories par convenir que pour les réaliser, une condition est nécessaire, et cette condition est que les philosophes montent sur le trône, ou que les souverains deviennent philosophes [**]. Xénophon ne porte pas plus loin ses vues ; Fénélon, dans un livre immortel, ne propose d'autre combinaison qu'une monarchie absolue tempérée par la bonté du prince ; en montrant dans son Idoménée un tyran corrigé par l'infortune, entendait-il offrir aux peuples la ressource peu consolante de faire à leurs dépens l'apprentissage poli-

[*] *Histoire de Cromwell*, t. 1, pag. 43.
[**] De rep., l. V.

tique de chacun de leurs maîtres? mais adoptez notre principe, tout change : le prince s'identifiant avec l'institution, l'éducation de l'homme perd de son influence, ce qui est le caractère propre de notre régime. Quand les Rois et les peuples se sont familiarisés avec cette fiction fondamentale, la société a fait un pas immense vers le bien. En Angleterre, où l'influence des qualités personnelles du prince est secondaire, la démence de Georges III n'a point été un malheur public ; en France, où cette influence était prépondérante, la démence de Charles VI a mis le comble aux calamités du royaume : grande et belle idée, inappréciable bienfait envers l'humanité de disputer ainsi notre bonheur à la destinée, et de l'attacher à un principe immuable ! « Sire, disait » une dame au dernier empereur de Russie, votre ca- » ractère vaut une constitution. — Je ne suis, re- » partit le prince, qu'un heureux accident pour mes » peuples. » Et en effet, sous le règne de la volonté, les vertus politiques sont un accident chez un individu ; sous celui de l'institution, elles deviennent une habitude dans le gouvernement.

Il est un effet attaché à cette fiction, qui n'a point encore été senti parmi nous, et qui cependant décide une des plus antiques questions du pacte social. Depuis que la prospérité publique ne dépend plus d'un homme qui passe ; mais d'une institution qui reste, la société s'affranchit des vicissitudes du pouvoir héréditaire ; et, sans vous exposer aux orages du système électif, peuples, vous ne craignez plus, ou vous craignez moins les hasards de la naissance : merveilleuse solution d'un grand problème.

§ II. — Nul en France, hormis le Roi, ne plaide par procureur.

Cette ancienne maxime est encore du nombre de celles qui prennent un sens nouveau. Elle n'était autrefois qu'une manière de rehausser l'éclat du rang suprème, en dispensant le monarque d'opposer son nom personnel au nom d'un sujet devant la justice; c'était si bien l'unique fondement de la maxime, que la reine, qui ne participait pas à la souveraineté, participait néanmoins à ce privilége, ainsi que l'attestent les registres du parlement de Paris de 1387, 1401 et 1415; Henri II, qui crut devoir étendre la maxime à la reine, par une déclaration expresse du 30 novembre 1549, n'en donnait pas d'autre raison : « Nous avons été avertis que....
» l'on fait difficulté de recevoir notre très-chère et très-
» amée compagne.... à plaider par son procureur, la
» voulant faire plaider et procéder comme les autres
» privés, *qui serait chose mal séante et indécente.* Pour
» ce est-il que nous voulons que, non-seulement, en ce
» regard, mais aussi en tout ce que notre *dignité*
» *royale* est et peut-être communiquée à notre susdite
» compagne, elle jouisse et use *de pareils et semblables*
» *priviléges que nous....* »

Ce n'est plus par un simple motif de bienséance, que le prince est seul admis à plaider par procureur; c'est par une raison politique et nécessaire qu'il ne peut plaider autrement. Ce n'est pas un privilége uniquement accordé à la majesté royale; c'est une incapacité qui n'atteint que le prince; la reine est dans le droit commun; elle est capable de plaider en son nom.

§ III. — De la réunion domaniale.

Nous avons déjà parlé de la réunion domaniale ; nous savons quelle destinée particulière à la France, lui avait aussi créé sous la troisième race une doctrine particulière : les démembremens du pays conquis sous les deux premières le menaçaient de dissolution à chaque nouveau règne, et la nécessité de conserver l'intégrité du territoire avait fait naître sous les Capétiens cette maxime si souvent violée, mais reconnue en 1791 et en 1814, que les biens personnels du prince qui parvient au trône sont, de plein droit et à l'instant même, réunis au domaine de l'État.

Cette maxime ne s'expliquait que par la nécessité de conserver le territoire ; aujourd'hui que l'édifice moderne s'est enfin formé des débris de l'édifice féodal, elle dit quelque chose de plus ; elle passe de l'ordre matériel dans l'ordre politique ; elle signifie que rien ne peut subsister de ce qui suppose une distinction entre la personne privée et la personne publique du prince ; l'avènement au trône produit un changement d'état complet, *capitus minutio*, et le patrimoine personnel du nouveau roi suit le sort de sa personne.

La conséquence rigoureuse de ce principe est que le prince ne devrait point avoir de domaine privé, sans distinction des biens qu'il possédait lors de son avènement d'avec ceux qu'il a depuis acquis à titre singulier ; l'incapacité est la même pour les uns et les autres. Pourquoi les biens acquis après l'avènement avec les fonds de la liste civile, c'est-à-dire avec des deniers pris sur le budget de l'État, seraient-ils plus susceptibles d'une propriété privée, que l'ancien patrimoine, acquis des deniers personnels du prince, lorsqu'il avait encore légalement des deniers personnels? S'il y avait nécessité d'excepter les uns ou les autres du domaine public, il semble qu'il y aurait une raison de préférer les biens antérieurs à l'avènement. Mais les anciens publicistes * ne voulaient même pas de l'exception; les acquisitions du monarque s'incorporaient d'elles-mêmes à la couronne; c'est ce que M. de Harlay représentait à Louis XIV, au sujet de l'acquisition que ce prince avait faite du Luxembourg. Quand Louis-le-Grand, dit Brillon, eut acheté le palais d'Orléans, autrement nommé le Luxembourg, il dit à M. le procureur-général de Harlay, depuis premier président, que c'était pour remplacer le Palais-Royal, qu'il avait donné à M. le duc de Chartres, son gendre : ce magistrat lui demanda en quel nom il l'avait acheté : *au mien*, répondit le Roi; *tant pis, Sire*, répondit le procureur-général, *car tout ce que vous acquerrez en votre nom appartient à la couronne; par conséquent l'achat du Luxembourg ne remplace pas l'aliénation que vous avez faite; pour assurer la possession du Palais-Royal à M. le duc de Chartres, il fallait acheter le Luxembourg en son nom.*

Mais la constitution de 1791, un sénatus-consulte de 1810 et la loi du 8 novembre 1814 ont reconnu un domaine privé, formé des acquisitions postérieures à l'avènement. C'est une exception au grand principe de la réunion, et dont il faut bien saisir le sens : le Roi ne possède les biens acquis après son changement d'état,

---

* *Répertoire de Jurisprudence*, au mot *Domaine public*.

qu'en vertu de la loi de 1814, et non en vertu de la loi commune. La loi de 1814 n'avait à dire d'aucun citoyen que *les biens acquis par lui sont à sa libre disposition;* le Code civil y avait pourvu; mais elle l'a dit du Roi, pour faire entendre qu'elle lui donnait un droit que sans elle il n'aurait pas. C'est une manière de confirmer le principe général.

§ IV. — De l'amour pour le prince.

Sous un régime où l'homme était tout, tout se rattachait à l'homme; le pouvoir absolu était réduit à faire un ressort politique de l'amour du peuple pour le prince; c'est-à-dire d'un sentiment toujours variable, en raison composée des défauts du prince et des caprices du peuple. Aussi que voyons-nous sous les deux derniers règnes qui ont précédé notre révolution? Louis XV commence par recevoir de la nation l'adorable surnom de *bien aimé,* et finit par emporter son mépris dans la tombe; et Louis XVI, dont la bonté n'était égalée que par l'amour qui en était le prix, monte au ciel par un échafaud; sous le premier de ces règnes, qu'est devenu le ressort politique? Quelle a été son efficacité sous le second? Cependant ne t'y trompe pas; je ne rejette pas l'amour pour le prince; seulement je le subordonne à un principe plus durable. Loin de l'exclure, je l'appelle, mais pour le mettre à une autre place : « Il faut faire atten-
» tion, observe Montesquieu dans la défense de son livre,
» qu'il y a une très-grande différence entre dire qu'une
» certaine qualité, modification de l'âme, ou veru, n'est
» pas le ressort qui fait agir le gouvernement, et dire

« qu'elle n'est point dans ce gouvernement. Si je disais
« telle roue, tel pignon ne sont pas le ressort qui fait
« mouvoir cette montre, en conclurait-on qu'ils ne sont
« point dans cette montre ? Tant s'en faut que les vertus
« morales et chrétiennes soient exclues de la monarchie,
« que même la vertu politique ne l'est pas. En un mot,
« l'honneur est dans la république, quoique la vertu po-
« litique en soit le ressort ; la vertu politique est dans la
« monarchie, quoique l'honneur en soit le ressort. » C'est
en ce sens que l'on doit m'entendre ; lorsque l'affection des
peuples pour le gouvernement est secondé par l'amour
pour le prince, c'est la combinaison la plus désirable.
Mais il faut bien se persuader que l'affection pour le
gouvernement est la chose principale, et l'amour pour
le prince la chose secondaire. L'une produit le plus souvent l'autre, dont elle peut rigoureusement se passer,
ce qui est un avantage ; mais lorsque celui-ci est isolé,
il dure peu, et, pendant qu'il dure, il est stérile.

§ V — De la Cour.

Un si grand changement ne peut avoir lieu dans le
monarque, sans se faire ressentir de ceux qui l'environnent. Quand la volonté règne sur la nation, les gens de
cour règnent sur la volonté. La vie du courtisan est un
combat continuel à qui dirigera la nation par le prince,
et le prince par les faiblesses qu'on lui découvre ou
qu'on lui donne. Un intérêt, qui n'est celui ni du trône
ni du peuple, s'interpose entre le peuple et le trône,
et les empêche tous deux de se voir tels qu'ils sont. On
lit dans l'histoire de Charles XII, que le grand-seigneur

va tous les vendredis à la mosquée, entouré de solaks,
espèce de gardes dont les turbans sont ornés de plumes
si hautes, qu'elles dérobent le sultan à la vue du
peuple. Les courtisans sont les solaks de nos Rois. C'est
alors que le choix d'une maîtresse a toute l'importance
d'un coup d'État; l'empire est au proxénète qui procure
Poppée à Néron, ou Pompadour à Louis XV; il suffit
à Louis XIV de donner Mlle de Kerouant à Charles II,
pour désunir les Anglais; Catherine voyage au milieu
d'une représentation mensongère, qui lui fait voir des
villages peints sur des côteaux, des troupeaux dans un
désert, une population dans une solitude.

Lorsque l'institution est substituée à la volonté, la
règle du gouvernement se déplace, et échappe aux gens
de cour. Aussi remarquez l'antipathie qu'il est impossible
de ne pas apercevoir entre eux et l'institution. Nous
avons dit ailleurs que la cour s'est formée sous Louis XIV
des débris de cette aristocratie féodale, qui, voyant les
prérogatives de sa souveraineté passer successivement
à nos Rois, a occupé les avenues du trône, et s'est
rapprochée de la source des grâces. Je suis de ceux qui
croient à l'antiquité de nos opinions nationales et qui
pensent que les générations se transmettent pendant
bien des siècles les haines et les affections politiques;
le seigneur qui, jadis souverain de ses vassaux, a vu la
classe moyenne s'émanciper par l'industrie et se liguer
avec le trône, n'a point dépouillé son vieil instinct, en
échangeant l'épée féodale contre la clef du chambellan.
Les sentimens vivaces de son premier état se conservent
dans sa brillante domesticité. Nos Rois ont commencé
ce que le nouveau régime achève : c'est l'histoire de

France qui continue; c'est une ancienne ennemie que l'institution retrouve dans la cour; c'est une habitude du pouvoir absolu qui lui survit, et dans laquelle ses traditions se perpétueront long-temps encore. On pourrait définir l'état laborieux où nous sommes, la lutte de l'esprit de cour contre l'institution; tant que cet esprit se maintiendra dans le poste dont il est le maître, le pouvoir absolu ne sera pas entièrement dépossédé.

Il faut sans doute que le trône soit éclatant; un Roi sans majesté ne serait bientôt plus qu'un homme vulgaire. Je n'aime point que l'on fasse du Monarque un fonctionnaire à gages, ni de son gouvernement une entreprise au rabais; je veux qu'il soit grand dans notre imagination, comme il est grand dans notre destinée; je veux que la pompe du trône lui assure cette obéissance d'instinct, qui est une partie des mœurs monarchiques, et je trouve ici un des avantages du nouveau régime sur l'ancien. Le pouvoir absolu, malgré la pompe des cérémonies, laisse toujours apercevoir l'homme naturel; au lieu que l'institution le dérobe aux regards, en l'identifiant avec elle, c'est-à-dire avec un être impérissable. Ce Roi qui n'est point homme, ce Roi qui ne meurt jamais, ce Roi que la constitution excepte de la nature, revêt à mes yeux je ne sais quelle majesté lointaine et mystérieuse, qui me subjugue et qui me touche. Ce qu'il y a de métaphysique dans cette fiction lui imprime un caractère inconnu, et le détache de la condition commune. Dieu n'a point trouvé de forme plus noble que la forme humaine, pour se manifester à nous; mais l'homme est obligé de la dépouiller, afin de commander nos respects, et l'institution nous le représente dans un nuage au-dessus de notre sphère, comme une puissance intermédiaire entre le peuple et Dieu, pour lui porter nos vœux et nous transmettre ses bénédictions.

Cette notion, soigneusement propagée dans le peuple, saurait entretenir la majesté royale bien mieux que tout le faste asiatique : car notre raison qui justifie l'idendité du prince avec l'institution, ne nous fournit que des objections contre cette magnificence, dont nos députés nous découvrent la source dans le budget, et dont l'impression s'affaiblit de jour en jour sur nos sens.

Une des prérogatives du monarque sous les deux régimes, est d'être le suprême dispensateur des grâces; mais l'exercice de cette attribution si puissante sur les hommes, a des effets tout différens, selon le caractère politique que l'on veut voir dans le prince :

Ce que l'institution donne, elle le puise dans une source connue; elle le répartit pour des raisons et avec une économie, sur lesquelles l'opinion conserve son droit de contrôle. L'institution distribue le bien de la patrie au nom de la patrie, et les grâces sont autant de bienfaits publics, dont on reporte le mérite en général à un gouvernement éclairé; c'est une manière de resserrer par la reconnaissance les liens qui attachent l'individu à la société.

Sous le prince absolu, la dispensation des grâces est une dépravation à la fois morale et politique. S'agit-il de les obtenir? Quand on ne voit dans le prince qu'un homme dont il importe de capter la faveur, on se fait un art de la flatterie et un métier de la bassesse. La cour est un foyer de corruption, bien digne de ce qu'en ont publié tous les peuples, depuis le sarcasme d'Aristippe qui cherchait des oreilles aux pieds de Denys, jusqu'à l'admirable chapitre de La Bruyère ; on y dresse des tréteaux à l'intrigue, de la même manière qu'on ouvre des maisons de jeux ; on y fait une vertu de la profusion du prince ; Pélisson cherche à y excuser Fouquet, en assurant que *donner et répandre est l'éternelle occupation des Dieux et des Rois* ; on y loue le cardinal de Richelieu d'envoyer tous les ans pour étrennes à M. de Bullion une permission secrète de prendre 400,000 liv. sur les premières affaires qu'il traitera ; on y applaudit Jacques Ier de livrer à la convoitise d'un courtisan les deniers publics dont un portefaix est chargé. Les grâces sont-elles obtenues? Ce que l'on sollicitait comme une faveur du maître, ce qui n'a été accordé que comme une marque de sa munificence, est reçu comme une récompense méritée, quelquefois même comme une justice incomplète, et l'amour-propre se venge secrètement de la bassesse par l'ingratitude. Louis XIV, en se plaignant de faire, à chaque grâce, vingt jaloux et un ingrat, a lui-même signalé le vice de son propre pouvoir. Le mal qu'il déplorait tenait moins au cœur humain qu'à son gouvernement. Tant que l'on s'obstinera à chercher un contrat d'homme à homme, un échange de faveurs et d'obligations personnelles, dans l'exercice d'une prérogative qui a la société pour principe et pour objet, la répartition des grâces manquera son but, et le prince corrompra ceux qui l'approchent sans se les attacher.

§ VI. De L'Inviolabilité.

De ce que le prince n'est plus un homme, il résulte qu'il ne peut agir; il est politiquement incapable d'aucune action immédiate; ce qui fait qu'on lui donne des agens sous le nom de ministres.

Les ministres ne sont nécessaires au prince absolu, que parce qu'il lui est physiquement impossible d'expédier seul les affaires; il a d'ailleurs le droit d'agir par lui-même; prérogative qui avait donné naissance à certaines pratiques, devenues depuis des abus criants. On connaissait trois espèces de sceaux sous l'ancien régime : le sceau de l'État ou grand sceau, dont le chancelier était dépositaire, et dont il ne pouvait user qu'à certaines conditions qui palliaient l'arbitraire; le *scel* secret, confié à un homme de cour, à un chambellan, et le petit scel, autrement dit *signet*, dont le Roi était porteur et dont il se servait sans intermédiaire. Le grand sceau s'appliquait sur les *lettres* appelées *patentes*, parce qu'elles étaient envoyées tout ouvertes au chancelier; les *lettres closes* étaient directement adressées à leur destination, revêtues du scel secret ou du signet. Les abus approchaient moins facilement des *lettres patentes*, par lesquelles le chancelier obligé d'y apposer son contre-seing, encourait cette responsabilité morale qu'un honnête homme n'a jamais le triste courage de compromettre. Mais la lettre close, expédiée sous le seul nom du Roi, intimait des ordres, frappait des coups d'autorité, que le Roi ne connaissait pas toujours, et dont l'odieux ne pouvait atteindre le nom ignoré de leur véritable auteur; merveilleuse invention des courtisans pour s'affranchir de la formalité gênante du grand sceau, et faire impunément du despotisme aux risques et périls du prince! Telle est, mon ami, l'origine des lettres de cachet, de ces commandemens secrets, que, par un désordre à jamais détestable, l'arbitraire était venu au point de délivrer en blanc à l'intrigue. D'anciens monumens de notre histoire sous Charles VI, Charles VII, Louis XII, François Ier, Henri IV, Louis XIII, Louis XIV, * attestent combien le mal était invétéré, puisque, de siècle en siècle, nos Rois recommandaient de n'avoir aucun égard aux lettres closes, pour déférer seulement aux ordres revêtus du grand sceau, et que, par une singulière alliance de mots, *ils défendaient de leur obéir;* le pouvoir absolu, épouvanté et infatué de lui-même, n'osait ni se justifier ni se condamner :

Au lieu que le prince constitutionnel ne peut se passer de l'intermédiaire des ministres, à raison non-seulement de la même impossibilité physique, mais surtout d'une incapacité légale qui lui est particulière, tellement qu'un ordre signé de lui seul n'est point obligatoire.

Cette doctrine demande à être éclaircie par quelques exemples pris dans les deux espèces de gouvernemens:

Autrefois en France on avait adopté une maxime qui servait de principe aux lits de justice : *Adveniente prin-*

* Ordonnances du 20 avril 1402, du 28 octobre 1446, d'avril 1463, du 13 juin 1499, d'octobre 1525, de juin 1603, du 24 juillet 1627, du 3 avril 1636, de juin 1643, de mars 1646, de septembre 1651.

cipe, cessat magistratus; quand le Roi se transportait au parlement, la justice émanait immédiatement de lui. Mais en Angleterre, Jacques Ier siégeant parmi les juges d'un tribunal, et se disposant à opiner, fut averti par le président qu'il ne pouvait prendre part à la délibération, et s'en abstint.

Lorsque Sully * fut envoyé en ambassade à la cour d'Angleterre, pour renouer avec Jacques Ier le fameux projet de Henri IV contre la Maison d'Autriche, il exigea une autorisation écrite de la main du Roi; en cela, Sully agissait conséquemment aux maximes du pouvoir absolu, et mettait réellement sa responsabilité à couvert. Mais voici le même fait sous le régime constitutionnel : pendant les négociations de la paix de Nimègue, Danby, grand-trésorier de Charles II, écrivit à Louis XIV une lettre où le Roi d'Angleterre se mettait aux gages de la France, pour le prix annuel de six millions durant trois ans. Une pareille démarche répugnant au cœur de Danby, le Roi prit la dépêche, et y ajouta de sa propre main : *Cette lettre est écrite par mon ordre.* Ce fait personnel du prince violait la loi fondamentale de l'État; aussi la protection dont Charles voulut couvrir Danby ne put-elle sauver l'imprudent ministre; la fatale lettre ayant été rapportée en Angleterre par l'ambassadeur Montague, Danby fut mis en accusation.

Pendant son ambassade à Londres **, Sully correspondait directement avec Henri IV, au moyen d'un chiffre de convention qui n'était intelligible que pour eux.

* *Mémoires de Sully,* liv. XIV. p. 195
** *Idem,* p. 211

Voici encore le même fait sous le régime constitutionnel :
De nos jours *, un des motifs d'accusation contre le
général Chatam, qui commandait l'expédition de Wal-
cheren, fut d'avoir écrit secrètement un compte de son
expédition pour le Roi seul, qui l'avait choisi malgré
son conseil ; c'était encore violer la loi, en franchissant
l'intermédiaire des ministres.

De ce que le prince ne peut agir par lui-même, il
résulte qu'il ne peut mal faire ; où il y a inaction obligée,
il n'y a point de faute possible ; telle est la raison précise de son infaillibilité. Blackstone ne me satisfait point,
lorsqu'il ne voit dans cette infaillibilité qu'une prérogative destinée à donner du relief au monarque ; j'aime
mieux y voir un corollaire de mon principe, de l'identité du prince avec l'institution. De cette manière, l'infaillibilité n'est point un privilége d'un être supérieur à
toutes les fautes, c'est simplement une conséquence né
cessaire de la mesure prise pour lui ôter le pouvoir d'en
commettre.

De ce que le prince ne peut mal faire, il résulte qu'il
est inviolable. Sa volonté ne régnant plus uniquement,
il serait injuste qu'il fût responsable ; il serait absurde
qu'une institution le fût. Avec l'explication de Blakstone,
il est impossible de concilier l'inviolabilité et l'infaillibilité ; si le prince est un homme à vos yeux, vous
ne pouvez le déclarer inviolable, que parce que vous le
supposez faillible ; autrement l'inviolabilité n'aurait pas
de sens.

Le pouvoir absolu gouverne les hommes, sous une

* Charles Dupin, *Voyages dans la Grande Bretagne*, t. I, p 4

effrayante responsabilité, dont il ne connaît pas assez le poids. Il est tellement hors de notre nature, qu'il supporte des obligations au-dessus d'elle; comme on en craint tout, on en exige tout; triste témoignage de son néant. Ses charges sont en raison de son étendue; il ne s'agrandit qu'à titre onéreux : plus il s'attire de droits, plus on lui rejette de devoirs; il ne doit pas se plaindre de la responsabilité qu'on lui impose, puisqu'il prend les mêmes engagemens que la Divinité. Les Mexicains *, après le sacre de leur Roi, n'osaient plus le regarder en face; mais aussi le forçaient-ils de jurer que la lumière du soleil ne serait jamais éclipsée, que les pluies tomberaient en temps opportun, que les fleuves ne déborderaient pas, et que les moissons seraient toujours abondantes. Les Chinois ont pensé de tout temps ** que les éclipses de soleil présageaient de grandes calamités; et comme on prend beaucoup de peine à leur persuader que tous les biens viennent de l'empereur, ils ne manquent pas d'en conclure qu'il est l'auteur de tous les maux, et ils lui reprochent les augures funestes qui les épouvantent dans le ciel. Pourquoi les Européens ne donnent-ils pas la même étendue aux obligations de leurs princes? parce que la civilisation ne rectifie point les idées sans modifier le pouvoir; modification inaperçue, qui est l'avant-coureur d'un

* Montaigne, *Essais*, liv. III, ch. VIII.

** Lord Macarthney. Chen, dernier empereur de la famille de Kam, eut une affreuse conduite ; ses désordres devinrent tellement ceux de son siècle, que les Chinois, pour exprimer une-action infâme ou criminelle, ont coutume de dire : C'est le crime de Kam. Ce Kam est devenu responsable du mal qui se fait, même depuis sa mort.

gouvernement régulier. Lorsqu'un peuple malheureux, au lieu de maudire le monarque, l'invoque
dans ses souffrances, et qu'il s'écrie : *Si le prince sa-
vait!* c'est que déjà le seul progrès des lumières a
tempéré la monarchie, et commencé l'ouvrage de la
constitution.

La constitution change donc la condition du prince;
son pouvoir se modifie et sa responsabilité cesse; ne
gagne-t-il pas au changement?

§ VII. — Du Despote.

On objecte que tous ces arrangemens, fort beaux en
théorie, ont dans la pratique le malheur de ne pouvoir
rien contre une volonté despotique, et qu'avant de répondre de leur efficacité, il eût fallu s'assurer de la parole de Cromwel et de Napoléon. On prétend qu'après
de tels exemples, rien n'est réellement changé dans nos
destinées, et qu'elles continuent à dépendre des qualités personnelles du chef suprême. Vauvenargues l'a dit :
Qu'on tempère, comme on voudra, la souveraineté dans
un État; nulle loi n'est capable d'empêcher un tyran
d'abuser de l'autorité de la loi.

Je voudrais qu'on nous épargnât cette manière de
raisonner, et qu'on cessât de juger une institution par
son influence positive ou négative dans telle circonstance donnée. Nous sommes enclins à ce sophisme,
nous surtout qui, témoins ou victimes des mémorables
révolutions de notre âge, ne cherchons de remède
qu'aux catastrophes extraordinaires. Mais le législateur,
qui ne choisit point ses hypothèses dans des hyper-

boles, qui ne suppose ni un prince parfait, ni un prince perdu sans ressource, ni le comble du bien, ni l'excès du mal, le législateur considère ce qui arrive le plus communément, *Quod plerùmque fit*, dit la loi romaine, et cette vérité appartient peut-être plus encore à la politique qu'au droit civil : car la plus vaine de toutes les prétentions serait sans doute de chercher à régulariser ces grandes commotions qui ébranlent la société dans sa base, et qui donnent nécessairement à la force une supériorité momentanée sur le droit. Si nous tenons à ne pas nous égarer, renfermons notre prévoyance dans les mêmes limites que nos facultés. Or, ce qui arrive le plus communément, c'est qu'un prince subit toutes les conséquences de la condition humaine. Notre espèce n'est composée ni de héros ni de monstres. Récapitule notre histoire, compte avec notre nature ; tu ne feras une part trop grande ni au bien ni au mal, en supposant un prince bon, mais près de toutes les faiblesses, éclairé, mais assailli de préjugés, animé de la plus noble ambition, mais également faible pour le bien et pour le mal. Ce n'est pas seulement une observation morale, c'est une vérité historique : la race Carlovingienne nous offre sur treize rois, deux hommes extraordinaires, et la race Capétienne sur trente-trois rois y compris Louis XVI, neuf grand caractères et trois tyrans ; le reste n'eût pas été aperçu dans la condition privée. On considère même comme un des avantages du pouvoir héréditaire, cette espèce de satiété que donne l'habitude des grandeurs, et qui n'apercevant autour d'elle aucun objet de convoitise, amortit les passions et laisse aux facultés du prince le calme de la vie ordinaire : l'ambition est moins probable chez qui est né sur le trône, que chez ceux qui y aspirent. Quatre héros issus l'un de l'autre, Pépin d'Héristal, Charles-Martel, Pépin-le-Bref et Charlemagne se succèdent sans interruption; mais à peine Charlemagne a-t-il fondé son empire, que la transmission légale et paisible du pouvoir laisse retomber sa race au niveau du vulgaire. Cette remarque est de M. de Sismondi *. Quant à la tyrannie proprement dite, avec ses persécutions, ses bourreaux et ses supplices, l'état actuel des mœurs la rend impossible. C'est un risque dont nous n'avons pas à nous occuper. Le seul mal réel contre lequel la civilisation nous laisse encore à nous prémunir, c'est le despotisme, et particulièrement le despotisme hypocrite, cauteleux, aux formes légales, aux manières insinuantes : voilà le péril imminent sous lequel nous vivons. Tout considéré, il faut voir dans une dynastie une descendance d'hommes médiocres; et en jugeant ainsi les monarques, notre régime les prend tels que les donne la nature; il les dispense d'avoir du génie, et quand ils sont doués de ce génie qui coûte si cher aux peuples, nous allons voir que l'institution apporte au mal, quelquefois des remèdes et toujours des palliatifs.

§ VIII. — Que le prince gagne au nouveau régime.

Quel est donc l'attrait du pouvoir que nous nommons absolu? Il est plus cher aux princes que la souverai-

* *Histoire des Français*, t. III, p. 50.

neté elle-même. On en cite qui ont abdiqué le trône ;
mais on n'en trouve pas, ou l'on n'en trouve qu'un,
Louis XVI, qui ait abdiqué le pouvoir absolu, comme
si la perte de la domination était un moindre sacrifice
qu'un simple changement de titre. Ne serait-ce pas
que la vanité se donne dans le premier cas des dé-
dommagemens qu'elle ne sait pas chercher dans le second ? Montesquieu a fait sur le caractère de Sylla une
étude admirable, où la sagacité du philosophe obtient
de l'âme du tyran des révélations d'une effrayante
naïveté ; il nous y apprend comment on peut rentrer
dans la condition privée avec grandeur, et même par
ambition. Mais la pénétration de Montesquieu trouve-
rait-elle aujourd'hui le secret de persuader à nos princes
une chose cependant moins difficile, qu'ils ne sont absolus qu'en attendant qu'ils puissent cesser de l'être ?
que cet état provisoire est un état d'imperfection ?
qu'il y a une grandeur très-réelle et une ambition bien
entendue à en hâter le terme ? qu'alors leur pouvoir
se modifie sans se morceler ? qu'il s'affranchit en se
soumettant à des règles ? qu'il ne change de nature que
pour s'affermir, et de place que pour s'élever ? son
génie découvrirait-il par quel accès cette vérité pourrait pénétrer dans leur âme ? Il est permis de croire
qu'il y échouerait. Le préjugé le plus difficile à détruire
n'est pas celui que l'on réduit en système, mais celui
qui a sa racine dans l'habitude. Le monarque absolu
tient à son pouvoir, non par raisonnement, mais par
tradition, et moins parce qu'il le croit d'une nature
excellente, que parce qu'il le sait d'une antique origine. Son orgueil l'a reçu, son orgueil veut le trans-

mettre intact et cette vieille routine des cours de l'Europe est, en résumé, tout ce qu'elles entendent par leur légitimité. Lorsque Joseph II voyageait en France, à l'époque où l'insurrection de l'Amérique du Nord occupait tous les esprits, une dame plaidait devant lui la cause de l'indépendance, et, comme elle lui demandait son avis : « Madame, répondit-il, mon métier est d'être royaliste. » Lorsqu'au commencement de notre révolution, M. de Ségur ambassadeur à la cour de Russie, prit congé de Catherine II, l'impératrice lui dit : « Je suis aristocrate, car il faut faire son métier. » Ces mots tant de fois cités, méritent de l'être, pour apprendre par quels motifs les princes se dirigent dans ces grandes déterminations; ils se font les adversaires du régime constitutionnel par esprit de corps, et, puisqu'ils se servent de ce mot, par métier. Partout où il se montre, un cri d'alerte leur donne l'éveil; ils se liguent comme pour repousser un ennemi commun, à peu près comme deux armées se battent, uniquement parce qu'elles portent des couleurs différentes.

Il est certain que l'apologie d'une constitution sera impossible devant un monarque, qui ne cherche sur le trône que les jouissances de l'orgueil, et le plaisir puéril de se faire obéir. Un régime qui divise le pouvoir, n'a point de dédommagement possible pour la perte d'une domination sans partage, et ne pourra jamais équivaloir à la faculté d'être despote. Mais un prince digne de l'être, envisage dans le droit de commander aux hommes autre chose que la vanité du premier rang; c'est à lui seul que nous devons nous adresser.

Deux grands intérêts sont principalement à considérer pour le gouvernement, l'étendue légitime du pouvoir, et la sûreté du trône; si le régime constitutionnel pourvoit efficacement à ces deux besoins de monarques, qu'ont-ils à lui demander de plus?

C'est un préjugé de croire que l'autorité monarchique est moindre, quand elle est régie par une constitution; loin de là, quand on compare les deux systèmes rivaux, on est tenté de s'alarmer pour les peuples, du poids immense que la légalité met du côté de la couronne. Si j'étais le conseiller d'un prince ambitieux, ma conscience me permettrait de flatter son penchant, en lui tenant ce langage : « Sire, vous avez reçu de
» votre antique Maison un vaste royaume et de magni-
» fiques prérogatives; vous vous indigneriez à la seule
» idée que ce glorieux héritage pût dépérir entre vos
» mains. Eh bien; souffrez que le zèle d'un sujet con-
» courre avec vous à le féconder; je sais le secret d'il-
» lustrer le trône, et d'agrandir la puissance; de prêter
» à l'un toute la force de l'amour, à l'autre tout l'em-
» pire de la raison, et de mettre le peuple de moitié
» dans un tel dessein. Jamais vos ancêtres n'auront ni
» possédé autant de richesses, ni commandé autant
» d'armées; aucun d'eux n'a pu, sans exciter de révolte,
» lever la moitié des impôts que la nation viendra vous
» porter avec joie; c'est la main de la confiance qui va
» épancher dans votre trésor le fleuve désormais inta-
» rissable des contributions publiques; c'est le sol qui va
» enfanter des légions de héros, incessamment attentifs
» à votre appel. Votre puissance sera doublée, à la
» seule condition que votre volonté s'adjoindra celle de

» la nation pour produire des lois, et que vous accep-
» terez, au lieu de prendre, ce qu'on sera toujours
» obligé de vous offrir. Elle aura une sanction d'une
» autre nature, dont elle recevra plus de force; et si le
» peuple la fait remonter jusqu'à Dieu, ce sera pour lui
» en reporter le mérite, comme à l'auteur de tous les
» biens. La vérité que votre grande âme se plaint si sou-
» vent de ne pas connaître, va se manifester à vous
» dans tout son éclat; ni les distances, ni les cachots,
» ni les courtisans ne la sépareront plus de vous. La loi,
» qui se chargera du triste soin de punir, vous réser-
» vera le beau droit de faire grâce, le seul que vous
» eussiez eu à regretter du pouvoir absolu : prérogative
» touchante, qui personnifie la clémence dans le prince,
» qui lui crée une toute-puissance pour le bien, et qui
» lui donne un privilége sur les bénédictions des mal-
» heureux. Sire, surcroît de forces, de richesses et d'a-
» mour : toutes ces merveilles sont renfermées dans une
» constitution représentative. »

On craint tout de celui qui peut tout. *Nusquàm sa-
tis fida potentia*, dit Tacite, *ubi nimia est* *. La domination que rien ne limite, tient les esprits dans une
inquiétude qui tôt ou tard se tourne en un sentiment
hostile. Ce que le prince absolu s'arroge de puissance,
il le prend sur son autorité; au lieu que le prince constitutionnel gagne en autorité ce qu'il cède dans le partage de sa puissance. Il ouvre une issue à l'esprit d'opposition; il le porte sur le théâtre public de la tribune,
pour écouter ses plaintes justes ou injustes, et profiter

* *Hist.*, liv. II.

des unes autant que des autres ; car la vérité qui se fait connaître, devient utile, et la sédition qui se fait entendre, cesse d'être dangereuse. Mais le pouvoir absolu lui ferme les voies légales pour le précipiter dans les voies de fait.

Un des effets de cet admirable régime est d'ôter aux factions l'intérêt qu'elles croient avoir à changer le prince. Pourquoi l'attaqueraient-elles ? Serait-ce pour changer avec lui les principes du gouvernement ? Mais ces principes ne sont plus attachés à sa personne ; ils lui survivent dans l'institution ; l'imprudent conspirateur se retrouverait sous le même joug qu'avant son crime, et l'on ne commet pas de crimes inutiles. Serait-ce uniquement pour se substituer au prince ? Mais on a observé cette différence entre les deux régimes : le prince absolu ne résiste pas toujours aux intrigues d'un rival ou d'une faction ; son sort est rarement dans ses mains ; Charles de Lorraine perd le trône, en perdant une bataille contre Hugues-Capet ; à Pétersbourg, Catherine ôte la couronne au souverain légitime, avec tant de facilité, qu'on dirait qu'elle le destitue ; en Chine, cinq dynasties se succèdent en moins de cinquante-trois ans ; le trône est une conquête de la force, du hasard ou de l'adresse, où cent rivaux viennent glisser et s'abattre dans le sang les uns des autres ; tandis que le prince constitutionnel ne succombe que par ses propres fautes ; son sort dépend de lui-même ; sa légitimité se fortifie des saines notions du droit, car rien n'est plus ami du droit que l'esprit constitutionnel, et rien ne ressemble autant à un fait que le gouvernement absolu ; Charles Ier avait fourni des armes aux factieux dans les actes arbitraires qui souillent les premières années de son règne; Jacques II fut un tyran.

Ce n'est pas sans doute qu'une constitution soit un remède universel et infaillible; n'est-elle pas d'institution humaine? L'exemple de Cromwel prouve qu'elle ne rend pas l'usurpation absolument impossible; mais cet exemple prouve aussi qu'elle lui est antipathique, qu'elle multiplie les obstacles sur sa route, qu'elle lui conteste éternellement et son titre et sa place.

Au milieu des traditions de liberté qui se sont perpétuées en Angleterre depuis la grande Charte, *un homme s'est rencontré d'une profondeur d'esprit incroyable, hypocrite raffiné autant qu'habile politique, capable de tout entreprendre et de tout cacher, également actif et infatigable dans la paix et dans la guerre, qui ne laissait rien à la fortune de ce qu'il pouvait lui ôter par conseil et par prévoyance; mais au reste si vigilant et si prêt à tout, qu'il n'a jamais manqué les occasions qu'elle lui a présentées.* Quel exemple concluant que cette grande scène, où nous voyons notre régime aux prises avec le plus redoutable des usurpateurs! Quelle histoire féconde en enseignemens, que celle des difficultés qui arrêtèrent Cromwel sur la route du pouvoir, et de celles qu'il trouva dans le pouvoir même!

L'élévation de cet homme prodigieux fut sans comparaison plus difficile que celle de Napoléon, avec lequel je ne veux point établir un parallèle que repousse la supériorité de son génie, mais qu'il est utile de rapprocher de Cromwel, sous le seul rapport qu'il nous importe de saisir.

L'Angleterre s'était déjà formé, au temps de Cromwel,

l'esprit constitutionnel qui manquait à la France au temps de Napoléon ; et de là découlent toutes les différences que l'on remarque dans la fortune de chacun d'eux.

Napoléon a trouvé un pouvoir détruit, et un trône vacant. Il a relevé un sceptre gisant à terre, et s'en est servi pour creuser sur son passage une trace profonde. La France, en se jetant dans ses bras, ne stipulait pour elle que le repos. Loin d'avoir les habitudes de l'ordre constitutionnel, elle en ignorait les plus simples pratiques. Les horribles essais qui venaient d'en dégoûter les esprits, les avaient préparés et ouverts aux doctrines du despotisme : c'est la confirmation de l'expérience des siècles.

Cromwel n'eut pas seulement à occuper la place du pouvoir : il eut d'abord à la rendre vacante ; après ce crime, dont les circonstances épargnèrent à Napoléon l'odieux et le danger, sa tâche fut de naturaliser le despotisme dans la patrie de la liberté, et de façonner au joug une nation indomptée qui, n'ayant point encore passé par les horreurs de l'anarchie, avait conservé la vigueur et la fierté primitives des mœurs constitutionnelles.

L'avènement de Napoléon fut une révolution de palais ; la France regarda et se tut : celui de Cromwel fut disputé dans une guerre civile ; d'où il est arrivé que le premier s'est présenté au pouvoir avec des lauriers cueillis en Italie et en Égypte, et le second avec la souillure des victoires remportées sur ses frères.

Il a dépendu de Napoléon de créer des institutions, et de les accommoder à ses desseins : Cromwel en rencontra d'inflexibles, auxquelles il fut obligé de plier son autorité.

L'un a pu rappeler et a vu accourir les amis de la dynastie, qu'il a semblé un moment destiné à remplacer ; tous les partis ont consenti à son pouvoir. L'autre fut constamment en butte aux royalistes, qu'il traita toujours en ennemis, et qui le traitèrent toujours en usurpateur.

La même différence nous explique pourquoi le premier a cru pouvoir s'élever au-dessus des Rois, en affectant le titre pompeux d'empereur, tandis que le second a senti le besoin de se tenir dans une situation équivoque, sous le titre subalterne de Protecteur. Napoléon a été salué du nom de monarque, dès la première velléité qu'il en a laissé paraître : Cromwel pensa que des parlementaires, intéressés à fortifier la révolution anglaise contre le retour possible des Stuarts, se prêteraient à consacrer l'hérédité du protectorat dans sa famille ; il leur en fit la demande ; c'est avec la rage de l'orgueil déçu, qu'il apprit le refus par lequel la chambre le rappelait au sentiment de son illégitimité. Sous un gouvernement absolu, Cromwel eût fondé une dynastie : si Napoléon n'a point maintenu la sienne, c'est par une suite des excès mêmes dans lesquels l'a jeté une ambition sans frein.

On voit dans la marche du Français l'impétuosité d'un soldat que rien n'arrête, et qui, après une première chute, sait encore montrer au Monde comment un despote déchu et abandonné peut, presque seul à travers la foule de ses ennemis, mais dans l'absence des mœurs constitutionnelles, s'acheminer tranquillement vers le trône ; on reconnaît au contraire dans la marche oblique de l'Anglais, la circonspection d'un mauvais citoyen, qui craint à chaque pas de heurter un obstacle.

A peine Cromwel eut-il occupé le pouvoir, qu'il se sentit en présence d'un ennemi terrible, avec lequel, également incapable de lutter et de transiger, il n'avait ni la force de faire la guerre, ni l'espoir de faire la paix. Cet irréconciliable adversaire était l'institution du pays, dont la nature était telle, que l'usurpation même ne pouvait s'en passer, et que la légitimité seule pouvait s'en servir. Le premier effet qu'en ressentit Cromwel fut la nécessité d'y recourir. Il convoqua une assemblée, à laquelle il s'abstint de donner le nom de parlement, et, par une audace inouie, il en nomma lui-même les membres. Attentat inutile! cette assemblée revendiqua les droits du peuple avec autant de courage, que si elle était sortie d'une meilleure origine. Elle commença par prendre le nom de parlement et mérita aussitôt d'être dissoute.

Mais le Protecteur était attaché au joug; et la convocation d'un second parlement eut lieu pour l'année suivante. Cette fois il n'osa point violer le droit d'élection, mais chaque élection fut soumise à l'approbation de son conseil : précaution aussi impuissante que la première. Une opposition nouvelle sortit d'une élection libre, et débuta par donner à l'Angleterre le spectacle unique peut-être d'une assemblée discutant le pouvoir duquel elle tient l'existence. Admirable effet des habitudes légales! Une délibération s'ouvrit sur la constitution même de Cromwel, appelée *instrument d'État*. Pour sentir combien le Protecteur dût en souffrir, il faudrait se faire une idée de cette âme hautaine, et, pour comprendre tout ce que cette attaque avait de hardi, il faudrait se rappeler quel est l'ascendant d'un pouvoir nouveau sur les corps qu'il crée lui-même. Aussi, cinq mois après sa convocation, cette assemblée n'existait-elle plus.

Après deux essais semblables, Cromwel avait pris en haine une institution aussi rebelle. Dans le discours qu'il prononça en congédiant la chambre, sa longue habitude de la dissimulation ne put contenir l'expression de sa colère, et l'on croira sans peine qu'il dut appliquer toutes les ressources de son esprit à se délivrer des parlemens. Mais l'argent est une puissance supérieure à celle des princes; une opinion aussi antique que la nation, aussi indomptable que la nécessité, ne lui permettait pas de réparer ses finances sans le secours du parlement, et il se vit entraîné à en convoquer un troisième. La première session lui permit d'espérer que son autorité pourrait enfin compâtir avec la représentation nationale : de nombreuses victoires maritimes venaient d'ajouter à son ascendant, et l'on est si fort contre des esprits généreux avec ce brillant sophisme de la gloire militaire! On vota des subsides. Mais à la seconde session, l'opposition se ranima plus redoutable que jamais, et fit dans l'armée, dans la garde même du Protecteur, des progrès qui l'épouvantèrent. Il ne se crut en sûreté qu'après une nouvelle dissolution.

La durée du protectorat fut d'environ cinq ans, et trois parlemens avaient été appelés et congédiés. L'usurpateur perdait toute sa popularité à prendre avec humeur, à rejeter avec impatience cette arme si dangereuse et si nécessaire : elle ne pouvait obéir qu'à la légitimité, comme le lion du Maure n'est docile qu'à la main qu'il connaît.

Si l'opposition eût été renfermée dans les salles de Wesminster, Cromwel en eût triomphé sans peine. Mais c'était le désespoir de son ambition, de se convaincre chaque jour qu'elle avait sa racine dans la société, et que l'unique résultat d'une dissolution était de retremper le parlement à sa source.

Le juge *Hale* eut plusieurs occasions de lutter contre sa tendance au despotisme. Un soldat tue un bourgeois de Lincoln, et est condamné au dernier supplice; le Protecteur le réclame, mais *Hale* ordonne l'exécution de l'arrêt, et va jusqu'à refuser un sursis.

Cromwel, pour influencer le jugement d'un procès criminel, désigne lui-même le jury; *Hale* rappelle que cette désignation appartient au Sheriff, et congédie le jury de Cromwel. Le Protecteur ne peut se contenir : *Vous n'êtes point fait pour être juge*, dit-il avec fureur au vertueux magistrat. Celui-ci répond d'un air sévère : *Cela est vrai*, et conserve sa place; il l'eût perdue sous Napoléon.

Georges Cony était un simple marchand de la cité de Londres. Il refusa de payer un droit de douane que n'avait point établi le parlement. Mandé chez le Protecteur, il eut la hardiesse de lui dire que l'autorité royale avait succombé, parce qu'elle levait des impôts sans le consentement de la nation, et que ceux qui se soumettent à des taxes illégales sont plus ennemis de leur patrie, que ceux qui les établissent. Cony, jeté en prison, réclama son *habeas corpus* à la cour supérieure, et l'indépendance judiciaire allait convaincre le Protecteur d'impuissance, lorsque celui-ci, informé des dispositions des juges, mit toute son adresse à retarder la sentence, et regarda comme un triomphe de pouvoir assoupir l'affaire. Le collecteur ne fut point puni, mais le droit de douane ne fut point payé.

Cromwel éprouva, au faîte de sa puissance, une contrariété si cruelle, qu'il la comparait à la perte d'une bataille. Cette calamité, aussi funeste que le plus grand désastre qu'ait à redouter l'usurpation, n'était autre chose qu'une décision par laquelle un jury acquittait un accusé qu'il voulait perdre. Cet accusé était Lilburn.

Voilà comme le génie de la constitution est sorti de l'épreuve la plus difficile que le génie de l'usurpation lui ait jamais fait subir.

Mais tandis que dans l'intérieur de l'Angleterre, cette ambition indignée s'agitait en frémissant autour des barrières constitutionnelles, au dehors elle éclatait par des miracles. Cromwel, pour qui le plus obscur de ses concitoyens était un adversaire redoutable, parlait en maître à Mazarin, et se voyait rechercher de Louis XIV. L'Angleterre régnait sur l'Océan; et l'acte de navigation avait cimenté sa suprématie maritime. Jamais peut-être le sentiment de sa supériorité politique ne s'était exalté à un aussi haut degré. L'habile Cromwel avait senti qu'il ne pouvait, ni se racheter de son illégitimité qu'au prix d'une gloire immense, ni posséder l'empire sur un peuple libre, sans lui donner l'empire sur les autres peuples. Telle est donc la condition de l'usurpateur que, pour lui, hors la gloire, il n'y a pas de salut. Sans doute la gloire n'indemnise pas de la perte de la liberté, qui n'a pas d'indemnité possible; mais la constitution n'apportât-elle d'autre obstacle à l'usurpation que la difficulté de l'entreprise ; ne rendît-elle à la légitimité d'autre service que d'écarter les ambitions vulgaires, et de tenir le pouvoir à cette hauteur qui n'est accessible qu'au génie, cet avantage mériterait encore d'être apprécié. Tout autre que Cromwel eût infailliblement échoué, ou plutôt nul autre n'eût osé concevoir ses desseins.

SECTION III.

De l'Administration.

L'institution règne. La personne du prince, identifiée avec elle et politiquement incapable d'aucune action immédiate, a besoin d'organes ; ces organes sont les ministres.

Le prince absolu n'appelle ses ministres près de lui, que pour partager le fardeau du gouvernement. Il peut agir sans eux, et Fénélon avait raison de dire au duc de Bourgogne : « Vos conseillers d'État ou ministres ne » sont que de simples consulteurs *. »

Mais les ministres du monarque constitutionnel ne sont plus *de simples consulteurs ;* ils deviennent *les agens nécessaires* d'un prince qui n'agit pas. Comme agens du prince, ils ne peuvent pas plus se rendre indépendans de lui, qu'il ne peut se passer d'eux ; le jour où ils se permettraient autre chose que de contre-signer ses ordonnances, ils usurperaient la souveraineté, il n'y aurait plus de monarchie ; c'est ce qui arrive lorsqu'ils transmettent une ordonnance par un moyen mécanique, comme par le télégraphe.

* Direction pour la conscience d'un Roi, n° 7.

Que résulte-t-il de cette différence?

Que le ministre simple consulteur a rempli toute sa tâche, quand il a donné des avis de bonne foi; qu'il n'est pas responsable des effets d'une volonté absolue, sur laquelle il ne peut rien par son action, ni par son inertie; et que son contre-seing, apposé près de la signature du Roi, n'est qu'une attestation de la vérité de celle-ci; qu'un ancien ministre s'est toujours bien défendu, en alléguant l'obligation d'obéir au maître, et que tous ceux qui ont été condamnés l'ont été injustement, depuis Pierre de la Brosse sous Philippe-le-Hardi, Enguerrand-de-Miragny et Gérard de la Guette sous Philippe-le-Bel et Louis-Hutin, Pierre Remy sous Philippe-de-Valois, et Jean de Montaigu, qui, selon l'expression d'un religieux de Marcoussi, fut condamné sous Charles-le-Simple, non par justice, mais par commission, jusqu'à ce Jean de Semblançay dont la condamnation prononcée sous François Ier, a été flétrie par l'histoire et par une épigramme de Marot; que tous les ministres ont pu tenir le même langage qu'Enguerrand, dont la défense nous a été conservée [*].

« Sire, les hommes cognoistront, à mon grand regret
» que ma cause étoit celle du feu Roy votre progéni-
» teur; que si j'ai tort, il en recevra le contre-coup...
» Tel vous jugerez le premier ministre de ses affaires,
» tel jugement ferez-vous des actions dudit Roy. Nous,
» en tant que ministres des Roys, nous en sommes
» comme les pieds et les mains... Quant à toy, Annat [**],

---

[*] *Barreau français*, tom 1er.
[**] C'était l'accusateur.

» je ne peux te répondre... tu m'accuses d'avoir fait
» beaucoup de choses contre la volonté du feu Roy, de
» laquelle, s'il vivoit, je lui rendrois secrètement rai-
» son.... le secret des affaires qui sont mortes en la mort
» du Roy, me défendroit assez, sans qu'il fust besoin
» que je parlasse; car le silence seul suffiroit pour me
» justifier envers celui qui sçait comme le tout s'est
» passé... Sire, ne recherchez donc pas celuy que vostre
» père a advoué de tout ce qu'il a fait; bien qu'il soit
» mort, il est accusé en mon nom.... etc. »

Au lieu que le ministre constitutionnel est une partie intégrante des délibérations du prince; son contre-seing n'est pas une simple légalisation, mais une approbation formelle; il est l'auteur de l'acte, il contracte une obligation, il devient responsable. Si l'acte n'a pas son approbation, il refuse son contre-seing, et se retire d'une place que le prince ne peut laisser vacante.

Il s'opère donc dans le ministre un changement inverse de celui qui se fait dans le prince : le prince absolu était responsable de tout, et le prince constitutionnel n'est responsable de rien, parce que l'action lui est ôtée; tandis que le ministre de l'ancien régime n'était responsable de rien, et que le ministre du nouveau devient responsable de tout, parce que l'action lui est transportée.

Telle est la raison de notre nouvelle doctrine; maintenant voici son écueil :

Si l'agent du prince, en devenant nécessaire, ne devenait pas responsable, son intervention dans le gouvernement serait une calamité : la condition du prince et du peuple serait pire que sous le pouvoir absolu, puisqu'on ne pourrait ni se passer de lui, ni le réprimer. Quand le ministre ne voit pas peser sur sa tête une responsabilité imminente, il ne lui reste que le sentiment de sa nécessité, et il est inévitable qu'il tende au despotisme. Ce despotisme est le plus redoutable de tous, parce qu'il s'exerce au nom d'autrui; il est redoutable à la nation, à laquelle il n'offre aucune prise; il est redoutable au prince, dont il compromet la prérogative; car la responsabilité des choses humaines ne peut rester incertaine et flottante; il faut qu'elle se fixe sur une tête. Si le ministre s'y soustrait, elle remonte jusqu'au prince, auquel elle s'attache, en sorte que le monarque perd l'action immédiate, sans gagner l'inviolabilité.

Or, la responsabilité ministérielle qui n'existe qu'en principe n'existe pas; nous démontrerons au chapitre suivant que les principes séparés de leur application dégénèrent en abstractions, se résolvent en maximes, qui excluent l'idée d'un droit public. Mais l'effet particulier que doit avoir le principe de la responsabilité, est d'une nature qu'il faut bien comprendre : pour avertir de son existence, il n'est pas absolument nécessaire qu'il éclate au dehors par des révélations extraordinaires, par des procès solennels, par des exécutions sanglantes; il a produit son effet, quand il a parlé à l'esprit du ministre, quand il a secrètement influencé les mouvemens intimes de son âme, quand il a combattu chez les hommes puissans leur penchant naturel à l'usurpation. L'essentiel n'est pas qu'un ministre soit accusé et condamné; ce qui importe, c'est que l'on organise la responsabilité par une loi spéciale, afin qu'elle soit dans les mains de la nation une arme toujours prête, et aux yeux du ministre une menace toujours présente. Chez les Romains, un esclave était chargé de répéter au triomphateur pendant son ovation : Souviens-toi que tu es homme. La loi doit incessamment répéter au ministre : Souviens-toi que tu es responsable.

Les avis se sont partagés sur la nature et l'étendue de cette responsabilité, parce que l'on s'est écarté du principe régulateur, pour se perdre dans des distinctions qu'il est impossible de justifier.

Le principe est que tout agent est responsable; nous venons d'en voir la raison. Mais il faut ajouter que, s'il est responsable parce qu'il est agent, sa responsabilité, qui s'étend avec ses fonctions, cesse avec elles. Il y a donc une distinction à faire, mais une distinction unique, entre les actes publics qui assujettissent le ministre à la responsabilité, et les actes privés qui le rendent justiciable des tribunaux ordinaires. Si donc il prévarique d'une manière quelconque dans ses fonctions, la chambre des députés l'accuse et la chambre des pairs le juge; s'il commet un crime hors de ses fonctions, si, par exemple, il arrive qu'il commette un assassinat, on le traduit devant une cour d'assises. Jusqu'ici tout le monde est d'accord.

Mais l'homme de France le plus capable de contribuer à la formation de notre droit constitutionnel, M. Benjamin-Constant * ne se borne pas à distinguer entre les actes publics et les actes privés; dans les actes publics,

* *Collection complète des ouvrages publiés sur le gouvernement représentatif et la constitution actuelle de la France*, t. II, p. 55 et suivantes.

il distingue encore le mauvais usage d'un pouvoir légal, de l'exercice d'un pouvoir usurpé; il donne pour exemple l'attentat à la liberté individuelle en Angleterre; et sa décision est différente selon que l'*habeas corpus* est ou n'est pas suspendu. S'il est suspendu, et si le ministre arrête mal-à-propos un citoyen, le ministre mésuse du pouvoir que la loi lui confie, il est responsable; mais si l'*habeas corpus* est en vigueur, le ministre qui arrête arbitrairement, usurpe un pouvoir que la loi lui dénie, et, selon l'illustre publiciste, il est justiciable des tribunaux, parce que *tous les actes illégaux sont hors des fonctions ministérielles* et rentrent dans la classe des actes privés.

Ce n'est qu'avec appréhension que je combats une doctrine étayée d'un pareil nom; mais il m'est impossible de penser que tous les actes illégaux soient hors des fonctions ministérielles. Je reconnais bien une difrence entre la prévarication commise dans les limites des attributions conférées par la loi, et l'usurpation d'une attribution que la loi ne confère pas, ou d'un droit qu'elle refuse; cette différence est la même qu'entre l'arrêt inique du juge compétent, et l'excès de pouvoir du juge incompétent. Mais cette différence n'a ici rien de concluant, puisque les deux actes ont cela de commun, qu'ils sont d'un agent du prince, et que cette qualité d'agent détermine la responsabilité. Que le juge prévarique sans excéder ou en excédant ses pouvoirs, il agit toujours en qualité de juge; il y a forfaiture. Il en est de même du ministre, soit qu'il mésuse du pouvoir qui lui est conféré, soit qu'il usurpe celui qui ne l'est pas, il y a responsabilité. S'il suffisait qu'un acte fût illégal pour cesser d'être public, il n'est pas de prévarication ministérielle qu'on n'attirât dans la classe des actes privés, parce que la loi ne confère jamais le droit de prévariquer.

Rien n'est plus judicieux que la distinction de M. Benjamin-Constant entre le vol et l'abus de confiance : le gérant infidèle est responsable, il abuse du pouvoir qu'on lui a confié; le voleur n'est point responsable, on ne lui a rien confié. Mais on n'a point pris garde que le ministre qui agit comme ministre, use ou abuse toujours de la confiance du prince; la distinction fait donc ici pour moi.

M. Benjamin-Constant propose sa doctrine comme le seul moyen d'atteindre l'agent subalterne qui exécute un ordre coupable; à ses yeux il est nécessaire, pour que l'agent subalterne ne soit pas impuni, de le considérer comme justiciable et non comme responsable. J'avoue que je n'aperçois point cette nécessité. Je n'admets pas que l'agent subalterne se justifie, en alléguant l'ordre de son supérieur, parce que je rejette avec M. Benjamin-Constant cette doctrine de l'obéissance passive, que l'on cherche à transporter de l'armée dans l'administration, et qui, dans l'administration comme dans l'armée, quoique avec une modification sentie de chacun, est une absurdité heureusement impossible. Il n'y a aucune parité entre le militaire et l'administrateur : l'un remplit un devoir rigoureux, dont rien ne peut le dispenser; l'autre occupe une place, à laquelle sa volonté seule l'attache. Le militaire ne peut refuser d'obéir, en offrant de se retirer; on lui répondrait en le traduisant devant un conseil de guerre : il y a pour lui obligation d'exécuter. L'administrateur au contraire peut se dispenser d'obéir en se retirant, comme M. Brault, en abandonnant sa sous-préfecture, pour ne point seconder l'influence que le ministère exerçait sur les élections. Cette faculté empêche qu'il y ait pour lui obligation étroite d'exécuter l'ordre qu'il désapprouve ; s'il reste en place, il donne à entendre qu'il approuve l'acte ; il consent au moins à l'exécuter ; dans les deux cas sa volonté y participe, et il encourt la responsabilité. Sa position est, relativement au ministre, exactement la même que celle du ministre relativement au prince ; si le ministre désapprouve, il se retire ; s'il ne se retire pas, il est coupable, parce qu'il est libre. Pourquoi en serait-il différemment de l'agent subalterne ? Nous sommes devenus tellement esclaves des emplois publics, l'idée seule de nous en détacher nous fait une telle violence, que plutôt que de nous y résigner, nous préférons regarder la retraite comme impossible, sauf à nous créer une excuse dans le honteux sophisme de l'obéissance passive.

Pline le jeune, au nom des habitans de la Bétique, accusait de concussions *Classicus*, ancien gouverneur de cette province, et l'accusation enveloppait deux de ses agens, *Probus* et *Hispanus*. Avant d'entrer dans la preuve des crimes de ces derniers, dit Pline [*], je crus nécessaire de démontrer que l'exécution de l'ordre d'un gouverneur en une chose injuste, était un crime ; et les deux agens furent condamnés à l'exil. Je sais que l'art. 114 du Code pénal admet comme excuse l'allégation d'un ordre supérieur ; mais ce code a été rédigé

[*] Lett. IX, l. III.

sous un régime dont le premier besoin était d'anéantir la responsabilité des fonctionnaires publics ; je raisonne d'après ce qui devrait être sous la Charte, et non d'après ce qui est.

Revenons donc au vrai principe : tous les agens du pouvoir sont responsables de leurs actes publics, depuis le ministre jusqu'à l'employé qui occupe le dernier degré de la hiérarchie, avec cette seule différence que le ministre ne peut être accusé et jugé que par les chambres, au lieu que l'agent subalterne peut être poursuivi devant les juges ordinaires.

Il faudrait se hâter de rendre cette responsabilité efficace par une loi organique. Ce n'est pas seulement dans l'intérêt du prince et de la nation qu'elle devrait être portée ; les administrateurs devraient la solliciter avec plus d'impatience que le reste de la nation : le système de l'obéissance passive les dégrade, et la responsabilité les relève.

Confier l'action politique à l'homme le plus pur, à l'esprit le plus élevé, au cœur le plus noble, sans le fortifier par cette loi tutélaire, c'est lui défendre de glisser sur une pente rapide, en lui ôtant son point d'appui. Pour prédire tous les maux possibles à un gouvernement que ne protége point une responsabilité réelle, il n'est point nécessaire de supposer un ministre prévaricateur ; il suffit de savoir qu'un caractère généreux se déprave par le maniement du pouvoir. Ce n'est pas de tel agent, c'est de la faiblesse humaine que je me défie ; et tout ce qui arrive de mal, arrive bien moins par la faute du ministre que par le vice des choses.

Le premier effet de l'absence d'une loi, c'est de ne

jamais forcer à apprendre ou de laisser bien vite oublier que l'institution règne. Au lieu de marcher à sa suite, l'administration se met à sa place, et tous les rôles sont intervertis.

On a créé dans ces derniers temps la dénomination *de lois de confiance*. Ce sont des lois qui suspendent quelque principe libéral, mais que l'on accorde aux agens du prince, en considération du bon usage qu'ils en feront; ces lois sont un contre-sens, puisqu'elles subordonnent l'institution à l'homme. Les anciens, pour qui les qualités morales étaient tout, ont pu dispenser Xénocrate, appelé en témoignage, de la formalité du serment, et remettre à Cicéron le pouvoir souverain pour réprimer Catilina. Mais notre principe leur était inconnu. Un exemple fameux, donné dans un cas singulier, a pu nous suggérer cette idée sans la justifier. Le 26 septembre 1789, l'assemblée constituante, émue par le tableau que M. Necker venait de lui présenter de la détresse du Trésor, et entraînée par une des plus brillantes improvisations de Mirabeau, rendit un décret en ces termes : « L'assemblée nationale, vu l'urgence des cir- » constances, et ouï le rapport du comité des finances, » a accepté, *de confiance*, le plan de monsieur le premier » ministre des finances. » Il n'y a rien à conclure de cette époque à la nôtre. On ne pouvait subordonner les hommes à une institution qui n'existait pas encore, et le seul parti à prendre était de se confier à la probité éclairée.

L'administration qui n'est point contenue, se livre à une intempérance d'action, qu'elle prend pour du zèle. Elle s'habitue à l'idée fausse qu'elle ne peut justifier sa nécessité politique que par un mouvement continuel ; et que le repos serait un aveu de son inutilité. Aussi, depuis trente ans, une administration, pour ainsi dire ubiquiste, remplit-elle la France ; à elle seule, elle en occupe l'espace ; sa main remue, ébranle, renverse sans cesse et partout ; on la trouve mêlée aux choses les plus étrangères, et s'ingérant dans celles qui lui sont interdites. Comment faire entendre, au milieu de ces accès de fièvre administrative, que l'institution étant l'expression vraie de la société, il suffit de lui donner l'impulsion, en remplissant certaines formes? L'impulsion une fois donnée, abandonnez l'institution à sa propre allure ; ne cherchez pas à la diriger ; car diriger, c'est maîtriser. Persuadez-vous bien que le jour où l'institution a été créée, tout l'ouvrage a été fait, et qu'il ne vous reste qu'à écarter les obstacles de sa route. Au nom de notre salut et de votre gloire, ne portez pas au ministère l'ambition des anciens hommes d'État ; quittez la désastreuse prétention d'influer, d'être cause, de changer, de créer ; épargnez-vous tous ces efforts de génie. Le génie de l'homme d'État consiste aujourd'hui à gouverner avec sobriété ; son triomphe est de n'être point aperçu. Les âmes vulgaires, a dit un ancien, ne comprennent pas ce qu'il y a de sublime dans la bonté ; les esprits étroits, pourrait-on dire, ignorent combien il y a de profondeur dans la simplicité. On a beaucoup trop répété que le régime constitutionnel n'a point été inventé pour le repos des ministres : ce mot célèbre est faux de tous points. D'abord notre régime n'a point été inventé, et ensuite, quoi qu'on puisse dire, il existe pour le repos de tout le monde, pour celui des ministres comme pour celui de la nation. On ne demande aux premiers que de le comprendre, et de se pénétrer que l'on gouverne mal quand on gouverne trop. « Quel » embarras, s'est écrié au sujet du renouvellement quin- » quennal un écrivain illustre, quel insupportable assu- » jettissement! à peine une session est-elle terminée, » qu'il faut songer aux élections prochaines. » Ces mots décèlent un ministre impatient de dominer l'institution ; il ne s'occupe tant des élections que pour s'en emparer, et son embarras est celui d'un corrupteur qui se plaint d'un obstacle.

SECTION IV.

Du Droit de Juridiction.

L'institution règne. Qu'en résulte-t-il pour l'administion de la justice ?

Depuis que la monarchie a triomphé de l'aristocratie, on dit en France que toute justice émane du Roi, et on le dit par opposition au régime féodal, qui avait attribué aux seigneurs le droit de juridiction, comme le droit de battre monnaie, de lever des troupes, de faire la guerre, et de lever des impôts. Cette maxime avait donc un sens particulier sous la monarchie absolue : elle signifiait que le Roi, en évoquant à lui les appels des cours seigneuriales, était devenu la source unique et première du droit de juridiction ; car si les cours seigneuriales existaient encore en 1789, ce n'était plus comme attribut de la souveraineté, mais comme une concession du prince.

La monarchie absolue permettait de faire entre la

justice déléguée et la justice immédiate une distinction que l'on reproduit aujourd'hui, par un de ces abus de mots qui conduisent à de plus graves abus dans les choses.

La justice immédiate était légalement possible sous un prince qui pouvait tout par lui-même. Aussi avons-nous vu que la tenue des lits de justice faisait cesser les pouvoirs des juges, parce que la présence du prince rappelait virtuellement à lui tous les pouvoirs qui en émanaient : *Adveniente principe, cessat magistratus*. Ainsi Louis XII rendait des jugemens sous l'arbre de Vincennes; ainsi Louis XIII, malgré les courageuses remontrances du président de Bellièvre, présida en personne cette commission qu'il avait instituée pour juger le duc de La Vallette, et fit violence à l'opinion du conseiller Pinon, doyen du parlement, qui, après une courte résistance, eut la faiblesse de lui dire : *Puisque Votre Majesté me l'ordonne, je suis de l'avis des conclusions.*

Où la justice immédiate était légalement possible, on concevait facilement la justice déléguée. Toute délégation suppose le droit de faire remonter à sa source le pouvoir délégué; et puisque le prince pouvait administrer la justice par lui-même, c'était véritablement lui qui commettait à des magistrats le soin de l'administrer à sa place.

Mais sous un régime où le prince ne peut rien par lui-même, on devrait, ce me semble, adopter d'autres idées, et se faire un autre langage.

La justice immédiate est légalement impossible sous un régime qui ne permet au prince aucun fait personnel. Ainsi le Roi peut assister à son conseil privé, pour s'éclairer de ses délibérations, parce que le conseil privé ne fait point partie du gouvernement; mais il ne peut présider le conseil d'État comme tribunal administratif, car il rend alors une décision, il agit. J'aurais cité comme un exemple de ce même abus, l'ordonnance du 29 août 1815, qui condamne le maréchal Moncey à trois mois d'emprisonnement, pour avoir refusé de faire partie d'un conseil de guerre; mais cette ordonnance est contre-signée par un ministre; d'où il résulte que, si elle est inconstitutionnelle, ce n'est pas parce qu'elle contient un fait personnel du prince.

La justice déléguée ne peut se concevoir, quand la justice immédiate est défendue. Qu'est-ce qu'un pouvoir délégué, que le déléguant ne peut ni exercer lui-même, ni révoquer? Et quand je dis qu'il ne peut l'exercer, je ne parle pas seulement de l'impossibilité physique où est un seul homme de rendre la justice à un grand peuple; impossibilité qui se rencontrait dans la monarchie absolue comme dans la nôtre, et qui n'empêchait pas le *droit* inhérent à la personne du Roi; je parle d'une incapacité légale, telle que s'il n'y avait qu'un seul jugement à rendre, le prince devrait s'en abstenir. Dans un État ainsi constitué, comment le prince serait-il la source d'un pouvoir, dont non-seulement l'exercice lui est physiquement impossible, mais encore dont le principe lui est légalement interdit?

Si le Roi nomme à tous les emplois de l'ordre judiciaire, il ne faut pas confondre la nomination d'un titulaire avec le droit de juridiction; le droit de juridiction est dans la constitution; le choix de l'individu est au prince.

En résumé, le vrai sens de la maxime, est que la justice se rend au nom du Roi, qui seul est dépositaire du pouvoir exécutif, et qui, par cette raison, peut seul faire un commandement.

SECTION V.

De la Patrie.

L'institution règne : qu'en résulte-t-il pour la patrie ?

On a plusieurs fois remarqué que le mot patrie ne se trouve pas dans les monumens historiques du moyen-âge. La féodalité et la chevalerie avaient substitué leurs maximes à ce principe des anciennes sociétés. Mais en revanche, toute l'antiquité en est pleine ; on peut dire que ses annales sont un magnifique développement, dont ces deux vers d'Ovide seraient le texte :

Nescio quâ natale solum dulcedine cunctos
Ducit, et immemores non sinit esse suî.

L'amour de la patrie a dû reparaître chez les modernes, lorsque la civilisation, brisant l'échelle de l'aristocratie féodale, a commencé à rétablir le prince et les sujets dans des rapports véritablement monarchiques.

Mais cette vertu n'a pu se réveiller au fond de nos cœurs, sans être livrée au paradoxe : les uns, espèce d'athées politiques, ont pris le parti d'en nier l'existence ; d'autres ont reconnu la patrie, mais ceux-ci, en l'attachant à la personne du prince, ceux-là, en l'attachant au pays même : tant il est vrai que nous ne pouvons plus éprouver de sentiment, dont l'esprit d'analyse

ne cherche à se rendre compte! Respectons cette propension à connaître, tout en réprimant ses écarts; elle
prouve l'excellence de notre nature, puisqu'elle tend à
la vérité.

Je ne puis me faire à l'idée que la patrie s'identifie
soit avec un homme soit avec le sol. Ces deux fictions
me répugnent également, l'une parce qu'elle conduit à
l'absurde, l'autre parce qu'elle ôte à la patrie toute sa
pureté, en la dégradant par je ne sais quel matéria-
lisme. Il ne faut jamais perdre de vue que l'homme civilisé vit plutôt d'une vie morale que d'une vie physique;
c'est par là surtout qu'il diffère du sauvage et de l'esclave.

Qu'es-tu donc? où te trouver? comment te définir,
patrie, être qui n'es perceptible à aucun de mes sens,
et dont le nom fait palpiter mon cœur? car la patrie
existe, et l'amour que nous lui portons, n'est ni une
convention ni une chimère; il est aussi vrai et aussi naturel que la piété filiale, avec laquelle il a tant d'analogie. Nous aimons le lieu qui nous a vu naître; le
charme qui s'attache aux objets dont nous recevons nos
premières sensations, ne semble-t-il pas nous avertir que
la vie nous est donnée comme un bienfait? La preuve
de ce sentiment est en nous; toutes les fois que je veux
me convaincre d'une vérité morale, je tire mes argumens de la conscience, et je me tiens à cette démonstration.

Il est certain que des rapports physiques se forment
entre nous et notre lieu natal; ces rapports affectent
tout notre être; ils composent notre tempérammment. La
fin naturelle de l'homme est de vivre et de mourir où il

est né; celui qui, détourné de cette destination par l'ambition du savoir ou des richesses, passe sa vie à se faire beaucoup d'hôtes et peu d'amis, s'aperçoit tôt ou tard que les voyages sont un état violent; il rapporte dans ses foyers des maux qu'il ne devait jamais connaître, et une décrépitude anticipée vient le punir d'avoir rompu ce que Bernardin de Saint-Pierre eût appelé une des premières harmonies de la nature.

Quoi qu'en dise une fausse maxime, on n'est bien que dans sa patrie. Les anciens nous ont transmis cette vérité sous l'allégorie d'Ulysse, qui refuse l'immortalité auprès de Calypso, afin de voir encore s'élever la fumée des toits de sa chère Ithaque. O vous, qui jugez assez mal le vrai bonheur pour le poursuivre au bout du Monde, soyez sincères : dites si le souvenir de la patrie absente n'empoisonna jamais votre joie; dites si vous ne vous êtes point plus d'une fois surpris contemplant les bords lointains de l'horizon avec une douloureuse mélancolie; dites surtout si quelque inconvénient moral ou physique, attaché à un climat qui refuse de vous adopter, ne vous sembla point toujours une trop dure condition de votre fortune. Si la patrie n'est qu'une place commode, pourquoi n'a-t-on jamais pu fixer un Samoïède à la cour de Russie? Pourquoi le Lapon préfère-t-il à notre beau soleil et à nos riantes campagnes, sa hutte enfumée et ses éternels hivers? Pourquoi ce sauvage américain, qu'avait emmené à Londres le capitaine Wallis, dépérissait-il de langueur au milieu des merveilles de la civilisation? Pourquoi sa santé ne se ranima-t-elle que dans ses vastes savanes? « Depuis cinq cent cinquante ans qu'il y a

» des Mameloucks en Égypte, dit M. de Volney [*], pas un
» seul n'a donné lignée subsistante; il n'en existe pas
» une famille à la seconde génération. Tous leurs en-
» fans périssent dans le premier ou le second âge. Les
» Ottomans sont presque dans le même cas, et l'on ob-
» serve qu'ils ne s'en garantissent qu'en épousant des
» femmes indigènes : ce que les Mameloucks ont dé-
» daigné. Qu'on explique pourquoi des hommes bien
» constitués, mariés à des femmes saines, ne peuvent
» naturaliser aux bords du Nil un sang formé au pied
» du Caucase; et qu'on se rappelle que les plantes
» d'Europe refusent également d'y maintenir leur es-
» pèce. »

Cependant ce n'est point assez du rapport physique,
puisque chez une nation policée, la patrie n'exprime
pas seulement l'idée du climat et du pays, mais aussi
celle de l'état social auquel on appartient. Ne pour-
rais-je pas résoudre le problème en ces termes? Quand
la société se forme, la patrie est dans le sol; mais quand
la civilisation est parvenue au point où nous la supposons, la patrie est à la fois dans le sol et dans l'institution. Alors seulement le sentiment qu'elle inspire se
développe dans toute son énergie, parce qu'aux convenances physiques du pays, l'institution ajoute l'attachement que l'on contracte pour une législation pro-
tectrice et amie du peuple, et la fierté que donne l'illustration du nom national dans les armes, le commerce, les arts et la politique. Cet attachement a pour
cause principale une bonne organisation des communes,

[*] *Voyage en Syrie.*

qui fortifie l'intérêt de localité, le plus puissant de tous sur les citoyens. Cela est si vrai que notre amour pour la patrie souffrirait également, et si nous étions soumis sur le sol français à des lois étrangères, et si nous allions sur un sol étranger vivre sous des lois françaises. Dans chacune de ces deux hypothèses, que l'exil et la conquête ont souvent réalisées, la jouissance de la patrie serait incomplète. L'homme civilisé ne peut plus séparer le rapport physique qui attache au sol, du rapport moral qui attache à l'institution.

Le sauvage qui répondait : *Dirai-je aux ossemens de mes pères, levez-vous et suivez-moi*, voyait la patrie dans le pays. L'épitaphe des compagnons de Léonidas aux Thermopyles : *Passant, va dire à Sparte que nous sommes morts ici pour ses saintes lois*, nous apprend que ces magnanimes citoyens voyaient la patrie dans le pays et dans l'institution.

Ce rapport moral qui attache l'homme à l'institution, explique pourquoi le Breton est le compatriote du Provençal. Pour sentir combien ce rapport a de force, rappelons-nous ce que nous avons si souvent éprouvé : plus nous nous éloignons de notre lieu natal, et plus un instinct presque indéfinissable, qui a sa source dans l'amour de la patrie, agrandit le cercle de nos affections : deux habitans du même village se recherchent hors de leurs foyers ; deux habitans de la même province se rapprochent à Paris ; deux Français se rencontrent avec transport aux extrémités de l'Europe ; deux Européens se jurent amitié chez les peuples sauvages, et cependant ces mêmes hommes, dans leur village, dans leur province, en France, en Europe, ou se voyaient avec indifférence, ou ne s'étaient jamais connus. Les missionnaires de la Chine, divisés en Europe par leurs préjugés nationaux, se réunissent dans ces contrées lointaines *.

La raison donnée par Thémistocle aux Athéniens, pour leur persuader d'abandonner la ville et de se réfugier sur la flotte, n'était pas rigoureusement bonne; mais il dut s'en servir pour les déterminer à prendre le seul parti qui leur restât.

Les Anglais ont si bien senti que l'institution est une partie nécessaire de la patrie, qu'ils ne permettent à ceux de leurs sujets qui sont nés aux Indes orientales d'y exercer des fonctions publiques, qu'après être venus dans la métropole suivre les écoles nationales et étudier les lois, dont ils contractent l'amour. Ils cherchent ainsi à corriger l'inconvénient de la distance des lieux, en maintenant le rapport moral, qui unit la métropole à cette immense colonie, principal fondement de leur grandeur. Ils ont compris que si leurs sujets étrangers n'avaient de commun avec eux, ni le sol ni l'institution, il se formerait bientôt deux patries, et que la colonie se rendrait indépendante.

La religion est une partie de l'institution; et, dans l'anéantissement de la loi politique, elle sert encore de lien à un peuple, et prévient sa dissolution. Après la destruction de l'empire romain, et dans les premières années de la conquête des Francs, les Gaulois n'avaient de ralliement qu'auprès de leur évêque. Après l'envahissement de la Grèce par Mahomet II, les Grecs es-

* *Voyage dans l'intérieur de la Chine.*

claves ne se sont reconnus qu'à leur foi, et n'ont pu se réunir qu'autour de leur patriarche.

La langue nationale tient aussi par les mœurs à l'institution. Cela s'est vu en Angleterre après la conquête : la langue romane était celle des Normands ; l'ancienne langue saxone, celle des Aborigènes. La fusion entre les deux races des vainqueurs et des vaincus n'eut lieu que quand les deux idiomes se furent mêlés. Il y a donc une considération politique très-grave dans un établissement qui ne paraît que littéraire, et dont la destination est de maintenir l'unité de l'idiome national.

Or, entre tous les modes de gouvernement, le régime constitutionnel est, nous venons de le voir, le seul chez lequel l'institution ait toute son efficacité, et il peut s'appeler par excellence le gouvernement de l'institution. Aussi achève-t-il de nous former une patrie, et lui donne-t-il son complément et sa perfection ; c'est lui surtout qui suscite dans les cœurs les grandes vertus du citoyen ; c'est par lui que l'amour de la patrie enfante ses miracles.

Ce sentiment, qu'un bienfait du ciel nous a rendu si aimable, avant de nous en faire un devoir, est de tous les liens sociaux le plus fort et le seul indissoluble. Il fournit aux gouvernemens la meilleure raison qu'ils puissent alléguer pour expliquer le pouvoir, et en même temps la raison la plus sensible, puisqu'elle dérive d'une affection de notre cœur. Aussi, quand l'amour de la patrie s'affaiblit chez un peuple, dites sans hésiter que son gouvernement en est coupable ; car un sentiment qui est dans la nature, ne meurt que lorsqu'il est contrarié. Ce sont les actes, conseillés dans un intérêt autre que celui de la patrie, qui détachent le peuple du gouvernement; touchées par l'arbitraire, les âmes se flétrissent; le froid mortel de l'égoïsme vient les saisir; les citoyens s'isolent et s'enveloppent en eux-mêmes, pour n'offrir aucune prise à ce torrent d'iniquités qui roule autour d'eux. Malheur alors, malheur au gouvernement, qui ne comprend pas bien que l'intérêt le mieux entendu de son autorité est de se subordonner à la patrie! Eh! qu'a-t-il à me proposer pour remplacer l'amour de cette mère commune? Des doctrines où les puissans du jour ne voient qu'une complication de doutes et d'erreurs? Des systèmes, dont les variations sont aussi innombrables que les caprices de leur volonté? Le culte d'une chimère ou l'adoration d'un homme? Non, ma raison repousse tous ces dogmes trompeurs. O ma belle et malheureuse patrie, noble objet de mon amour, de mon orgueil et de ma douleur, pays de France régi par une institution libérale, sois toujours la première règle de mes devoirs, comme tu es la plus chère de mes pensées! Les théories de la politique vulgaire ou m'égarent ou m'échappent; c'est lorsque j'ai le plus besoin de guide, c'est au milieu de l'orage qu'elles m'abandonnent. Tant que les princes sont puissans, nous servons d'instrumens à leurs desseins, et quand le malheur vient leur rappeler qu'ils sont hommes, le rival qui leur succède nous brise comme un verre fragile. Hélas! les gouvernemens ressemblent à ces ombres qui passent sur la toile; les souverains meurent : les dynasties s'éteignent. Tu restes seule, ô ma patrie!

La patrie ne donne aux hommes que des préceptes

d'amour ; c'est par elle que nous embrassons nos concitoyens dans un vaste sentiment de bienveillance et de
fraternité, le plus fort de tous les obstacles contre les
haines de parti, et qui produit les mêmes effets que la
charité évangélique ; elle invite à la paix, et nous pousse
au secours de ceux que l'esprit de faction nous excite à
combattre. Comme tous les sentimens purs et vrais,
l'amour de la patrie n'est accompagné ni de l'embarras
du doute ni du malaise du scrupule ; quand on ne le
confond pas avec la désaffection politique, qui n'est
souvent qu'un mécontentement déguisé, il satisfait pleinement le cœur et la raison ; il est également avoué de
la religion et de la philosophie ; il donne de l'énergie,
sans inspirer de fureur ; il élève jusqu'à l'enthousiasme,
sans exalter jusqu'au fanatisme.

Pendant les guerres qu'excita en Judée la rivalité
d'Hircan et d'Aristobule, Onias, fait prisonnier par un
parti, fut sommé de maudire le parti contraire ; alors
levant les mains au ciel : « Grand Dieu, s'écria-t-il, n'é-
» coute aucune des deux factions. » Voilà l'amour de
la patrie. Mais à l'instant Onias fut lapidé : voilà l'esprit
de parti.

Après le passage du Rubicon, jamais l'autorité du sénat ne put se faire reconnaître des légions de César :
voilà l'esprit de parti. Après la bataille de Waterloo,
l'armée de la Loire, que déchiraient tant de passions,
posa les armes au nom du Roi : voilà l'amour de la patrie. Soldats vraiment citoyens, vous que Sparte eût en-
voyés aux Thermopyles, votre séparation même fut un
triomphe, et vous n'avez laissé après vous aucune nouvelle manière de vaincre.

Combien l'on aime à se reposer dans cette philosophie douce et consolante, lorsqu'on se retire d'une
longue révolution, avec l'expérience des dissensions civiles, le cœur flétri de tant d'horreurs, et détrompé de
tant de systèmes ! Le choc des factions nous place quelquefois dans des situations si imprévues et si neuves,
qu'il ne suffit point, pour en sortir, d'une bonne conscience ni d'une raison éclairée. Le fil qui nous guidait
dans la vie ordinaire, nous échappe, et tous nos principes de conduite nous manquent à la fois. L'esprit de
parti est un séducteur si habile, un tyran si impérieux !
Il obscurcit le jugement, et ce qui rend sa puissance si
dangereuse, c'est qu'il gagne même la conscience, ce
guide ordinairement si sûr. Avec une égale bonne foi,
deux citoyens honnêtes se séparent, et vont la main
haute, faire des sermens opposés. Le même homme
jeté dans le tourbillon, ne sait où se prendre pour s'arrêter, embrasse aujourd'hui avec chaleur la cause qu'il
repoussera demain avec effroi ; et tel est le prestige qui
l'égare, que, si un moment de calme vient le rendre à
lui-même, il compte ses nombreuses contradictions
avec étonnement, mais sans remords. N'est-ce point par
cette raison que l'opinion ne flétrit pas les délits purement politiques, comme les délits ordinaires ? n'en
pourrions-nous pas tirer cette conséquence, que, dans
un temps de trouble, les condamnations pour les délits
de la première espèce devraient être extrêmement rares ;
et que, le seul objet légitime étant de punir le factieux,
elles devraient épargner l'infortuné, qui se trompe de
bonne foi, en croyant voir la patrie où elle n'est pas ?
La masse tumultueuse des citoyens se divise ; deux grands

partis se forment; quand l'un se tait, et que l'autre parle, celui-ci semble représenter seul la nation tout entière; et de part et d'autre ils allèguent des raisons telles, que la sagesse humaine paraît trop faible pour les peser. Lequel condamner? lequel absoudre? Faut-il les absoudre tous les deux, ou tous les deux les condamner? Voilà deux papes; l'un à Rome, l'autre à Avignon; ils invoquent le même Dieu; ils lancent les mêmes foudres; les païens, plus heureux, voyaient des divinités dans les deux camps; mais moi, qui sais que le ciel ne se partage pas, que vais-je faire? Vous qui voulez que je m'attache à l'un des personnages du siècle, et qui me faites un crime de suivre l'un plutôt que l'autre, qui êtes-vous? Pour me menacer des peines réservées aux factieux, si je n'adopte l'opinion dont vous êtes les prédicateurs, hommes que vous êtes, avez-vous la mission des apôtres, ou descendez-vous du ciel? Où est le téméraire qui osera dire, en se montrant : Voici le Français sur lequel les prestiges de la révolution ne peuvent rien?

Personne sans doute ne se flatte de mieux connaître ses devoirs que l'illustre auteur du *Traité des Offices;* personne n'a autant médité les différentes positions de la vie sociale, n'a porté plus de conscience dans ses principes, plus de réserve dans ses liaisons, plus de prévoyance dans sa conduite; et cependant, tant qu'il a voulu régler ses actions par son attachement pour les hommes, les hommes ont trompé son cœur, et déconcerté sa prudence. Il avait mis tous ses soins à se ménager la première place dans l'amitié de César et de Pompée; sa pensée était qu'en s'attachant à Pompée, il

ne risquerait jamais de devenir coupable envers la république; et qu'en adoptant les sentimens de César, il ne
serait jamais en opposition avec Pompée, tant leur union
était étroite *! Mais après leur rupture, ses précautions
mêmes se retournèrent contre lui, et chacun des deux
partis revendiqua Cicéron. César venait de passer le
Rubicon, et s'avançait à marches forcées : Pompée
fuyait Rome et l'Italie, et semblait emporter la patrie
tout entière, avec ses lois et ses dieux. Le moment approchait où leur ami commun serait obligé d'opter; les
regards étaient fixés sur lui; il se voyait l'objet d'une
grande attente **. Il en coûtait et à sa droiture d'entretenir des intelligences dans les deux camps, et à sa
modération de rompre avec aucun de ces redoutables
rivaux. Sa perplexité était telle qu'il s'écriait, dans les
épanchemens de l'intimité *** : Oh! que la vertu est d'une
pratique difficile! Il faut le louer de n'avoir écouté que
sa conscience : la cause qu'il embrassa fut celle dont il
prévoyait dès lors la ruine ****, et il aima mieux être
vaincu avec Pompée que de vaincre avec César. Celui-ci
se détourna de sa route, pour se rendre à la campagne
de Cicéron ***** : « Venez, lui dit-il, père de la patrie,
« venez montrer au Monde que la patrie accompagne
« César; venez porter au sénat des paroles de paix. —
« Comment, demanda le philosophe, traiterai-je de la
« paix? N'aurai-je à consulter que moi-même? » Et sur

* *Lettre à Atticus*, liv. VII, lettre 1re
** Lettre 6.
*** Lettre 1re.
**** *Ibid.*
***** Livre VIII, lettre 18.

ce que César lui assura qu'il n'avait rien à lui prescrire : « Je dirai donc que l'armée ne passera point en Grèce ; » j'intéresserai sur le sort de Pompée. — Voilà préci- » sément, interrompit César, ce que je ne veux point » que l'on dise. — En ce cas, je reste, reprit Cicéron. » Mais après que la bataille de Pharsale eut absous le passage du Rubicon, les Romains apprirent combien l'événement, qui est aussi, jusqu'à un certain point, le maître des gens sensés, peut donner de légitimité au pouvoir. Quel fut alors le langage de Cicéron devant le vainqueur ? « On veut, lui dit-il, irriter votre grande » âme contre les partisans de Pompée ; on vous sollicite » contre ce que l'on appelle leur crime *? Jusqu'à ce » jour cette injure leur avait été épargnée. J'ai entendu » les taxer, tantôt d'erreur, tantôt de faiblesse, de » moins indulgens leur reprocher des arrière-pensées, » de l'ambition, de la haine, du fanatisme ; les plus sé- » vères parler de témérité. Mais leur crime ! Personne » encore n'avait prononcé ce mot. Et que trouve-t-on » qui ressemble à un crime, dans le choix qu'ils ont » fait entre deux causes, dont chacune se prévalait de » tant d'autorités **? Était-il donc si facile de se décider, » surtout lorsque l'exemple des plus illustres person- » nages, qui influe si puissamment sur les jugemens des » hommes, parlait également pour l'une et l'autre? Nous » nous faisions tous une difficulté *** de savoir de quel » côté nous appelait la justice, de quel côté l'intérêt, » de quel côté la convenance, de quel côté le devoir.

* Pro Lig., § 17.
** *Ibid*, § 19.
*** Pro Marc, § 31.

» Vous même, ô César, avez vu dans nos dissensions,
» bien moins une haine d'ennemis à ennemis, qu'une
» différence d'opinions sur la manière d'arriver au
» même but, le salut de la république *. Et de quel
» front ose-t-on dégrader votre magnanimité, en calom-
» niant ceux qui en sont l'objet? Quoi! lorsque ** vous
» nous ouvrez les bras, est-ce pour vous réunir à de
» vertueux concitoyens, ou pour vous associer à des en-
» fans parricides? Ah! autant nous bénissons le héros
» qui oublie les injures, autant nous repousserions
» l'amnistie qui nous supposerait criminels : de quel
» nom appellerions-nous donc la sentence qui nous dé-
» clarerait coupables? »

Telle est la leçon que nous pouvons recueillir des révolutions de tous les temps Au milieu des incertitudes
où elles nous jettent, il est un point de ralliement qui
est fixe, mais unique : c'est la patrie. Dans les désordres
politiques, la patrie est au citoyen, ce que Dieu est au
chrétien dans les agitations de la vie, le but immuable
de sa conduite, un inépuisable motif d'indulgence et
de réconciliation, la source de ses devoirs et de ses
vertus dans la prospérité et dans les revers. Mais quoi!
les lois d'après lesquelles le parti vainqueur traite parmi
nous le parti vaincu, ne sont écrites que dans le code
de la vengeance, et font honte à la civilisation. Je voudrais que, dans les procès criminels, au sortir d'une
guerre civile, la question se réduisît à ces termes : L'accusé a-t-il pu croire de bonne foi qu'il servait la patrie?

* Pro Lig., § 19.
** Ibid, § 18, 19.

Une législation animée de cet esprit serait basée sur l'expérience des dissensions politiques, et sur la connaissance du cœur humain. Une guerre civile est un malheur commun, une calamité domestique, que les vainqueurs et les vaincus doivent pleurer également ; elle ôte le mérite à la valeur, elle dépouille le succès de sa gloire ; l'oubli est alors un devoir, et l'érection d'un trophée serait une impiété. L'esprit de parti est à la fois le crime, la punition et l'excuse de ces infortunés.

Mais ce que rien ne peut excuser, c'est l'enfant parricide qui se place dans les rangs de l'étranger. Une inimitié personnelle ne serait pas même un prétexte ; une injustice réelle ne donnerait pas encore un droit ; car si un homme peut avoir tort envers nous, jamais nous n'avons raison contre la patrie ; cette morale sera toujours celle des cœurs généreux. Charles-Quint pria le marquis de Villéna de recevoir dans son palais le connétable de Bourbon : « Sire, répondit le fier Castillan, je ne puis » rien refuser à mon prince ; mais à peine le conné- » table sera-t-il sorti de mon palais, que j'y mettrai le » feu ; une maison souillée par un traître, n'est plus ha- » bitable pour un homme d'honneur. » Tant la trahison envers la patrie inspire d'horreur à ceux mêmes qui en profitent !

Un illustre capitaine a long-temps été mon héros. Je l'ai moins admiré dans le modeste éclat de ses triomphes, que dans ce noble exil, où, par sa grandeur et sa simplicité, il ressemblait si bien à une figure antique au milieu de nos temps modernes. Mais sa vertu a cédé à la persécution ; mais il est mort dans les rangs de l'étranger ; il a perdu deux fois la vie.

Une observation m'a toujours frappé dans les jours malheureux dont nous sortons : au milieu de cette grande diversité d'opinions, que les Français se sont faite sur les choses et les hommes des derniers temps, il est un événement que toute la nation s'est accordée à juger unanimement : l'invasion de l'étranger. Il n'est personne qui ne l'ait détestée, comme le fruit le plus amer de nos discordes civiles, comme le crime le plus impardonnable du despotisme déchu. Pourquoi? Parce que les hommes, qui peuvent se diviser sur tout, ne le peuvent pas sur l'amour de la patrie.

CHAPITRE II.

LE RÉGIME CONSTITUTIONNEL CONVERTIT LES MAXIMES EN LOIS.

⇒◉⇐

Nous venons, mon ami, de décrire un des effets caractéristiques du régime constitutionnel, la volonté remplacée par l'institution ; l'autre effet qu'il doit produire pour remplir sa destination, c'est-à-dire, pour nous procurer les garanties sociales dont le besoin nous agite, est de convertir les maximes en lois.

Nous faisons ici un pas remarquable ; nous allons montrer avec encore plus de précision, l'intervalle qui sépare l'ancienne de la nouvelle monarchie. Peut-être même l'effet que nous allons décrire tient-il plus essentiellement au régime constitutionnel : en traitant dans le précédent chapitre de la volonté que détrône l'institution, nous n'avons indiqué qu'un simple déplacement du pouvoir ; au lieu qu'ici nous avons à marquer un véritable perfectionnement dans la nature du pouvoir même. On pourrait dire que le premier effet n'est qu'une organisation bonne à procurer le second, et que celui-ci est la fin générale du nouveau régime.

Il y a d'excellentes maximes dans tous les gouverne-mens, parce qu'il n'est point de gouvernement qui n'ait plus ou moins de notions du droit naturel. Mais la loi proprement dite n'est possible qu'avec une constitution, parce que la loi suppose le concours de deux personnes qui s'obligent.

La différence entre la maxime et la loi, est exacte-ment la même qu'entre ce qu'on est convenu d'ap-peler les devoirs parfaits et les devoirs imparfaits; ceux-ci sont prescrits par la morale, ceux-là com-mandés par le droit positif.

La maxime peut devenir un sujet de dispute, parce qu'elle n'a point de sanction humaine. La bonne foi elle-même ne reçoit pas d'une manière toujours égale les inspirations de l'équité; la mauvaise foi les conteste, l'intérêt les dénature, la tradition les altère, et la poli-tique qui n'a pas d'autre base, manque de certitude. Néanmoins de bonnes maximes produisent de bons ré-sultats, quand un roi honnête homme y enchaîne son gouvernement.

Le pouvoir despotique et le pouvoir absolu ont une base commune, la volonté, qui règne également sous chacun d'eux; avec cette différence, que la volonté du despote ne suit que ses caprices, au lieu que celle du prince absolu se soumet aux maximes de la morale : c'est alors qu'elle affranchit les communes, et qu'elle rend l'édit de Nantes; deux bonnes actions de l'ancien régime. Mais ces maximes ne lui imposent aucune obli-gation avouée; elles n'engendrent pour elle aucun de-voir rigoureux, tellement qu'elle peut, sinon sans dom-mage et sans injustice, au moins sans inconséquence et sans excès de pouvoir, révoquer ce même édit; car il est de son essence de ne point compâtir avec une règle fixe. Le pouvoir absolu rencontre bien dans un état civilisé des mœurs et une opinion qui le modifient à son insu, en le contenant par cette pudeur publique, dont le frein a parfois été aussi puissant que l'autorité de l'institution. Mais il n'a point de barrière dans la loi; il ne pourrait même en souffrir, sans cesser d'être; c'est simplement un maître qui consent à n'être pas absurde. En un mot, le pouvoir absolu indique plutôt la nature du gouvernement, et le despotisme, le caractère de l'homme. Un prince absolu peut n'être pas despote; mais la faculté de devenir despote est dans le pouvoir absolu, sans que son essence en soit altérée.

De quelle espèce était notre ancien gouvernement?

Des publicistes *, qui répugnaient à y voir le même principe que dans celui de Constantinople, et qui n'apercevaient pas que la véritable différence venait de la civilisation, plutôt que de la nature de la souveraineté, ont fait d'inutiles efforts pour concilier deux choses inconciliables, le pouvoir qu'ils étaient obligés de reconnaître pour absolu, et les règles qu'ils sentaient le besoin de rendre obligatoires. Leurs théories, dont le but était louable, mais qui impliquaient dans les termes, ont été soutenues avec des chances diverses dans cette guerre du trône et des parlemens, qui a préludé à la révolution, et dont une révolution pouvait être le seul dénouement, puisque le trône s'appuyait avec la force

---

* Burlamaqui, part. I, ch. vii, n° 16. Puffendorf, endroit déjà cité. *Maximes du Droit public français*, ch. ii.

sur ce qui était, et la magistrature avec l'opinion sur ce qui devait être. Une observation décisive, c'est que la nation a commencé la réforme politique en manifestant le besoin du régime légal, et en cherchant ce que nous définissons : lorsqu'en effet la résistance parlementaire avertit la France d'examiner les prétendues règles de son gouvernement, elle fut douloureusement surprise de se trouver divisée sur ce qui importait le plus à son bonheur; il y eut bien peu de principes que, de part et d'autre, la controverse ne révoquât en doute. Les avocats, auxiliaires naturels de la magistrature, se livrèrent à d'immenses recherches pour trouver les lois fondamentales de l'État, et durent se convaincre de l'inutilité de leur travail par sa nécessité même : une loi n'existe pas, quand on ne peut la connaître qu'à force d'érudition. C'est à cette époque et à ces recherches que nous devons une laborieuse compilation connue sous le titre de *Maximes du droit public français;* ouvrage estimable, au sujet duquel Voltaire demandait à d'Alembert : *Est-ce que nous avons un droit public, nous autres Welches? La nation française s'assemble-t-elle ailleurs qu'au parterre?* Aujourd'hui qu'il nous suffit d'ouvrir la Charte pour y trouver reconnues et définies l'égalité civile, la propriété des biens, et la liberté des personnes, il est curieux de voir des jurisconsultes du dernier siècle appeler au secours de ces éternelles vérités, l'autorité de la raison, de l'écriture, de la philosophie et de l'histoire. Qu'avait donc gagné le dix-huitième siècle sur le pouvoir absolu? N'est-on pas tenté, comme Voltaire, de nier notre droit public?

Les jurisconsultes, à qui une illusion de leur patrio-

tisme montrait des lois dans des théories, et qui ne s'a-
percevaient pas qu'ils entreprenaient de faire avec des
livres l'ouvrage de la révolution elle-même, distin-
guaient les lois fondamentales naturelles, qui existent
partout, des lois fondamentales positives, les seules
dont nous nous occupons ici; ils prétendaient que nous
en avions trois de cette dernière espèce : l'ordre de
succession au trône, l'inaliénabilité du domaine, et la
nécessité du consentement de la nation à la levée des
impôts. C'était bien peu sans doute, en raison des immenses besoins qui depuis long-temps s'étaient accu-
mulés chez nous; mais cela même n'était rien moins
que constant.

1°. L'ordre de succession au trône qui appelle l'aîné
mâle et exclut les filles, est un usage plutôt qu'une loi;
c'est un usage antique et respectable sans doute, mais
ce n'est qu'un usage. J'aime mieux dire avec le président Hainault que la couronne *appartient à l'aîné par
une coutume établie*, et avec Jérôme Bignon, que cette
coutume *est gravée, non dans du marbre ou en du
cuivre, mais dans le cœur des Français*, que de la faire
dériver de la loi salique. Je croirais, en lui donnant un
tel fondement, jeter sur elle l'incertitude qui s'attache
à ce monument obscur, dont on ne connaît ni la date,
ni le sens, ni l'auteur, et dont l'existence même est révoquée en doute. Je ne puis voir une loi dans un texte
auquel l'érudition seule peut parvenir, et que la critique peut contester; on prétend qu'il a été écrit par
Clovis en 511, mais c'est une simple conjecture. On en cite
deux versions; mais elle diffèrent entre elles, et il n'y a
aucune raison de croire plutôt à l'authenticité de l'une

qu'à celle de l'autre. On nomme ses quatre prétendus
rédacteurs, Visogast, Harogast, Salogast et Vindogast;
mais on répond que ces noms barbares sont une corruption des noms de quatre provinces de la Germanie,
de manière que nous en sommes à douter si l'on nous
a transmis des noms d'hommes ou des noms de lieux *.
En supposant que cet acte équivoque ait jamais eu force
de loi, il n'a pu régler que les successions particulières;
il n'y est pas question de la couronne; on y parle seulement de la terre salique qui y est attribuée aux mâles par
ordre de primogéniture et aux filles à défaut de mâles,
au lieu que les filles sont indéfiniment exclues du trône;
ce qui détruit toute identité entre notre usage politique
et cette loi civile. Aussi ne faut-il pas s'étonner que
pendant plus de cinq siècles, elle n'ait jamais influé sur
la transmission d'un pouvoir, qui, d'abord électif, est
devenu héréditaire par habitude et ensuite par raison.
C'est après l'avènement de Hugues-Capet, que les affreux
désordres des deux premières races ont fait sentir le besoin d'une maxime qui pût maintenir l'unité du royaume,
ou du moins de ce qui est devenu un royaume par l'é-
tablissement graduel de la monarchie. Des publicistes,
qui ne croyaient pas que l'intérêt public fût une raison
suffisante de cette innovation, ont cherché à lui assigner dans la loi salique une origine dont elle n'a pas
besoin, et à laquelle personne ne croit plus.

L'hérédité de la couronne est donc fondée sur une

---

* Ce qui fait dire à Voltaire avec La Fontaine :

> Notre magot prend pour ce coup
> Le nom d'un port pour un nom d'homme

simple tradition, qui aurait dû trouver sa place dans la Charte de 1814, comme on lui en avait donné une dans le sénatus-consulte de l'an XII.

Cependant il est vrai de dire que cette tradition avait reçu du temps une autorité, qui suppléait jusqu'à un certain point à l'irrévocabilité formelle de la loi, et qui lui mérite d'être exceptée des principes consignés dans les édits, déclarations, lettres patentes ou ordonnances; ces derniers actes n'ayant jamais eu de durée que celle de la volonté. En voici des exemples :

2°. Comment a-t-on pu faire de l'inaliénabilité du domaine une loi fondamentale de l'ancienne France? Le domaine public fut traité par les Rois des deux premières races comme une propriété privée; la destruction presque totale de ce patrimoine commun, avait suggéré aux Rois capétiens l'idée généreuse de se mettre dans une espèce d'interdiction. Mais admirons ici l'étrange nature du pouvoir absolu; quand il veut se limiter, il ne peut y parvenir; il s'échappe à lui-même; il est trop faible pour se saisir. Sous la troisième race, on n'a jamais contesté, on a maintes fois explicitement reconnu la maxime que le domaine était inaliénable; mais on avouait cette maxime, de la même manière qu'on promettait de maintenir l'édit de Nantes, jusqu'à ce qu'il plût de le révoquer, et de la même manière qu'on convenait de la liberté des citoyens, sans préjudice des lettres de cachet. Aucune maxime n'était avouée que sauf le bon plaisir *. C'est ainsi que Philippe-le-Bel en 1314, Philippe-le-Long en 1318.

* *Répertoire*, v. Domaine public, § 2.

Charles-le-Bel en 1321, Philippe-de-Valois en 1333 et
1344, Charles V en 1356, Charles VIII en 1484, François Ier en 1517, Charles IX en 1566, Henri III en
1574, Henri IV en 1607, Louis XIII en 1611,
Louis XIV en 1667, Louis XV en 1719, ont reconnu
de siècle en siècle l'inaliénabilité du domaine, ont ré-
voqué les aliénations déjà faites, et s'en sont immédiatement permis de nouvelles, qui elles-mêmes ont été
révoquées par leurs successeurs. Il n'est pas un seul de
tous ces princes, si ce n'est Henri IV, qui, de la même
main dont il venait de consacrer la maxime, n'ait signé
un instant après de nombreuses concessions qui la vio-
laient. Car aucun d'eux ne se croyait lié, non-seulement
par les actes de son prédécesseur, mais encore par ses
propres actes. Le désordre en était venu au point qu'on
avait mis dans le commerce l'établissement de l'impôt,
cet attribut exclusif de la souveraineté, et que l'assemblée constituante fut obligée de décréter que le droit
de créer l'impôt n'était ni communicable, ni cessible *.
Il est impossible d'appeler loi fondamentale la stérile
reconnaissance d'une maxime, qui pendant huit cents
ans n'a produit aucun effet, et qui, toujours renouvelée, se bornait toujours à déplorer et à souffrir des
déprédations, dont Louis XVI se plaignait encore en ces
termes dans un arrêt du conseil du 14 janvier 1781.....
« Sa Majesté a dû arrêter ses regards sur l'aliénation de
» ses domaines; et elle n'a pu voir sans peine que cet
» ancien patrimoine de la couronne était tellement

---

* Art. 9 de la loi du 22 novembre 1790 / oyez le Rapport de
M. Enjubault.

» diminué par la libéralité des Rois ses prédesseurs,
» par des concessions à vil prix, par des échanges dé-
» savantageux et par des usurpations, qu'il ne restait
» maintenant entre ses mains que le plus modique re-
» venu dans cette nature de biens. Cependant les an-
» nales de la monarchie sont remplies et des réclama-
» tions des états-généraux et des remontrances des
» parlemens sur l'abus de l'aliénation des domaines, et
» sur la nécessité d'y rentrer pour augmenter les res-
» sources de l'État. Les augustes prédécesseurs de Sa
» Majesté, touchés de ces vérités, ont donné dans dif-
» férens temps les lois les plus positives à ce sujet; et
» en 1667, époque où les aliénations des domaines n'a-
» vaient point encore été portées *au point excessif où elles*
» *sont aujourd'hui*, le Roi Louis XIV, de glorieuse mé-
» moire, avait jugé à propos d'ordonner, par un édit
» solennel, la réunion à la couronne de tous les do-
» maines aliénés. »

3°. Je n'ai pas besoin de t'avertir qu'en niant la nécessité du consentement de la nation à la levée de
l'impôt sous l'ancien régime, je constate un fait, sans
m'occuper du droit. Je recherche une vérité historique
et ne discute pas une doctrine. Si je n'avais qu'à donner
une opinion sur ce qui devrait être, je n'hésiterais pas
à déclarer qu'à mes yeux la doctrine des parlemens
était fondée sur des principes d'une éternelle justice;
mais enfin ce n'était qu'une doctrine; et même de
toutes celles que s'opposaient les tribunaux et le minis-
nistère, c'était celle que la cour contestait avec le plus
de persévérance, et repoussait avec le plus d'indignation. Il m'est encore impossible de reconnaître une loi

fondamentale positive dans cet intarissable sujet de dispute. Il faut le répéter : la loi n'est pas ce qui est juste, mais ce qui est loi. Les parlemens avaient pour eux la raison ; mais ils avaient contre eux la volonté du prince qui était la seule loi fondamentale de l'État; et pendant qu'ils remontraient qu'un impôt levé sans le consentement de la nation était un attentat à la propriété, on leur répondait qu'ils se livraient *à un esprit de système aussi incertain dans ses principes, que hardi dans ses entreprises ;* * et l'impôt non-seulement se levait sans leur consentement, mais se vendait, mais se louait, comme une chose appréciable à prix d'argent. C'est la première vérité proclamée par l'assemblée constituante qui, le 17 juin 1789, déclara consentir, à l'unanimité des suffrages, à ce que les impôts et contributions, quoiqu'illégalement établis et perçus, continuassent à être levés.

Il ne faut donc compulser ces recueils de maximes, étudier ces théories du pouvoir et de la liberté, que comme les pièces d'un procès sur lequel la Charte est venue statuer. On tomberait dans une erreur grave, si on les prenait pour les bases reconnues de notre ancien gouvernement. En résumé, avant 1789, rien n'était encore sorti du domaine de la volonté ; tout était régi par le bon plaisir ; il n'y avait pas de loi fondamentale proprement dite; la seule coutume qu'on pût appeler fondamentale, est celle qui réglait l'hérédité de la couronne.

Quoi qu'en ait notre vanité nationale, il faut en revenir à ce mot piquant, qui est en même temps une dé-

* Lit de justice du 7 décembre 1770.

finition juste : notre monarchie n'était tempérée que par des chansons. Depuis l'abaissement de l'aristocratie féodale, le gouvernement français a été constamment absolu et accidentellement despotique. Chacun de nos Rois a pu s'écrier comme Louis XIII, qui, toutes les fois qu'on lui objectait les priviléges de la nation, c'est-à-dire les lois fondamentales de l'État, demandait, en se bouchant les oreilles : *Qu'est-ce qu'un privilége contre ma volonté ?* Lorsque Henri IV disait au parlement de Paris, qui hésitait à enregistrer l'édit de Nantes : *Je prends bien les avis de mes serviteurs; si je les trouve bons, je les embrasse, et change volontiers mon opinion,* il parlait en bon prince, et en prince absolu. Lorsque Louis XIV entrait en bottes au parlement, et le chassait, il agissait en prince absolu et en despote.

Ceux qui prétendent trouver ailleurs que dans la civilisation une différence entre le despotisme et notre ancienne monarchie, disent que le despote est maître du bien de ses sujets, ce qui n'a jamais été en France. Et cependant Saint-Simon rapporte que ce même Louis XIV, ayant consulté la Sorbonne sur l'établissement d'un impôt, en reçut cette réponse, que les biens de ses sujets étaient les siens ; Louis XIV adopta cette doctrine et l'impôt fut levé. N'est-il pas évident qu'il recourait à la Sorbonne pour dissiper un scrupule de conscience, et non pour s'éclairer sur un principe de gouvernement? Ses ministres n'avaient pas d'autre doctrine : « Tous vos sujets, est-il dit dans le testament de » Louvois, vous doivent, quels qu'ils soient, leurs personnes, leurs biens, leur sang, sans avoir droit d'en » rien prétendre. En vous sacrifiant tout ce qu'ils ont,

« ils font leur devoir, et ne vous donnent rien, puisque
« tout est à vous. »

Mais l'établissement d'une constitution a donné naissance à la loi fondamentale positive, et nous a élevés
au-dessus de nous-mêmes ; autant notre ancienne monarchie était préférable au despotisme pur, grâces à la
civilisation, autant la monarchie actuelle est supérieure
à l'ancienne, grâces à la constitution : les maximes sont
devenues des lois.

Ce changement ne peut pas être vain : l'essence de
la loi est d'être à la fois certaine et obligatoire :

Elle est certaine ; elle est sortie du domaine de la
morale, et par conséquent de la controverse ; nul ne
peut la contester, chacun a la faculté de la lire sur
la table où elle est gravée ; et c'est seulement alors
que chacun est censé la connaître. L'inconvénient qui
résulte de la multiplicité et de la complication des
lois, est plus grave sous le régime constitutionnel
que sous tout autre, parce qu'il ramène l'incertitude ;
aussi la commission que l'on vient d'instituer pour
démêler dans le chaos de nos lois, celles qui sont encore en vigueur, remplit-elle une des vues principales
de la constitution :

Elle est obligatoire ; il faut donc qu'elle soit stricte-
ment exécutée ; quand elle ne l'est pas, elle se résout
en une simple maxime.

Nous avons plus promptement senti ce dernier effet
dans notre droit privé que dans notre droit politique.
Le Code civil a fait chez nous, il y a vingt-quatre ans,
une chose éminemment constitutionnelle, lorsqu'il a
converti en lois d'anciennes maximes, ou des préceptes

de morale, comme l'obligation d'entretenir ses enfans, comme le devoir de la fidélité conjugale, comme celui d'honorer ses parens. La cour de cassation, qui, du haut de notre organisation judiciaire, retient tous nos tribunaux dans la sphère de la loi, et qui prévient la diversité de la jurisprudence, parce qu'une loi *certaine et obligatoire* veut une application uniforme, la cour de cassation ne pouvait appartenir qu'à un gouvernement régulier, et son existence, que tous les pouvoirs ont respectée, était à la fois une protestation et une contradiction pendant l'anarchie et sous le despotisme; pour rester fidèle à l'esprit de son institution, il est nécessaire, et qu'elle annulle tout jugement qui viole la loi, et qu'elle s'abstienne d'annuler celui qui ne méconnaît qu'une maxime. Avec la cassation, force reste toujours à la loi; résultat que n'a jamais pu obtenir complètement le pouvoir absolu; on en cite un singulier exemple : dans le premier état de notre législation, la cohabitation constituait le mariage; ce fut l'ordonnance rendue à Blois, en 1539, qui assujettit la célébration du mariage à certaines formes; et néanmoins, plus d'un siècle après, les parlemens s'obstinaient à admettre la preuve de la simple cohabitation. Cette obstination serait aujourd'hui un scandale, réprimé aussitôt que connu.

J'ai dit ailleurs pourquoi notre droit privé a toujours devancé notre droit public; le moment est venu pour nous de rendre celui-ci certain et obligatoire comme le premier. La perfection même de notre loi civile tient plus qu'on ne pense à celle de la loi politique, dont la tutelle, dit Bacon, lui est indispensable. La rédaction d'une Charte est sans doute un bienfait; mais en résultat devons-nous donc être si fiers d'avoir fixé dans un texte précis des maximes autrefois contestées? Les écrire et les publier, qu'est-ce autre chose que les reconnaître? Et lorsque le pouvoir absolu ne fait aucune difficulté de les avouer, quel avantage réel avons-nous sur lui? Il faut donc que les maximes, érigées en lois fondamentales, aient un effet pratique; cette condition est de rigueur, et, du moment où on l'élude, la différence essentielle qui sépare les deux régimes, s'efface.

Voici quel est à ce sujet le langage d'un député, qui agrandit toutes les questions qu'il touche : « En der- » nière analyse, Messieurs, a dit M. Royer-Collard sur » la loi du recrutement, il s'agit de savoir si le principe » fondamental de l'égalité civile est destiné à som- » meiller dans la *déclaration des droits publics des Fran-* » *çais*, ou s'il en sortira nos institutions et nos lois; en » d'autres termes, s'il restera stérile, ou si, comme l'a » dit un orateur, il portera ses fruits.

» Ce principe, Messieurs, n'est pas nouveau parmi » nous; il n'est pas une conquête. L'ancienne monar- » chie le professait, comme la Charte le déclare; et cela » seul vous avertit qu'il ne suffit pas qu'un principe soit » reconnu pour être efficace. Autrefois comme aujour- » d'hui, le simple soldat était *admissible* aux honneurs » suprêmes de la guerre *; personne ne soutenait le con-

* Voici cependant ce qu'on lit dans l'*Histoire du dix-huitième siecle*, par M. Lacretelle, tom. VI, p. 108 : « Par une singulière fa- » talité, ou plutôt par une grave inconséquence, Louis XVI, malgré » ses principes populaires, fut conduit à établir une démarcation en- » core plus injurieuse et plus inique entre les militaires nobles et les

» traire, mais combien y ont été *admis?* Le principe,
» abandonné à sa propre énergie, n'a su faire qu'un
» maréchal de France dans le dix-septième siècle; et,
» comme s'il eût épuisé sa fécondité dans cet effort, il
» n'en a pas fait un seul dans le dix-huitième; car
» Chevert qu'on a cité, ne le fut pas.

» Ici, Messieurs, se relève aux yeux les moins attentifs
» la différence de la monarchie constitutionnelle à la
» monarchie absolue. Elles ont l'une et l'autre, ou elles
» peuvent avoir les mêmes principes; la différence n'est
» pas là; mais le principe qui, dans la monarchie ab-
» solue, n'est qu'une maxime, prend un autre caractère
» dans la monarchie constitutionnelle; dès qu'il est re-
» connu, il crée des droits en faveur des sujets. Ces
» droits vivent dans les lois qui les définissent, et ac-
» quièrent, comme tous les droits, la garantie de la

» militaires roturiers. Un règlement proposé par un sage adminis-
» trateur, le marquis de Ségur, ministre de la guerre, et qui devait
» améliorer le sort des officiers de fortune, après avoir été long-
» temps discuté dans le conseil du Roi, fut détourné de son but. On
» ne se souvint plus des Chevert et des Fabre, et l'on rappela dans
» toute leur rigueur d'anciennes ordonnances, qui réservaient ex-
» clusivement aux nobles les grades militaires. Dès lors il y eut
» dans l'armée une scission secrète encore plus dangereuse que ne
» l'était celle du clergé. Le corps des bas-officiers attendit et trouva
» l'occasion de montrer tous ses titres à la gloire. »

On lit aussi dans Champfort :

« M. de Ségur ayant publié une ordonnance qui obligeait à ne
» recevoir dans le corps d'artillerie que des gentilshommes, et,
» d'une autre part, cette fonction n'admettant que des gens ins-
» truits, il arriva une chose plaisante : c'est que l'abbé Bossut,
» examinateur des élèves, ne donna d'attestation qu'à des roturiers,
» et Chérin qu'à des gentilshommes. Sur une centaine d'élèves,
» il n'y en eut que quatre ou cinq qui remplirent les deux condi-
» tions. »

» responsabilité. Ainsi, dans notre monarchie devenue
» constitutionnelle, l'égale admission aux emplois civils
» et militaires, d'une maxime qu'elle était, est devenue
» un droit. Elle est placée à ce titre dans la *déclaration*
» *des droits publics des Français.* Si elle est un droit,
» elle a nécessairement des effets ; qu'est-ce qu'un droit
» qui pourrait n'en avoir aucun? Ces effets sont l'objet
» de la loi ; les en repousser, ce serait effacer ce droit ;
» ce serait au moins le réléguer de la politique dans la
» morale....... »

Une Charte, abandonnée à elle-même, est une masse
inerte, qui attend une impulsion étrangère pour sortir
de son repos. Cette impulsion lui vient des lois qui la
vivifient. On peut se la représenter sous la figure de la
statue de Condillac, douée d'organes et privée de sens.
Les lois sont les sens de la Charte ; seules elles l'animent
et complètent son existence. Dût-on accorder qu'elle
ne doit être animée que par degrés, toujours resterat-il qu'elle doit l'être ; et que, ne point lui donner tous
ses sens, ou ne pas lui donner ceux qui lui conviennent, ne point organiser ou organiser mal la responsabilité des ministres, l'exercice du droit électoral, la
liberté individuelle, la liberté de la presse, l'égalité civile, c'est faire de la Charte un homme infirme ou
mutilé.

Que me dites-vous donc? Que notre gouvernement
est devenu constitutionnel, parce qu'on a rédigé une
série d'articles, à laquelle on a donné le nom de Charte?
Mais cette Charte n'est qu'une déclaration de principes,
et la nation n'a en elle qu'un livre de plus. Son application obligée fait seule le nouveau régime. Avant que

je croie à ce gouvernement constitutionnel, dites-moi comment il exécute sa Charte, et surtout comment son administration la comprend ; car si partout ailleurs, une loi sans exécution n'entraîne d'autre conséquence qu'un manque de foi, ici ce n'est pas seulement une promesse que l'on viole, c'est le gouvernement même que l'on change. Cette métamorphose a lieu sans mouvement et sans déclaration extérieure : la seule force d'inertie fait faire ce pas rétrograde vers le pouvoir absolu. Cette nuance paraît légère, mais elle est décisive ; c'est le détroit de la Sicile, au bord duquel Verrès plantait la croix où il attachait les citoyens romains, en face même de l'Italie, afin sans doute, dit Cicéron dans son admirable épisode de *Gavius*, que le patient pût, du haut de sa croix, mesurer l'étroit intervalle qui sépare la liberté de l'esclavage.

Il faut donc opter ; l'alliance est impossible entre la maxime de l'ancien régime et la loi du nouveau ; nous ne sommes point sortis de l'ancien, parce que nous avons écrit une tradition orale ; nous y restons, si cette loi n'est exécutée. Ainsi le veut cette éternelle nature des choses, à laquelle n'échapperont jamais les subterfuges de la politique. La constitution que l'on n'exécute pas, se retire ; la constitution que l'on touche, meurt. Une première infraction devient le principe et l'apologie d'une seconde :

Au 18 brumaire, le général Bonaparte, haranguant le conseil des anciens, s'entendit objecter la constitution de l'an III : « La constitution ! s'écria-t-il avec « l'accent de la fureur, la constitution ! osez-vous « l'invoquer ? vous l'avez violée au 18 fructidor, vous

» l'avez violée au 22 floréal, vous l'avez violée au
» 30 prairial. »

Lorsqu'en 1823, M. de Chateaubriand, ministre des
affaires étrangères, publia un manifeste pour préparer les
esprits à la loi de la septennalité, il répondit à ceux qui
lui objectaient aussi la Charte de 1814 : « Le renouvel-
» lement septennal ne fera rien qui n'ait déjà été fait ;
» quand on a empiété sur la prérogative royale, la
» Charte a été violée ; quand on a augmenté le nombre
» des députés, la Charte a été violée. »

L'entendez-vous, hommes de tous les partis ? *Et nunc
intelligite....* Sous la république, comme sous la monarchie, à toutes les époques et pour tous les intérêts,
le même argument se reproduit et la même leçon vous
est donnée. Otez un seul anneau, la chaîne se déroule
tout entière ; c'est le Mexicain qui découvre que l'Espagnol est vulnérable, c'est l'abîme qui appelle l'abîme.
L'apparition de cet argument funeste a toujours été
parmi nous le signal d'une rechute dans le pouvoir
absolu.

A la naissance d'un nouveau gouvernement, il y a
un premier moment d'embarras ; le pouvoir absolu hésite sur le seuil de la constitution ; il n'entre qu'après
mille façons, et comme poussé par le siècle. Il ne refuse pas, mais il temporise. La législation fondée sur les
circonstances est alors un sophisme qui lui devient familier, parce que, reproduisant les circonstances qui
l'ont produit, il perpétue sa cause, et ne s'épuise jamais.
Ce cercle, où une fausse politique se condamne à tourner,
est une image désespérante de l'éternité. C'est Promé-
thée qui alimente son vautour. Nous avons connu cet

état singulier sous le nom de système provisoire, dernier stratagème du pouvoir absolu, qui, sur le point d'expirer, marchande quelques jours à la destinée. Car ce déplorable état est bien réellement encore le pouvoir absolu, puisqu'il élude l'application des principes.

Il faut cependant reconnaître que les circonstances ont fourni aux défenseurs du système provisoire, des argumens faits pour émouvoir les esprits sages. Ne méprisons pas ces raisons d'ordre public, toujours si respectables, même quand on les allègue mal à propos : les doctrines des partis politiques ne doivent jamais être dédaignées, car un parti ne peut vivre qu'à l'abri d'une vérité qui le protége. Sachons donc écouter ce que nous opposent les partisans du pouvoir : que les garanties promises ne peuvent être données en un jour; que si la justice défend de les refuser, la prudence exige qu'on les diffère; que la liberté ne s'appuie que sur la force et ne s'assied qu'au sein de l'ordre; que la jouissance de nos droits sera complète, lorsque la sécurité du pouvoir sera entière; mais qu'il est absurde d'exiger qu'il se désarme en présence de l'ennemi qui le menace.

Ces considérations ont de la force; mais on les affaiblit quand on en abuse. Le problème du régime provisoire doit pouvoir se résoudre, et ce grand débat, qui consiste d'un côté à menacer, parce qu'on refuse, et de l'autre à refuser, parce qu'on menace, doit avoir une fin nécessaire. Il faudrait savoir le terminer par la raison, pour ôter à l'intrigue les chances qu'elle sait trop bien y trouver; cherchons donc une issue pour sortir de ce cercle :

Commençons par reconnaître que la promulgation de la Charte a constaté notre maturité politique, et que les hommes d'État qui se rendent juges de l'opportunité du régime constitutionnel, reviennent sur une question décidée.

Cela posé, que devient l'argument tiré des circonstances? Le pouvoir, dites-vous, est menacé. Mais si les intentions hostiles que vous signalez, étaient l'ouvrage du système que vous excusez par elles, n'aurions-nous pas découvert un moyen sûr de nous entendre? car remontons à l'origine du mal; dans la position respective où la Charte nous a mis d'abord, les premiers exemples ont dû venir de vous; d'après l'ordre naturel des choses, c'est du pouvoir que notre machine a dû recevoir le mouvement. Les devoirs de la nation ont été secondaires; ils n'ont pu être qu'une réponse à votre appel. Ces premiers exemples ont-ils été donnés? Non, puisque vous trouvez convenable de les différer encore. Après cela, vous n'avez plus le droit d'alléguer les excès du parti contraire, excès qu'assurément nous sommes loin d'approuver, mais que nous expliquons par vos injustices. Qu'importe que des factions s'agitent? En vous chargeant du pouvoir, avez-vous mis pour condition qu'il n'aurait pas ses difficultés? Ne savez-vous surveiller et punir les factions, qu'en repoussant les vœux légitimes de tout un peuple? Pourquoi se réclamer toujours de l'ordre, quand on demande la liberté? L'ordre n'est pas un but, mais un moyen; le but est la liberté; tout ce qui nous en éloigne, est un désordre. Que la création des institutions doive être successive, c'est ce que nous accordons; mais vous avez une propension à abuser de cette vérité; vous oubliez qu'il y a une liaison intime entre les organes d'une constitution, et que l'absence d'un seul paralyse tous les autres.

Ne perdons jamais l'occasion de rapporter nos méditations à nos mœurs; et reconnais ici la cause de ce qui nous afflige dans nos discussions politiques, de cette amertume qui les empoisonne, de cet emportement qui les déshonore. Lorsqu'on demande à un prince absolu ce qu'il est le maître de ne pas accorder, la réclamation la plus juste prend le nom de doléance, et vient humblement s'agenouiller au pied du trône : on reçoit avec moins d'impatience le refus auquel on a dû s'attendre. Mais si l'on revendique un droit, le ton devient exigeant; et l'on ne se résigne au refus, qu'après en avoir discuté les raisons. Quand le bien que j'ai longtemps convoité m'est enfin promis, quand on le fait descendre à ma portée, quand ma main le palpe, quand elle va le saisir et que cependant il m'échappe encore, l'attente déçue engendre le dépit et quelquefois la fureur. Le despotisme seul n'excite pas un sentiment aussi amer.

En tout, c'est la vérité que cherche notre cœur, il ne pardonne pas au mensonge. Le pouvoir absolu qui me refuse la liberté est conséquent et vrai, il n'a contracté aucune obligation; le pouvoir constitutionnel qui ne me la donne pas, ment, et soulève toutes les facultés de mon âme; je le dépouille d'un nom qu'il usurpe, et je lui en cherche un autre.

Nous sommes sortis à certains égards du provisoire; et quoique le système qui le remplace ne soit pas conforme à l'esprit de la Charte, nous avons cependant fait un pas, par cela seul que nous l'avons quitté. C'est une période qu'il faut parcourir, et c'est un bien incontestable d'en voir la fin.

Ces réflexions, mon ami, t'apprennent combien il y a de grandeur dans l'époque où nous entrons, puisqu'elle doit produire la Charte à la vie. Quand je rejette les regards en arrière, j'admire l'intervalle déjà franchi ; mais quand je considère le but, l'impatience me gagne et je crains de perdre courage. Pour en être encore, après tant d'années de révolution et avec nos immenses ressources, à essayer les premières institutions, malheureux ! qu'avons-nous donc fait jusqu'ici ?

CHAPITRE III.

DE LA REPRÉSENTATION NATIONALE

⚹

Il n'y a de garanties sociales que lorsque la volonté a fait place à l'institution, et que les maximes d'État sont devenues des lois certaines et obligatoires; c'est pour arriver à ce double résultat que notre gouvernement est constitutionnel.

Mais une seule personne ne peut ni s'imposer une institution immuable, car la volonté humaine ne saurait se limiter, ni contracter une obligation réelle, car on n'en contracte pas avec soi-même : toute obligation suppose deux personnes.

Le prince est la personne que l'on rencontre la première dans le gouvernement; la nation est la personne que la civilisation y place la seconde. Cet ordre est purement chronologique; il n'est déterminé que par la succession des choses.

L'intervention de la nation s'opère à l'aide de la représentation.

Qu'est-ce donc que la représentation nationale?

Si l'on considère le gouvernement représentatif dans son origine, il appartient à des temps fort reculés; si l'on en recherche le caractère actuel, c'est une institution née d'hier. Selon ce qu'on veut y voir, rien n'est plus vieux, rien n'est plus neuf.

On reproche souvent aux institutions nouvelles de séparer violemment le présent du passé, et en effet ce procédé contrarierait la nature. Toute innovation en politique doit s'appuyer sur le passé; une rupture subite et complète est impossible; les temps anciens sont indissolublement unis aux temps modernes; et ceux-ci n'éprouvent jamais de révolution si entière, qu'ils ne conservent quelque chose de ceux-là. Voilà pourquoi nous sommes portés à rechercher dans nos vieilles chroniques, les sources de notre droit public, et que, semblables aux voyageurs qui, au sein de la nouvelle Rome demandent les ruines de Rome antique, nous ne pouvons étudier les institutions de nos jours, sans nous enquérir de leur origine. Mais le système représentatif a cela de propre, qu'il lie ce qui est à ce qui a été; c'est dans les décombres du moyen âge qu'il a poussé ses racines; c'est avec la recommandation des siècles qu'il est parvenu jusqu'à nous : vérité bonne à rappeler à ceux qui ne voient en lui qu'une conquête violente de la révolution. Ce beau système, comme l'appelle Montesquieu, a paru moderne de nos jours, parce qu'on prétend l'approprier à l'état actuel de la société, et en tirer tout ce qu'il peut produire. L'institution la plus importante, quand l'histoire seule nous en présente l'image, et que nous n'en sentons pas l'influence, est à nos yeux comme une vaine forme devant laquelle nous passons sans l'apercevoir : dès que l'on cherche à la rendre efficace, son existence semble alors commencer, et l'on crie à l'innovation : voilà les hommes et leurs jugemens.

Le gouvernement mixte n'était sans doute pas encore notre représentation nationale ; mais il en portait le germe dans les assemblées politiques, dont il suppose l'existence. S'il fallait en croire Stobée, auteur d'une anthologie grecque, la fusion des trois principales espèces de gouvernemens en une seule, aurait été proposée comme un modèle d'organisation politique, il y a plus de trois mille ans, par le philosophe Hippodame, de l'école de Pythagore. Polybe, contemporain de Scipion l'Africain, avait porté de Grèce en Italie cette notion politique, qui depuis s'est reproduite dans la république de Cicéron : *Statuo esse optimè constitutam rempublicam, quæ ex tribus generibus illis, regali, optimo et populari confusa modicè*[*]. Tacite admirait cette belle combinaison ; mais comme un homme de bien qui, sous un long despotisme, désespère de la liberté, il ne la croyait point possible ; aussi le voyons-nous dire avec le ton du regret : *Cunctas nationes et urbes populus, aut primores, aut singuli regunt : dilecta ex his et consociata reipublicæ forma, laudari faciliùs quàm evenire ; vel si evenit, haud diuturna esse potest.*[**] La perfection de ce mode ne pouvait échapper à la raison spéculative des anciens ; mais le problème de son exécution ne devrait pas se résoudre par de simples théories ; la solution n'en est venue que du temps. Cette

[*] Resp., l. II.
[**] Ann., l. IV, cap. 33

combinaison n'étant point l'ouvrage d'un homme, il faut prendre à la lettre ce qu'en a dit Tacite ; *evenit*, elle est arrivée.

Pour réaliser ce beau idéal de la politique ancienne, il n'a fallu rien moins qu'une seconde création de l'espèce humaine dans notre vieille Europe ; car on peut appeler de ce nom l'étonnante révolution qui en a changé la face à la chute de l'empire romain. La civilisation, dans sa décrépitude, présente un spectacle plus douloureux peut-être que cette barbarie primitive, qui, tout informe qu'elle est, a du moins la vigueur et donne les espérances de la vertu ; au lieu que l'agonie d'un peuple jadis illustre, qui éteint sa gloire dans la fange, qui meurt dégradé par tous les vices, hébété par toutes les superstitions, a quelque chose qui afflige et qui navre. Je ne me fais point au contraste d'une gloire passée et d'une abjection présente : l'Europe savante et guerrière subissant le joug des barbares, produit sur moi le même effet, que ces vieux grenadiers de la France, affaiblis par le froid et la faim dans les déserts glacés de la Rusie, et devenus, dit-on, le jouet des Cosaques. S'il est vrai que l'Asie ait été le berceau du premier genre humain, le Nord a été la fabrique de la seconde race d'hommes qui occupe aujourd'hui l'Europe, et c'est ce qui donne au moyen âge une physionomie d'une singularité si originale. Il est certain que ces innombrables migrations du Nord ont altéré à cette époque les traits des nations ; il semble que dans ce mélange de populations si diverses, la Providence ait placé le principe d'une régénération universelle. Un sang plus jeune, comme une sève féconde, a coulé dans des veines épuisées ; la barbarie a reçu quelque adoucissement de la corruption, et la mollesse quelque vigueur de la férocité.

D'une race nouvelle sont sorties des associations jusqu'alors inconnues. Il avait dépendu de l'antiquité de distinguer méthodiquement la monarchie, l'aristocratie et la démocratie ; Aristote avait pu, dans ce recueil de cent cinquante-huit constitutions différentes, rassemblées par lui avec tant de patience et de sagacité, maintenir une distinction que la nature des choses comportait encore. Mais après que le Nord eut repeuplé le Midi de l'Europe, les anciennes théories furent détruites. Les élémens, autrefois séparés par des législateurs qui travaillaient une matière molle et docile, vinrent se confondre dans cette immense mêlée de tant de peuples, qui se retrempaient en s'unissant. On ne vit plus la monarchie, l'aristocratie et la démocratie pures observer leurs antiques limites ; dans ce déluge des nations, toutes les digues furent emportées ; les trois fleuves eurent un confluent où ils se rencontrèrent, et leur jonction, que les plus beaux génies enviaient comme un modèle d'une perfection décourageante, la force brute l'accomplit ; la science de l'homme n'y eut aucune part.

Ainsi le gouvernement mixte prit naissance, et c'est bien d'une telle origine que devaient sortir ces États modernes que nous voyons aujourd'hui, dans leur composition plus fortuite que savante, rappeler par leur esprit public la vertu de Rome, par leur ardeur mercantile les mœurs de Tyr et de Carthage, et par l'étendue de leurs possessions l'immensité des monarchies asiatiques.

Les publicistes qui ont étudié l'état politique du moyen âge, avec la préoccupation des anciennes doctrines, n'y ont aperçu que ce qu'ils voulaient y voir, et comme tout s'y trouvait, il n'est pas étonnant que cette époque ait également fourni des preuves aux systèmes les plus contraires. Le comte de Boulainvilliers semble avoir épousé une querelle de corps, lorsqu'il entreprend de relever la noblesse de cour en lui donnant pour origine une aristocratie souveraine; il ne cherche que l'aristocratie. L'abbé Dubos, imbu des préjugés que lui donnait la plénitude du pouvoir de Louis XV, prétend tirer de nos annales la preuve que ce pouvoir a été transmis sans altération des Romains à nos Rois, et il ne cherche que la monarchie. Montesquieu lui-même choisit avec la supériorité de son génie entre l'aristocratie de Boulainvilliers et la monarchie de Dubos, mais il ne choisit qu'entr'elles. Mably, écrivant à une époque où le mouvement de la classe intermédiaire commence à se faire sentir, n'a d'autre objet que de lui rendre ses titres oubliés, et ne cherche partout que la démocratie. Ainsi chaque écrivain ne puise dans le désordre du moyen âge que ce qui flatte les préjugés de son esprit ou de son état, et semble n'avoir d'autre vue que d'accréditer un système par l'érudition.

Cependant nous avons dit que le gouvernement mixte n'était pas encore représentatif; c'était le chêne dans son gland. Il n'y a point de représentation nationale sans délégation de pouvoirs; et le besoin de cette délégation n'est pas senti, quand toutes les parties de la société peuvent stipuler leurs intérêts en commun sans intermédiaire. Or, la délibération sans intermédiaire était possible dans les anciennes républiques, où, l'action du gouvernement étant concentrée dans une seule ville, chaque citoyen y participait directement, en venant sur la place écouter l'orateur et donner son suffrage ; elle était possible chez les Germains avant l'invasion, puisqu'au rapport de Tacite *, l'universalité des citoyens assistait aux assemblées (*de minoribus rebus principes consultant, de majoribus omnes*), pour y témoigner son improbation par des mmurures, et son assentiment en agitant la framée ; elle était possible après l'invasion des Gaules et pendant toute la durée du régime féodal, parce que l'esclavage, éloignant des assemblées publiques d'abord les Romains et les Gaulois et ensuite les serfs, on n'appelait *au mallus, au champ de Mai, au champ de Mars, aux états-généraux*, que les Francs de la conquête, ou les seigneurs de la féodalité, c'est-à-dire les seuls hommes qui eussent des droits à défendre. Le reste de la population recevait la loi sans contribuer à la faire. Pour prouver la participation directe des seuls hommes libres aux affaires publiques, et l'exclusion des autres comme esclaves, on cite ces expressions remarquables des chroniqueurs, au sujet des champs de Mars : *Omnes Franci, cunctus populus, cuncti liberi homines* **. Ceux qui avoient droit de cité étaient tous présens à l'assemblée.

Mais la délibération immédiate est devenue impossible, à cette époque mémorable et décisive où, l'industrie multipliant les hommes libres, l'affranchissement

* De Moribus Germ., § 2.
** M. Guizot, *Essai sur l'Histoire de France*, p. 317.

des communes fut proclamé par Louis-le-Gros. Alors seulement il y eut une classe intermédiaire, c'est-à-dire, une nation française; l'abbé Suger, cet immortel ministre, fut le Deucalion de notre patrie; il créa des hommes, puisqu'il changea des esclaves en citoyens. Les esprits qui n'avaient point perdu le souvenir de la liberté saxonne, n'avaient pas non plus abjuré toute participation au gouvernement : on avait trop peu de vertu pour la république, mais on se sentait trop de fierté pour le despotisme. Descendons en nous-même, mon ami, et nous allons ici nous reconnaître; aujourd'hui encore ne sentons-nous pas au fond du cœur le combat que s'y livrent ces deux principes ennemis?

Cet amour de l'activité politique, et cette impossibilité de réunir le peuple, suggérèrent l'idée de la délégation des pouvoirs, et le gouvernement représentatif prit naissance : telle est sa notion primitive.

Toutefois l'action politique ne fut point donnée à la nation, aussitôt que son existence fut reconnue. De l'an 1108, date approximative de l'affranchissement, jusqu'en 1304, époque où les députés du tiers-état furent pour la première fois admis par Philippe-le-Bel dans les états-généraux du royaume, deux siècles se sont écoulés. Il est digne de remarque qu'en 1297, sept ans avant l'apparition du tiers dans les États de 1304, Edouard Ier avait ouvert la chambre basse aux communes d'Angleterre. A ce bruit de chaînes que secoue presqu'au même instant l'Occident de l'Europe, ne semble-t-il pas qu'un signal donné ait été entendu de tout l'ancien Monde? Mais la classe intermédiaire, qui obtenait dans l'assemblée politique des Français une place si petite, avait en Angleterre une destinée plus heureuse : nous avons expliqué ailleurs la raison de cette différence.

Il faut partager en deux époques principales l'histoire de nos assemblées politiques, sous quelque dénomination qu'elles soient connues. Du règne de Pharamond à celui de Louis XVI *, pendant 1367 ans, je compte cinquante-deux convocations principales de ces assemblées ; dans la première époque, antérieure à Philippe-le-Bel, les délibérations étaient exclusivement prises par un petit nombre d'hommes libres ; dans la seconde, depuis Philippe-le-Bel, les députés du tiers sont venus faire entendre des doléances. La date de 1304 doit donc rester dans ta mémoire, comme celle d'une révolution fondamentale dans l'ancienne constitution française.

Ce n'est pas sans doute que, dans la seconde époque, la représentation nationale ait jamais été complète ni efficace. Les adversaires ** du nouveau régime, qui ont entrepris de faire, dans la censure des états-généraux, celle de notre organisation actuelle, se sont choisi une thèse trop facile. Que prouvent contre nos chambres législatives les vices des assemblées dont elles tiennent la place ? qu'y a-t-il à conclure d'un ancien abus, sinon qu'il a fallu le réformer ? On a objecté tour à tour aux états-généraux et leur influence et leur nullité ; on leur reproche d'avoir été dangereux, toutes les fois qu'ils n'ont pas été inutiles. Mais sans rechercher si *** Jean-le-Bon, Charles VI, Charles VII, François Ier,

* De l'an 422 à 1789.
** Notamment M. Ferrand, *Esprit de l'Histoire*, lettre 52
*** 1355, 1380, 1412, 1440, 1526, 1558, 1576, 1614.

Henri II, Henri III, et Louis XIII, qui, sans avoir eu besoin des états-généraux pour ordonner la levée de l'impôt, y ont eu recours pour en faciliter la perception ; si Robert * qui leur soumit une question de successibilité au trône ; si Philippe de Valois, à qui, selon l'heureuse expression d'un chroniqueur, ils adjugèrent la France, les trouvaient inutiles ou dangereux, on peut convenir que cette institution n'était pas ce qu'elle devait être. Il serait difficile de défendre dans ces assemblées le mode de leur convocation, leur composition et leur tenue. Toujours appelées dans des momens de crise, leur réunion était un signal de détresse, et quelquefois une occasion de troubles. Aux yeux de la France qui n'avait point vu d'états-généraux depuis 1614, sous Louis XIII, ceux de 1789 durent avoir toute l'importance, tous les attraits, tous les dangers d'une innovation. Le tiers-état de 1789 prit pour une dérision de se voir offrir la même place qu'à celui de 1614 ; il fallait en effet l'inconcevable aveuglement qui sert d'avant-coureur aux révolutions violentes, pour ne pas voir que, dans cet intervalle, la classe intermédiaire avait grandi au point d'absorber en elle toute la nation, dont elle débuta par prendre le nom. Aussi ma pensée n'est-elle pas d'offrir ces assemblées pour modèles, mais de les rappeler comme antécédens ; ce que tu dois retenir, c'est que, pour déposer de nos droits, il leur suffit de n'avoir pas été abolies. N'est-il pas bien remarquable au contraire, qu'elles aient résisté à leur propres vices, et qu'elles soient toujours restées debout, comme un éternel monument de notre liberté ?

* 1027.

Les publicistes qui entreprennent de démontrer qu'en s'obstinant à se faire représenter, les nations ne poursuivent depuis des siècles qu'une chimère, ne se bornent pas à infirmer nos témoignages historiques; ils analysent le système dans son organisation moderne; ils cherchent, d'après les principes du droit civil, l'espèce de contrat qu'il renferme, et ils y trouvent un mandat. Mais pour croire à la validité de ce mandat, ils exigent, entre les vœux de chaque citoyen et ceux de chaque député, une identité parfaite; et, comme cette identité n'est pas possible, ils en infèrent que la représentation nationale manque de réalité. Cette induction serait fausse, même d'après le droit civil, puisque, dans l'exécution d'un mandat illimité, la volonté du mandataire peut différer de celle du mandant, sans que la nature du contrat en souffre. Or, les pouvoirs conférés au mandataire d'une nation, n'ont d'autres bornes que la constitution même. Un mandat limité et impératif rendrait toute délibération impossible et toute représentation impraticable. Ce fut une des causes de l'anarchie de la Pologne; les députés étaient porteurs de pouvoirs limités et impératifs, et cependant la loi ne se formait qu'à l'unanimité des suffrages. Qu'arrivait-il? Le député que son mandat obligeait de s'opposer à la loi, courait partout le risque d'être massacré * : à la diète générale, s'il persistait dans son opposition, et à la diétine, s'il s'en désistait.

Mais, mon ami, ce n'est point dans le mandat civil dont les principes régissent la représentation indivi-

---

* M. Rulhières.

duelle, que tu dois chercher des notions saines sur la
représentation nationale ; c'est dans un ordre de choses
tout différent et plus élevé.

Je ne me dissimule pas que les idées vulgaires se
prêtent difficilement à l'hypothèse d'un mandataire, représentant plusieurs milliers d'hommes, dont il est
ignoré ou désavoué. L'abstraction qui sert de base au
système, n'est pas un aperçu simple. Qu'un individu en
représente un autre, on le conçoit ; qu'une nation neuve,
homogène, habitant un territoire peu étendu, se fasse
une volonté certaine, et délègue, pour la manifester,
un pouvoir connu, défini, avoué, on le conçoit encore.
Mais voilà vingt-cinq millions d'hommes répartis sur
un espace de 27,000 lieues carrées, qui s'étendent sous
des latitudes opposées ; ils diffèrent d'origine, ils diffèrent
de mœurs, ils diffèrent d'idiomes ; en passant du nord
au midi, on croit changer de nation : la physionomie
des anciens fiefs, que nous appelons provinces, si dis-
tincte encore en 1789, n'est pas entièrement effacée ; la
population, vingt fois refondue et métamorphosée dans
une vie de quatorze siècles, est parvenue à une vieillesse
orageuse et passionnée, qui est un contraste perpétuel
avec elle-même, à une civilisation mobile, inégale, pré-
coce ou tardive selon les localités, et qui rapproche sur
un même point tous les extrêmes ; sans cesse en contact
avec les peuples de l'Europe, des nuances étrangères
sont venues compliquer la bigarrure nationale ; il n'est
pas jusqu'aux calamités récentes, qui n'augmentent la
variété des situations, des caractères, des volontés ; la
révolution, en traversant la France comme la foudre,
l'a bizarrement sillonnée dans ses terribles caprices.

Telle est la société pour laquelle il faut trouver un mode de représentation.

Le problème est de démêler, dans cette promiscuité de tant de choses disparates, un lien commun qui les unisse : car il faut que ce lien soit quelque part, puisque la nation subsiste. Si des élémens, qui diffèrent sous tant de rapports, ne se convenaient sous aucun, la nation se dissoudrait.

Le rapport, par lequel ces parties hétérogènes forment un tout et qui maintient parmi elles une véritable unité, est un être intellectuel, qui, du sein de la multitude où il est né, s'élève au-dessus d'elle et la dirige : c'est l'opinion.

L'opinion est le résultat de la communication des idées, et la collection des jugemens individuels. Dès que les idées éparses sur un vaste espace, ne sont point contrariées dans leur besoin de se rapprocher et de se combiner, la nation a un instinct commun, une pensée unique ; cette pensée s'annonce par une seule voix, que les peuples ont appelée la voix de Dieu. L'opinion ainsi formée prend sur les hommes rassemblés un ascendant, qui est à la fois la preuve et l'effet de leur sociabilité. Par leur acquiescement à son empire, ils reconnaissent que cette reine du Monde est légitime, parce qu'elle a bien jugé leurs besoins, leurs convenances, et qu'elle indique les moyens d'y satisfaire.

Si le gouvernement représentatif est le gouvernement de l'opinion, c'est par la raison précise que je viens de dire, et ceci nous apprend combien est intime sa liaison avec la nature humaine. Voulez-vous le détruire ? isolez les citoyens ; interceptez la communication des idées. Voulez-vous l'altérer ? trompez les citoyens ; ne mettez en circulation que des sophismes de votre choix ; on peut malheureusement corrompre la conscience d'une nation, comme celle d'un individu.

Ce n'est donc pas une entreprise aisée, de faire que l'opinion soit vraie, qu'elle se forme sans alliage, qu'elle se manifeste sans contrainte. Cependant comment y parvenir? Par la publicité.

Mais la publicité ne peut pas être en France ce qu'elle était dans la Grèce. Démosthène, à la tribune, se faisait entendre de tout le peuple ; c'était la publicité des anciens. Dans nos vastes monarchies, dans ce nouvel univers où toutes les nations correspondent, il faut que nos facultés soient aidées par des moyens mécaniques ; l'imprimerie nous était réservée, ou plutôt nous était due, pour satisfaire au même besoin dans de plus grandes proportions : c'est la tribune des modernes.

Ce moyen mécanique d'user d'un droit naturel, et de remplir une des fins de la société, la communication des idées, nous explique de quelle manière la représentation nationale tient à quelques caractères en métal, et comment, sans ceux-ci, elle serait impraticable.

La déduction de nos principes nous conduit à la liberté de la presse, dont il ne faut plus s'étonner que l'on ait fait un droit politique ; car tout droit est fondé sur un besoin, et les gouvernemens représentatifs n'ont pas de plus grand besoin que le commerce de l'intelligence, que les échanges de la pensée. Mais tu dois remarquer que cette liberté est un droit d'une autre espèce que la propriété des biens et la sûreté des personnes. Elle est et devait être placée au nombre des garanties sociales, mais à un titre différent : la propriété et la sûreté dérivent de la nature, et peuvent être considérées comme un but pour tout gouvernement qui tient à n'être pas oppresseur, au lieu que la liberté de la presse se recommande comme un instrument, comme un véhicule de la pensée, qui est une nécessité sans doute, mais une nécessité particulière du système représentatif. Si nous avions à traiter ici de ce besoin, aujourd'hui devenu un privilége de la civilisation, nous pourrions tirer de cette simple notion, l'indication précise et de son étendue et de ses limites.

Quand la communication des idées, opérée par la publicité, a engendré l'opinion, l'opinion doit avoir son organe : si cet organe est fidèle, on peut compter que c'est véritablement la nation qui parle.

Mais une autre difficulté se présente. Comment créer un organe fidèle à l'opinion d'un grand peuple? Voilà encore une idée complexe, et, du résultat où nous sommes parvenus en composant l'opinion, nous sommes obligés de redescendre par l'analyse aux élémens qui la constituent.

Chez une nation, comme chez un individu, l'opinion se détermine par l'intérêt de son bien-être. La question est donc de trouver cet intérêt.

Les choses auxquelles tient le bien-être de la nation française, et dont la conservation lui importe, quelles sont-elles? Si nous parvenons à les découvrir, nous aurons résolu le problème.

On éprouve cette surprise mêlée de joie que donne une vérité démontrée, en retrouvant dans la France du dix-neuvième siècle les mêmes élémens que dans la France du moyen âge, la monarchie, l'aristocratie et la démocratie ; preuve certaine que si la nation a subi de grandes transformations, elle n'a jamais perdu son identité, et que, si le régime d'autrefois ne peut convenir aujourd'hui, l'état d'aujourd'hui ne peut s'étudier que dans l'état d'autrefois. Mais il y a cette différence entre le présent et le passé, que le moyen âge, qui avait confondu les trois élémens de la nouvelle société, ne les apercevait pas également tous, et permettait tour à tour à l'un d'eux de dominer les autres, comme à l'aristocratie féodale d'affaiblir la monarchie et d'étouffer la démocratie, et ensuite à la monarchie absolue de réduire l'aristocratie à une simple noblesse de cour, au lieu que notre âge reconnaît tous les élémens nécessaires de la société, et les invite à entrer dans le gouvernement où il leur donne une place. Au lieu de les abandonner à eux-mêmes dans la société, où ils ne peuvent se conserver que par des voies de fait, il les en retire ; il fait de chacun d'eux un intérêt légal, il leur assigne une sphère, dans laquelle ils s'agitent sans péril. L'élément social devenu un intérêt légal, trouve un organe dans un corps politique ; c'est ainsi que le prince stipule l'intérêt monarchique, la chambre des pairs l'intérêt aristocratique *, et la chambre des députés l'intérêt que l'on appelle improprement encore démocratique, mais que nous qualifierons de cette manière , plutôt pour nous faire entendre, en nous servant d'une

* Un noble pair, dans un discours sur le budget de 1828, distingue entre la chambre des pairs d'Angleterre, qui, dit-il, représente l'intérêt territorial, et la chambre des pairs de France , qui, selon lui, ne représente qu'un principe. Mais qu'est-ce que la représentation d'un principe ?

dénomination usitée, que pour caractériser avec précision un intérêt, qui éloigne de l'aristocratie, plus qu'il ne porte à la démocratie.

Quand ces trois intérêts sociaux sont régulièrement organisés, l'opinion peut se faire entendre, il y a représentation nationale ; quand ils expriment leur vœu, la représentation nationale est en action ; l'opinion se fait entendre.

Mais comment ces trois intérêts, jusqu'ici antipathiques, pourront-ils compatir et vivre ensemble ? Comment contribueront-ils à une œuvre commune, à la loi ?

Si notre système, en rapprochant ainsi trois intérêts différens, avait pour effet de mettre en présence trois puissances ennemies, et de les constituer en état d'hostilité, il faudrait rejeter cette combinaison absurde, propre à ramener le chaos. Mais son esprit n'est pas de confier la défense exclusive de la monarchie au prince, de l'aristocratie aux pairs, de la démocratie aux députés. Chacune de ces institutions en particulier protége tous ces intérêts en général ; le salut de la monarchie tient à ce que le second élément social ne détruise pas le troisième ; l'existence de celui-ci est subordonnée à l'équilibre des deux autres ; l'aristocratie serait compromise si la monarchie redevenait absolue. Lorsque la constitution semble les séparer, en demandant à chacun d'eux son contingent à la représentation, c'est uniquement pour qu'il porte dans l'œuvre de la législation l'instinct de sa conservation propre. Malheur à l'État, si chaque corps politique concevait autrement ses devoirs ! Les trois intérêts cesseraient de compatir, et la prédiction de Tacite se vérifierait : *Res publica haud diu turna foret.* La plus grande difficulté pour la parfaite intelligence du système vient peut-être des idées exclusives que donnent les fausses appellations d'*aristocratie* et de *démocratie :* si vous entendez par chacune d'elles une forme de gouvernement, il est certain qu'elles présentent l'obstacle d'une incompatibilité irrémédiable, et qu'il n'y a aucun moyen humain d'allier le gouvernement des grands avec le gouvernement du peuple ; en considérant la question sous ce point de vue, Tacite avait raison de la déclarer insoluble dans la pratique. Mais peut-être fût-on parvenu à l'aplanir, si, en écartant les mots d'aristocratie et de démocratie, qui supposent dans le peuple ou dans les grands l'exercice du pouvoir souverain, on n'eût conservé que la dénomination de monarchie. Notre gouvernement est celui d'un seul ; on ne peut lui donner ni un autre nom, ni une autre forme ; mais notre gouvernement stipule avec la société, dont les intérêts sont complexes ; et ces intérêts sont des idées nouvelles, pour lesquelles il faut des mots nouveaux. Voyons donc dans l'aristocratie et la démocratie, non plus des modes d'organisation à maintenir, mais des intérêts sociaux à défendre : cette distinction, que nous nous attacherons à expliquer, est le seul secret de marier les trois élémens politiques.

Tu peux apprécier ici un des avantages du nouveau régime sur l'ancien : les inconvéniens d'un conflit entre trois puissances ennemies, devaient se faire sentir dans la division de l'État en trois ordres. Toute société partielle tend à s'isoler de la société générale, et se persuade qu'on ne l'a point établie, sans l'autoriser à se créer une existence indépendante ; c'est un sophisme naturel à l'esprit de corps. Quand la noblesse et le clergé sont constitués en ordres, quand on leur donne une qualification et une enseigne particulières, et qu'après les avoir ainsi formés, on les appelle à l'assemblée politique, il semble qu'on les invite à se considérer, avant tout, comme les défenseurs de leurs priviléges ; leur premier mouvement est de se séparer de cette grande unité sociale, dans laquelle tout doit se confondre. Mettez-les ensuite en contact avec le tiers-état de 1789, et il sera impossible qu'il n'en résulte pas un choc *.

On a beaucoup disserté dans ces derniers temps sur le degré d'importance qu'il convenait de donner à chacun des trois corps politiques. Tous les partis ont proposé leurs vues ou leurs paradoxes ; on ne s'est point épargné les théories, et la question s'agite encore.

Le dirai-je ? Cette question est un mal, elle prouve que le système n'est pas compris. Dans les vives discussions qu'elle a provoquées, on n'a oublié qu'une chose : que notre gouvernement était représentatif ; cette ré-

---

* Les états de Bretagne étaient composés du clergé, de la noblesse et du tiers. Le clergé était représenté par neuf évêques, députés des neuf cathédrales, et de tous les abbés, au nombre de trente-sept ; mais comme il y avait toujours des absens, cet ordre ne comptait pas plus de quarante personnes. Le tiers ne fournissait pas plus de sujets votans ; il n'avait jamais plus de quarante-huit députés, parce que quarante-trois villes avaient seules le droit d'élire, et que Rennes, Nantes, Saint-Malo, Vannes et Morlaix, étaient les seules qui nommassent deux députés. Ces deux ordres réunis ne fournissaient jamais plus de quatre-vingts à quatre-vingt-dix têtes. La noblesse envoyait aux états de six à sept cents gentilshommes et quelquefois davantage. (Voir, sur la composition des états de Bretagne, l'*Histoire de Bretagne*, par M. Daru, tom. II, pag. 314 et suiv.)

flexion si simple n'eût pas seulement résolu la question; elle l'eût empêchée de naître.

Si le gouvernement est représentatif, il doit, pour remplir sa destination, offrir une image fidèle de la société. La société est donc le modèle, et le gouvernement une copie.

Qu'en résulte-t-il? que l'institution politique doit se régler sur l'état social, et ne pas prétendre à l'altérer; qu'elle doit prendre la nation telle que le temps et la civilisation l'ont faite, en se persuadant bien qu'il y a autant de sagesse que de puissance dans l'instinct d'une nation éclairée qui s'ordonne elle-même; et qu'entreprendre de l'ordonner autrement, c'est tenter une chose à la fois injuste et impraticable. Il était naturel que le système représentatif prît naissance dans le siècle où les constitutions *à priori* sont devenues impossibles; le jour où l'on n'a pu changer la société, il a fallu la représenter.

Voulez-vous que les trois corps politiques compatissent? donnez-leur dans le gouvernement la même place que l'intérêt qu'ils stipulent occupe dans le monde; l'institution en harmonie avec l'état social sera toujours en paix avec elle-même. Mais voulez-vous qu'un de ces corps soit dans le gouvernement plus grand qu'il n'est dans le monde? Lui créez-vous une suprématie, qu'il tienne de votre loi plutôt que de l'état social? cette suprématie factice sera une violence faite aux deux autres; l'institution manquera de proportion dans ses parties; l'harmonie sera troublée, parce que la représentation sera infidèle.

Établissons donc en principe que le système représentatif ne crée ni d'élémens ni par conséquent d'intérêts sociaux, mais qu'il accueille dans son sein ceux qui existent, tels qu'ils existent ; il rejette les théories, pour se soumettre aux faits.

De ces notions générales, passons à quelques considérations particulières.

§ Ier. — De la Monarchie.

On peut demander pourquoi le prince, qui déjà figure dans une première division comme partie contractante, se retrouve encore dans cette division consacrée à la personne collective qu'il s'agit de représenter : sa fonction politique serait-elle double ?

C'est précisément ce qui arrive. Le prince, dont nous nous sommes occupés, est le chef suprême, au nom de qui tout s'exécute ; le prince, dont nous nous occupons, est le représentant de la nation qui sanctionne les lois, et je reconnais l'exactitude de mes divisions dans leur fidélité à reproduire cette fiction fondamentale.

La sanction royale démontre bien clairement la distinction que nous avons faite entre la personne individuelle du prince et la personne collective de la nation ; c'est une prérogative qui ne peut s'exercer que sur la volonté d'autrui : « Je remarque d'abord, disait M. Ma» louet à l'assemblée constituante *, que de tous les » pouvoirs, celui de sanctionner les lois est le seul au» quel le despotisme ne saurait atteindre, et qu'il » l'anéantit, parce qu'il ne peut l'usurper. Le despote

---

* *Discours et Rapports*, tom. I, pag. 308.

» veut, il agit, sa volonté s'exécute; mais il ne peut
» faire une loi; car aucun homme libre ne l'accepte,
» aucune puissance publique ne la sanctionne : la vo-
» lonté du despote, toujours errante dans ses États,
» comme un orage sur l'horizon, n'a point de caractère,
» point d'asyle inviolable; seul au milieu de tous, rap-
» proché de la société par ses besoins, il en est séparé
» par la terreur; maître absolu par la force, il est es-
» clave aussitôt qu'une force supérieure se déploie;
» enfin sa condition malheureuse est de cesser d'être
» par la volonté générale, tandis que le bonheur du
» monarque, sa puissance, sa gloire consistent à en être
» les organes. »

Rien n'est plus ordinaire à ton âge que de se méprendre sur les vrais motifs de l'intérêt monarchique,
et d'envisager dans le prince un dominateur, à qui un
aveugle hasard a donné l'empire sur les hommes. Te le
dirai-je? Ma génération, élevée dans l'ivresse de la république, au milieu de ses triomphes, de ses acclama-
tions et de ses hymnes, peut conserver encore, de
cette première affection de son enfance, des regrets
bien pardonnables à une illusion si noble. Mais, mon
ami, il ne faut même pas que tu aies à revenir de cette
erreur : la France est monarchique, par toutes les
raisons qui en font une des puissances de la terre, parce
qu'elle est peuplée de vingt-cinq millions d'hommes,
parce qu'elle a quinze cents lieues de circonférence,
parce qu'elle est riche, industrieuse, éclairée, parce que
d'antiques habitudes l'éloignent autant de la république
que de l'esclavage. Crois à la nécessité d'une monarchie;
fais plus pour ton bonheur et pour la vérité : vois en

elle la garantie de tes droits les plus chers. Si les gouvernemens féodaux ont été successivement détruits, songe que nous lui devons cet immense bienfait; si la servitude nous est venue des grands, songe que l'affranchissement nous est venu des Rois, et que nos droits se sont consolidés, en raison de l'abaissement des seigneurs, et du raffermissement de la monarchie. Aime donc la monarchie comme institution; ce premier sentiment, le moyen le plus sûr de cultiver l'amour du prince, te conduira seul à aimer le monarque comme homme.

Ce n'est point à cause de lui que le prince est auguste, que sa personne est sacrée, que son trône est éclatant, c'est à cause de nous; l'intérêt de sa prérogative ne se justifie que par l'intérêt de notre liberté. De tout temps on a dit que le Roi était acquis à son peuple par sa naissance; il faut ajouter qu'il lui est plus particulièrement voué par la constitution; cette aliénation du prince au peuple devient plus sensible sous un régime qui, en donnant au prince une part dans la représentation nationale, identifie l'un avec l'autre et donne au premier une autre vie. Dans la première époque de notre histoire, la monarchie, humiliée sous les maires du palais, a été abolie par la féodalité; dans la seconde époque, la monarchie, dégagée avec le secours de communes des chaînes féodales, est devenue absolue, et a fini par tomber devant une révolution terrible. Une troisième ère s'ouvre pour elle, ère de bonheur, de gloire et de liberté: c'est celle de la sanction des lois; c'est le rajeunissement de la vieille royauté de Philippe-Auguste, qu'une constitution représentative unit intimement à la France nouvelle.

§ II. — *Des supériorités sociales improprement appelées*
aristocratie.

Tu as encore un préjugé à vaincre pour apprécier l'intérêt aristocratique; mais un moment de réflexion va te ramener aux vrais principes.

Étudie ce qui t'entoure : dans la nature, tout est dissemblable et tout est inégal; tu ne distingues les choses que par leurs différences; tu ne les reconnais que par leurs contraires; tu ne choisis entre elles, que parce qu'elles ne se valent pas. Une égalité absolue conduirait dans le monde physique à la confusion, et dans l'ordre moral à l'indifférence, c'est-à-dire à la perte de ton libre arbitre. Passe en revue les hommes que tu connais le plus intimement : il n'en est pas deux que tu mettes sur la même ligne, et dont tu ne préfères l'un à l'autre.

L'inégalité a passé de la nature dans la société. De grands talens, d'éminens services, l'influence de la richesse, tous les genres d'illustration personnelle ont séparé quelques individus de la masse; l'illustration personnelle devient sans doute plus difficile, en raison du perfectionnement universel; mais elle n'en est alors que mieux constatée. N'examine pas si cela doit être; reconnais seulement que cela est, et la nécessité d'une représentation aristocratique te sera démontrée, par suite de ce principe dont nous sommes convenus, qu'il suffit que l'aristocratie soit dans la société, pour qu'elle entre dans le gouvernement.

On n'a point assez réfléchi que l'inégalité politique est essentielle aux gouvernemens libres, par la raison

qu'ils sont libres. Ils établiraient la plus violente des
tyrannies, s'ils ne faisaient aucune acception des mérites individuels ; et s'ils sont libres, c'est parce qu'ils
en reconnaissent les différences. L'égalité absolue n'est
possible que sous un despote, devant lequel tous les
mérites individuels s'anéantissent dans la même poussière ; car la fureur du nivellement est peut-être encore
plus le crime du despotisme, que celui de l'anarchie :
la Turquie n'a jamais eu de noblesse, et, avant que nos
démagogues eussent déclaré la guerre aux châteaux,
Tarquin avait abattu la tête des pavots les plus élevés.

Mais ces bases une fois reconnues entre nous, il faut,
j'en conviens, poser des limites, et se hâter de le faire ;
car, de tous les pouvoirs, l'aristocratie est celui qui a
la plus prompte tendance à l'usurpation.

Ne voilà-t-il pas, en effet, qu'à peine admis légalement dans notre constitution, il menace déjà de s'en
rendre le maître, et qu'il se prévaut de son admission,
comme d'un titre au commandement ? Prenons-y garde ;
les anciennes prétentions de l'aristocratie ne se repro-
duiront sans doute plus sous les formes et les dénominations féodales ; mais la même querelle peut, avec le
même danger, renaître sous un nom différent. La liberté que nous avons voulu fonder sur la démocratie,
et que l'aristocratie ne saura pas mieux supporter, la
liberté ne se fixera chez nous, que le jour où l'on rè-
glera la place des élémens sociaux dans l'institution,
sur la place qu'ils occupent dans le siècle.

Rien n'est plus difficile à définir que l'aristocratie,
telle qu'elle voudrait être. Les uns demandent uniquement l'ancienne noblesse, sans réfléchir que des illus-

trations nouvelles réclament au moins le partage, et
que son rétablissement exclusif n'aurait jamais l'acquiescement d'une nation, chez qui, selon M. de Malesherbes *, *son nom était devenu si odieux, que la haine
contre la noblesse servait de prétexte à tous les crimes* **.
D'autres proposent l'aristocratie anglaise, sans se douter
que, pleine d'inconvéniens pour l'Angleterre elle-même
qui ne la conserve que comme précédent, et pour qui
ses inconvéniens sont palliés par des circonstances locales, et une antique habitude de la légalité, elle serait impraticable chez nous, qui tenons sans doute à ce
que le gouvernement français représente autre chose
que la société anglaise.

Dans ces deux systèmes, l'aristocratie est une institution qui n'existe plus ou qui n'existe pas, et qu'il
faudrait créer ; la constitution ferait ce que l'état social
ne fait pas, et même ce qu'il lui répugne de faire. Je ne
sache pas que, depuis la restauration, on ait eu d'ins-
piration plus fatale à la liberté.

* Lettre de M. de Malesherbes à Boissy-d'Anglas, du 22 novembre 1790.

** « Cette haine, quelquefois si terrible, des communes contre
» la noblesse, dit M. de Barante, *Histoire des Ducs de Bourgogne,*
» pag. 72 de la préface, n'est point une supposition destinée à sou-
» tenir une opinion moderne ; c'est un récit des temps anciens. »
Les historiens noteront qu'au commencement de la révolution,
on ne poursuivait les royalistes que sous le nom d'aristocrates.
Ceux qui recherchent comme des monumens les chansons populaires, recueilleront cet effroyable refrain, que des cannibales
étaient parvenus à faire répéter par un peuple doux et bon : *Les
aristocrates à la lanterne !* Ces observations caractérisent une
époque : on se tromperait si l'on ne voyait dans ce refrain que
l'emploi d'un mot impropre, il faut y voir l'expression d'un sentiment devenu endémique.

Faire une aristocratie, créer des classes supérieures,
reconstituer la grande propriété : phrases d'adoption,
mots d'ordre, que chacun répète, qui n'ont de sens que
pour quelques chefs, et dont on a, de tout temps,
repu l'ignorante crédulité des peuples. Produire une
aristocratie avec des lois, c'est exactement chercher à
bâtir sans matériaux ; c'est entreprendre de construire
une autre société que celle qui existe ; c'est tomber dans
la même folie que les réformateurs de 1793, qui or-
donnaient à la France de devenir une démocratie pure.
A voir ainsi arranger une utopie pour l'inégalité politique, ne semblerait-il pas que l'on eût à la défendre
contre le monstre de l'égalité absolue, qui n'est nulle
part, et qu'il fallût suppléer l'inégalité, qui cependant
est partout ? Quand l'aristocratie veut ainsi devenir une
chose spéculative, elle ne s'aperçoit pas qu'en se cherchant une base ailleurs que dans les faits, elle sape
elle-même son propre fondement. Otez-lui l'excuse
qu'elle trouve dans l'état social, je ne vois plus rien
qui l'explique, ni qui la justifie. Changez l'hypothèse
actuelle de la société ; je nie que l'inégalité politique
soit de ces choses théoriquement nécessaires, qu'il fallût
inventer, si elles n'existaient pas. Avertissez les hommes
civilisés du dix-neuvième siècle de discuter, comme
une abstraction, vos principes aristocratiques, et im-
posez-leur ensuite une classe supérieure, comme une
simple fiction de la loi, vous verrez à quel examen
ils soumettront votre ouvrage, dépouillé de l'autorité
des faits ; vous verrez s'il sera possible à vos faux dieux
de s'entourer de quelque prestige, et d'obtenir un grain
d'encens. Le sentiment que nous avons de nous-même,

blessé par cette création arbitraire de votre orgueil, aura bientôt mesuré l'idole, et ne tardera pas à la renverser. Qu'aurez-vous fait alors? Une de ces aristocraties odieuses, contre lesquelles les révolutions déchaînent les peuples.

Une fois pour toutes, fions-nous donc aux événemens de ce monde, aux mouvemens de l'industrie, à l'activité ou aux talens des uns, à la paresse ou à la nullité des autres, du soin d'entretenir parmi les hommes une inégalité éternelle, et ne craignons pas que l'inégalité meure, faute d'alimens; craignons bien plutôt que l'aristocratie ne devienne entreprenante, faute de limites, et qu'elle ne gagne dans le gouvernement, à mesure que l'inégalité se modifie dans la société. Cette dernière impression est plus conforme à l'esprit du régime constitutionnel, qui ne fomente pas l'inégalité, et qui, tout au contraire, mitige celle qu'il n'est pas en lui de corriger, en la balançant par la seule égalité qu'il ait la puissance de créer, je veux dire l'égalité civile. En cela, comme en tout, notre régime est vrai, et suit la marche de la civilisation : les progrès des lumières tendent à l'égalité; et, sans pouvoir l'établir, ils font vers elle de continuels efforts. Dans l'enfance des sociétés, la distance était immense entre un homme et un homme; mais elle diminue entre un citoyen et un citoyen. Elle est beaucoup moindre de la classe supérieure à la classe moyenne, que de celle-ci aux prolétaires; et la nation française pourrait aujourd'hui se comparer à un cône, autour duquel on aurait tracé une ligne spirale, dont les sinuosités se rapprocheraient en remontant vers le sommet. Jacques Ier engageait les nobles anglais qui

affluaient à Londres, à se tenir dans leurs terres : « Vous
» manquez d'adresse, leur disait-il ; à Londres, vous
» vous rapetissez comme un grand navire au large ; en
» province, vous vous agrandissez comme une barque
» dans une rivière. » Ce qui signifie que les inégalités
diminuent en se rapprochant du centre de la civilisation.

Le génie de la constitution doit donc restreindre
l'aristocratie, au lieu de l'étendre.

Que l'on remonte à l'origine de toutes les distinctions
politiques, on se convaincra qu'elles ont constamment
été puisées dans les supériorités réelles de l'époque, et
qu'aucune aristocratie n'a débuté par être uniquement
de convention. Dans les premiers âges de la monarchie,
la valeur guerrière, et, à une époque plus rapprochée,
la possession d'un nombre considérable de fiefs, devaient être les causes de l'inégalité sociale ; il était naturel que la véritable supériorité consistât à conquérir
ou à défendre le territoire, et à conduire à la guerre
une grande quantité de serfs et de gens d'armes. Car le
règne des supériorités intellectuelles n'était pas encore près de venir. Il s'en fallait qu'une aristocratie
ainsi composée fût purement fictive ; elle était vraie,
conséquente et nécessaire. La population, courbée sous
l'oppression militaire, ruinée par les exactions des
grands, diminuée par l'esclavage, abrutie par l'ignorance, ne présentait aux invasions des Normands qu'une
méprisable agglomération d'hommes, auxquels on ne
pouvait même demander la résolution du sauvage, celle
de repousser un ennemi moins nombreux et plus faible,
puisque la haine de la domination étrangère n'est ins-

pirée que par la notion de la patrie, qui était perdue. A toutes ces époques d'opprobre et de malheurs, ceux qui réveillaient de temps à autre l'antique valeur nationale, formaient très-justement une classe d'élite, dans laquelle venait se réfugier le sentiment de l'honneur, exilé du reste de la nation, et que notre éducation, sans titres et sans fortune, suffit aujourd'hui pour cultiver chez nous. Une telle noblesse a peut-être prévenu la dissolution entière de la société, et quoique nous l'ayons vue de nos jours corrompue par l'esprit de cour, et mélangée d'une aristocratie fictive par l'abus des anoblissemens, elle a été un véritable bienfait, au milieu de tant de fléaux.

Aujourd'hui qu'il s'agit de rétablir l'aristocratie détruite, et que nous nous retrouvons à une époque de création, si l'on veut la relever sur une base solide, qu'on la prenne dans l'état social; qu'elle soit encore ce qu'elle a été dans son origine, ce qu'elle ne devrait jamais cesser d'être : la reconnaissance légale des supériorités réelles. C'est ainsi que l'a envisagée la Charte, en donnant au prince la nomination des pairs, et à la nation l'élection des députés; le prince nomme les pairs, parce qu'il ne s'agit que de reconnaître et de déclarer le fait de l'inégalité, c'est-à-dire une supériorité; la nation élit les députés, parce qu'il s'agit de choisir entre des égaux.

Pourquoi objecter l'autorité de l'Esprit des lois? Ce que dit Montesquieu des pouvoirs intermédiaires n'a pas cessé d'être vrai. Mais si l'on veut l'entendre, on s'apercevra qu'il ne voit dans les pouvoirs intermédiaires que l'avantage d'un contre-poids; et si notre système

organise ce contre-poids autrement que l'ancien régime, l'opinion de Montesquieu ne subsiste-t-elle pas
avec une application différente?

En résumé, le système représentatif a tranché la
question, par cela même qu'il est représentatif, c'est-à-
dire, que l'état réel de la société doit s'y réfléchir. Or, la
société porte en elle des inégalités de toute espèce, sans
acception de classe, ni d'ordre : voilà un fait reconnu. Il
importe donc qu'elles entrent dans l'institution : voilà
la seule conséquence nécessaire. Mais si le gouvernement fait des inégalités, au lieu d'attendre celles qui
lui viennent du dehors, il arrive précisément le contraire de ce qui doit arriver, pour qu'il y ait représentation nationale.

§ III. — De la classe intermédiaire improprement appelée démocratie.

Voici un exemple de l'influence qu'un terme impropre peut avoir sur les idées : les livres de l'antiquité
et les traditions du moyen âge nous ont habitués à dési-
gner sous le nom de démocratie, la troisième espèce de
pouvoirs qui vient s'unir aux deux autres dans les gouvernemens mixtes, et nous continuons à qualifier ainsi
l'un des trois intérêts qui doivent entrer dans la représentation nationale; il en est résulté qu'aujourd'hui
même, ceux qui se donnent seuls pour l'aristocratie
française, abusent très-habilement d'un mot pour
tromper le prince sur le reste de la nation, et le tenir
éloigné de ceux qui font sa véritable force. Ils ont eu

l'art de lui montrer dans l'intérêt de la classe intermédiaire les prétentions de la démocratie proprement dite, et l'ont incessamment obsédé de ce fantôme. Cette erreur funeste est le premier obstacle à l'établissement de l'harmonie.

C'est l'intérêt, venons-nous de dire, qui détermine l'opinion, et c'est à l'opinion qu'il faut donner un organe. Or, j'envisage la classe intermédiaire de nos jours, je recherche son intérêt, je consulte son opinion, j'étudie même ses penchans, et je n'y vois rien de démocratique. Je ne crois pas que dans les millions de Français dont elle se compose, on en rencontrât un seul qui, ayant une idée juste de la démocratie, fît pour l'établir un effort ou un vœu. Je crois plutôt qu'on ne trouverait dans aucune autre classe une conviction plus vraie de la nécessité d'une monarchie, et quoiqu'elle présente quelques différences d'avis sur la manière de pondérer les pouvoirs, son unanimité à vouloir le gouvernement d'un seul, me semble une vérité si évidente de notre époque, que l'opinion contraire n'a pu s'accréditer auprès des Rois que par la perfidie de ces éternels calomniateurs des nations, qui occupent les avenues de tous les trônes. Non, non, ne les croyez plus, ô vous, à qui cette providence qui inspira Louis-le-Gros, confie aujourd'hui la continuation de son ouvrage ; ne les croyez plus ces insinuations funestes, qui ont trop long-temps irrité votre politique, en affligeant votre cœur : la monarchie qui sut affranchir les communes, se les est à jamais identifiées ; elles lui ont donné leur amour, en échange de la liberté ; notre alliance avec le trône est antique et sera durable comme la nation, qui est née par elle et qui sans elle ne serait plus.

Que pendant les premiers temps qui suivent une révolution violente, la défiance éloigne encore les partis; qu'ils s'enveloppent réciproquement dans ces accusations passionnées, dans ces dominations haineuses qui n'expriment aucune idée, mais qui alimentent les préventions, et servent de texte aux persécuteurs : c'est un malheur à peu près inévitable. Mais que l'on perpétue le même langage et les mêmes récriminations, quand les excès ont vieilli, et sont jugés irrévocablement par tout ce qui fait autorité chez les hommes; qu'on ne tienne aucun compte du temps écoulé, d'une génération éteinte, de l'expérience acquise, et des leçons terribles que les révolutions distribuent également à tous les partis; c'est oublier bien vite celles que l'on a reçues. A qui donc adressez-vous encore cette épithète de révolutionnaires, dont vous faites l'inévitable refrain de vos manifestes? regardez autour de vous; les hommes ont changé; ceux qui vous écoutent ont, depuis déjà plusieurs années, remplacé ceux à qui vous croyez parler. Nous sommes purs, parce que nous sommes nouveaux : nous entrons dans le monde, sans reproches et sans remords; ces excès que vous nous imputez n'existent pour nous que dans l'histoire; nous n'avons ni crimes à justifier, ni contradictions à pallier; quand nous réclamons une doctrine, quand nous réclamons un droit, épargnez-vous le soin de chercher dans nos antécédens, si nous n'avons pas un intérêt à soutenir l'une, ou si nous n'aurions pas les premiers donné l'exemple de violer l'autre. Cette génération nouvelle, que la révolution semble avoir formée pour la finir, et qui vaut sans doute celle qu'a formée l'ancien régime pour faire la révolution, se présente dans le siècle avec les droits de la postérité qui commence en elle. Laissez donc, laissez cet odieux langage, et surtout ne pensez pas nous avoir pardonné ; car si tout le monde a besoin *d'union*, nous seuls peut-être n'avons besoin de *l'oubli* de personne.

La classe intermédiaire a tellement d'étendue, que pour elle le mot de la classe paraît trop restreint ; le seul moyen de donner une idée juste de ce qu'elle est, c'est d'indiquer ce qui n'en fait pas partie : excepte de la nation les supériorités sociales et les prolétaires, tout ce qui reste est la classe intermédiaire. Tu feras, mon ami, ce que l'on appelle en logique une définition par indication, quand tu te diras : la classe intermédiaire, c'est moi et des millions de Français qui me ressemblent. La découverte de son origine précise serait précieuse pour notre droit public, et serait bien digne de l'investigation de nos explorateurs modernes. Mais l'histoire nous laisse sur cette révolution importante dans une ignorance à peu près complète. Elle nous dit bien que les communes établies sous Louis-le-Gros, furent accueillies sous Philippe-le-Bel dans les états-généraux. Mais avant cette reconnaissance de leur droit civil par Louis-le-Gros et de leur droit politique par Philippe-le-Bel, elles existaient dans la société : quand ont-elles commencé à exister sous cette forme, non encore reconnue ? Les atteintes d'abord portées par les mœurs à l'esclavage, les premiers symptômes de changement dans l'état des personnes, cette longue et imperceptible préparation de l'affranchissement, à quelle époque en reporter le bienfait? Telle serait une véritable histoire des Français, qui retrouverait et qui rendrait à chaque classe ses titres primitifs; car les classes ont leur généalogie, comme les individus, et il importe d'y remonter, pour démêler leur caractère. Mais malheureusement l'origine de la classe intermédiaire se perd dans la nuit du moyen âge, dont les chroniqueurs notaient les circonstances extérieures des gouvernemens, sans observer les altérations des mœurs; comme la source d'un grand fleuve, elle semble se cacher à nos yeux.

On peut cependant conjecturer que la cause première de l'affranchissement a été la propriété, et que la cause de la propriété elle-même a été l'industrie. La Flandre, avant sa réunion à la France, est un des premiers pays de l'Europe où l'existence des communes se soit manifestée, par la raison que c'est un des premiers où l'industrie ait émancipé les hommes. Ainsi nous serions libres par le travail de nos ancêtres, et si nous avions besoin d'un titre, je n'en connaîtrais pas qui fût supérieur à celui-là. Quoi de plus légitime que de se racheter de la violence et de l'injustice, par l'usage et le perfectionnement de ses facultés? C'est donc par une tradition héréditaire, ne l'oublions jamais, que la classe intermédiaire de nos jours fait son patrimoine des professions libérales, et qu'amie de toutes les indépendances, elle cherche dans le travail celle de la fortune, comme elle demande à l'étude celle du caractère.

Découvrir l'origine de la classe intermédiaire, c'est apprendre à fixer les indices auxquels on peut la reconnaître, et l'intérêt qu'il faut stipuler, pour qu'elle soit représentée ; ces indices, cet intérêt sont aujourd'hui les mêmes qu'autrefois.

Aujourd'hui, comme autrefois, les signes par lesquels elle se manifeste, sont la propriété immobilière que produit l'industrie, l'industrie elle-même qui ne se convertit pas toujours en propriété immobilière, et dans laquelle je comprends toutes les professions libérales. L'industrie étant un indice de la chose à représenter, mais non la chose à représenter elle-même, c'est à tort que l'acte additionnel de 1815 lui avait donné une représentation spéciale ; en même temps que c'était altérer la pureté de la doctrine, c'était une faute politique qui pouvait entraîner les mêmes inconvéniens que les anciens ordres, en réveillant cet esprit de corps toujours ennemi de l'unité sociale, et qu'il faut bannir de nos assemblées, si nous tenons à y établir l'harmonie.

Aujourd'hui, comme autrefois, l'intérêt de cette classe est de conserver tout ce qu'elle n'avait pas d'abord, et qu'elle a successivement acquis, la propriété, la liberté, l'égalité civile, avec les garanties constitutionnelles ; car lorsque nous avons dépeint ces nations civilisées qui demandent autre chose qu'un bonheur actuel, et qui ne tiennent aucun compte d'une liberté non garantie, c'est surtout de la classe intermédiaire que nous avons entendu parler : cette affranchie, si fière de sa condition nouvelle, garde de son premier état une crainte qui l'agite encore ; et si l'on veut récapituler son histoire, on reconnaîtra que c'est à elle surtout qu'il est permis d'être ombrageuse. Elle s'est fait de l'inquiétude un droit, j'allais presque dire une vertu politique ;

elle croirait sa liberté compromise, le jour où, n'ayant pas encore dans les institutions et les mœurs politiques un motif suffisant de sécurité, elle renoncerait à cette surveillance exigeante et jalouse, qu'elle considère comme une garantie provisoire.

La Charte a donc trouvé dans les contributions directes, un signe vraiment caractéristique de la classe intermédiaire, puisque les contributions de cette espèce annoncent toujours la présence de l'industrie ou de la propriété.

La Charte a donc consacré à la classe intermédiaire la chambre des députés, puisqu'en mettant pour condition à la qualité d'électeur et d'éligible le paiement d'une contribution directe, elle témoigne ne vouloir ouvrir cette chambre qu'à la propriété et à l'industrie. En la lui consacrant, elle l'appelle à y stipuler son intérêt, c'est-à-dire l'intérêt de la liberté, de la propriété, de l'égalité civile, son intérêt tel que les circonstances le créent, le changent, le modifient, le protégent ou le menacent; elle l'appelle à y parler son langage, à y exprimer ses pensées et ses sentimens, ses craintes et ses espérances, à s'y montrer telle qu'elle est. Vouloir qu'elle y soit autrement, exiger que la chambre élective présente constamment dans sa tenue l'aspect d'un sénat immobile, et dans ses discussions la mesure d'un discours académique; quand l'orage gronde au large, s'indigner que le flux et le reflux des renouvellemens périodiques n'y apportent que des flots agités : c'est proprement contester la représentation de la classe intermédiaire. Ce n'est point dans la chambre, c'est au dehors qu'il faut aller attaquer le mal, dont la chambre doit manifester les symptômes, mais dont elle ne récèle pas la cause.

La Charte, en donnant à cette classe la chambre des députés, la lui a donnée tout entière. Elle n'a pas dit qu'elle n'y figurerait que dans telle proportion, ou que le seul rôle de l'opposition lui serait permis; elle la lui a attribuée sans partage, de manière que l'opposition se formât en elle et par elle. Ne serait-il pas inconséquent de restreindre dans la représentation nationale la part de la classe intermédiaire, lorsque cette classe prend dans le monde un accroissement si prodigieux? Avant la révolution, le nombre des propriétaires en France était de deux millions, et les économistes évaluaient nos capitaux à 18 millards; aujourd'hui on estime que les propriétaires sont au nombre de quatre millions huit cent trente-quatre mille, et l'appréciation des capitaux est portée à 27 milliards, c'est-à-dire que les propriétaires ont augmenté de plus du double, et l'industrie d'un tiers. Aux états-généraux de 1614, sur quatre cent cinquante-quatre députés, la noblesse en avait cent trente-deux, le clergé cent quarante, et le tiers cent quatre-vingt-deux, un peu moins de la moitié. Ce partage déplut au tiers-état de 1789, éloigné de plus d'un siècle de celui de 1614; et aujourd'hui que la classe moyenne est devenue considérable en nombre, en richesses et en lumières, au point qu'absorbant presqu'en entier l'activité de la civilisation, il semble que tous les germes de la perfectibilité humaine fermentent dans son sein, on soutiendrait que la Charte ne lui a réservé qu'une fraction de la chambre des députés! Je regarde comme un vol toute fraction de cette assemblée destinée à stipuler spécialement autre chose que cet intérêt, que l'on est convenu d'appeler *libéral*, et que je définis l'intérêt de la classe moyenne à fortifier par des garanties la liberté contre le pouvoir. Il est cependant arrivé que cet intérêt immense de notre âge, n'a pas dans la chambre septennale de 1826, les quarante-huit défenseurs que le tiers-état comptait aux états particuliers de la province de Bretagne, où le clergé avait quarant-huit députés, le tiers le même nombre, et la noblesse six à sept cents gentilshommes, et quelquefois davantage.

Tu sens que la fidélité de cette partie de la représentation tient au choix des députés, et comme le choix des députés tient lui-même à la bonté de l'élection, c'est l'élection qui, en définitive, est la base du système; pourquoi faut-il qu'elle en soit la plus grave difficulté?

Une chose n'est pas difficile, par la seule raison qu'elle est importante : parmi les choses importantes qui sont difficiles, il en est qui le sont par elles-mêmes, d'autres qui le sont devenues par la faute de ceux qui les traitent, d'autres enfin qui le sont uniquement parce qu'elles le paraissent; car il suffit de voir un obstacle où il n'y en a pas, pour s'arrêter comme devant un obstacle réel. Certes rien n'est plus important que l'élection des députés dans l'ordre politique et moral; dirai-je que je n'y vois pas toutes les difficultés qu'on y trouve? Observe ici, mon ami, la supériorité de notre méthode : les plus hautes questions de la politique moderne, rapprochées des principes généraux dont elles dépendent, et mises à leur place dans la déduction des conséquences qui en découlent, s'aplanissent et s'é-

clairent ; au lieu que, présentées isolément à la discussion, comme objets spéciaux de controverse, les partis
s'en emparent, la mauvaise foi les dénature ; elles gran-
dissent, elles se compliquent, et s'embarrassent de difficultés qui leur étaient étrangères. Tel a été le sort des
nombreuses lois que l'on nous a données depuis trente
ans sur l'organisation électorale.

Il y a deux choses principales à considérer dans l'é-
lection : 1° le degré de l'échelle sociale où il convient
de la placer, 2° le mode d'après lequel il convient
qu'elle se fasse.

La Charte a décidé le premier point, article 40 : « Les
» électeurs qui concourent à la nomination des dépu-
» tés, ne peuvent avoir droit de suffrage, s'ils ne paient
» une contribution directe de 300 fr. et s'ils ont moins
» de trente ans. » On a cru apercevoir dans la rédaction
de cet article l'intention de reconnaître tous les citoyens
français pour électeurs, mais de n'accorder l'exercice de
cette capacité politique qu'à ceux qui paient 300 fr. de
contributions directes et qui sont âgés de trente ans. On
aurait pu faire la même observation sur l'article 38 :
« Aucun député ne peut être admis dans la chambre,
» s'il n'est âgé de quarante ans, et s'il ne paie une con-
» tribution directe de 1000 fr. » Il semble que la qualité de député soit reconnue à quiconque est élu, et que
la condition de l'âge et du paiement de la contribution
ne soit apposée qu'au fait de l'admission dans la chambre.
Il n'entre point dans notre plan de discuter littérale-
ment ces deux textes, mais ce qu'il nous appartient d'y
remarquer, c'est qu'ils excluent de l'élection tous ceux
qui, d'ailleurs politiquement capables, ne remplissent

pas les deux conditions de la Charte. Or une exclusion ne peut s'étendre; il faut la renfermer étroite-
ment dans les limites qui lui sont données, et ne point
imiter ces actes qui, publiés sous le titre modeste *d'instructions ministérielles*, n'en contiennent pas moins les
décisions des questions les plus graves, qu'ils tendent
constamment à résoudre contre la faculté électorale.

Lorsque l'auteur de la Charte a fixé à 3oo fr. la quotité de contributions directes que doit payer l'électeur,
il avait sous les yeux les rôles fonciers de 1814, et il
a pensé, d'après l'état de la propriété à cette époque,
que le taux de 3oo fr. appelait à nommer les députés,
l'espèce et le nombre d'hommes les plus aptes à donner
une représentation à la classe intermédiaire. Mais, ce
qu'il était bien facile de prévoir, l'état des rôles fonciers a changé depuis 1814; la propriété s'est divisée,
en raison de l'accroissement incontestable qu'a reçu la
prospérité nationale; preuve que la haine de certains
hommes pour le morcellement du sol, tient beaucoup
moins au bien-être général qu'à des théories d'économistes; un grand nombre de cotes, auparavant au-
dessus de 3oo fr., sont descendues au-dessous, et l'on
en a pris l'alarme, en criant que le droit de suffrage
allait périr. Qu'a-t-on fait? précisément le contraire de
ce qui convenait; on s'est mis en tête de former une
classe intermédiaire comme une aristocratie, et par
une sollicitude vraie ou feinte pour la représentation,
on a méconnu cette représentation elle-même dans son
principe fondamental. On a proposé des lois pour réprimer la tendance au morcellement des propriétés,
afin d'entretenir le même nombre de cotes au-dessus

de 3oo fr. Ce n'est plus la constitution qui doit s'adapter à la société; c'est la société qui doit s'enchaîner à un article de la constitution; avec quelque puissance que le cours des choses emporte, partage, abaisse, élève la société, si ce mouvement dérange les idées de quelques ministres, la société a tort, la société est indocile; il faut la contraindre à se replacer plus commodément pour nos hommes d'État; et il faut l'y contraindre, de quelle manière? par des lois. Misérable exagération, ou plutôt véritable délire de l'omnipotence parlementaire! Non contente d'avoir porté la main sur cette Charte qu'elle ne devait jamais toucher, elle veut étendre son empire sur la société qui règle la Charte; il faut qu'elle maîtrise ce qui ne se maîtrise pas, et qu'elle punisse la nécessité qui la contrarie. Xerxès, frappant la mer à coups de verges, était-il beaucoup plus insensé?

Nous le répéterons jusqu'à ce qu'il devienne inutile de le dire; nous le répéterons même comme une nouveauté qui n'est pas encore aperçue : notre gouvernement est représentatif; la société est son modèle et son guide, et il ne reconnaît plus d'autre autorité que celle des faits qui se passent en elle. Que faut-il donc changer, pour conserver le droit de suffrage menacé? La seule chose qui puisse se changer, qui est même destinée à changer selon les temps, le cens électoral : si les cotes des rôles fonciers descendent au-dessous du taux fixé en 1814, faites-le descendre dans la même proportion; le droit de suffrage sera conservé. A la vérité, on aura modifié un article de la Charte; mais, outre que la Charte peut se modifier par un parlement spécial et avec une solennité particulière, la disposition qui fixe le cens électoral est essentiellement variable, puisque, devant chercher la propriété partout où elle se retire, elle doit hausser et baisser, selon que la propriété s'agglomère ou se divise. J'ai entendu regretter que la Charte ne se soit pas bornée à poser le principe, et n'ait pas laissé à la loi le soin de fixer la quotité de la contribution directe. Mais la Charte a sagement fait de s'emparer de cette fixation, qu'il eût été trop dangereux d'abandonner à la puissance législative, c'est-à-dire aux partis. Une telle disposition est constitutionnelle de sa nature, puisqu'elle contient une déclaration de l'état social.

La Charte, qui a si bien su trouver l'électeur, aurait dû compléter son ouvrage, en prescrivant le mode d'après lequel il doit opérer, ou du moins en fixant les principes fondamentaux d'une loi électorale. Ce n'est pas assez de la sanction ordinaire des lois pour protéger cette grande opération ; il faut que l'esprit qui la vivifie soit gardé dans le dépôt sacré des lois constitutionnelles. L'élection ayant pour objet de juger le pouvoir, le pouvoir obsède incessamment son juge avec toutes ses menaces et toutes ses promesses ; il lui dicte ses arrêts ; il le châtie, s'il les change. Cet art abominable a été, dans ces derniers temps, et surtout en 1824, porté à un degré de perfection, et pratiqué avec une effronterie qui a fait le scandale et qui sera l'éternelle douleur de quiconque tient à l'honneur de son pays. Oui, c'est l'honneur de toute une nation qui est compromis, c'est son caractère qui est dégradé par ces odieuses manœuvres, aussi avilissantes pour l'électeur qui les souffre, que pour l'éligible qui en profite. La

France a vu son administration empoisonner la représentation nationale dans sa source ; elle l'a vue inti-
mider l'électeur fonctionnaire, en le menaçant dans
son existence ; elle l'a vue atteindre l'électeur libre, en
le menaçant dans ses parens ou ses amis ; elle a vu, ce
qui ne pouvait arriver que sous un régime constitutionnel qui oblige à tout justifier par la parole, elle a
vu un ministre du Roi entreprendre une apologie aussi
difficile que celle du parricide proposée par Caracalla à
Papinien, ériger en principe la dépendance du vote,
et soutenir à la tribune de la chambre élective une de
ces doctrines, qui feraient encore dire à Montesquieu
que, si la Servitude en personne venait sur la terre, elle
n'y tiendrait pas un autre langage. Mon ami, garde
toute l'indignation d'une âme honnête pour ces misé-
rables, qui font du plus bel acte du citoyen une ridi-
cule et dégoûtante cérémonie, et de nos assemblées
électorales des marchés publics, où des Français vont
s'étaler comme des esclaves. La traite des noirs est-elle
plus infâme que la traite des consciences ?

C'est ici surtout qu'il est vrai de dire que la forme
emporte le fonds ; jamais nous n'aurons de véritables
élections, sans une bonne procédure électorale.

Trois questions fondamentales se présentent, que je
regrette de ne pas voir résolues par la Charte : 1. Comment assurer la liberté du vote ? 2. Jusqu'à quel point le
pouvoir peut-il s'immiscer dans l'élection ? 3. Quel
mode suivre pour obtenir une représentation complète
du territoire, c'est-à-dire de la propriété ?

Le vote est libre de la même manière, et par la même
raison que la pensée, dont il est la manifestation ; ad-

mettez la plus légère influence, et sa liberté est détruite ; c'est un souffle sur un miroir. Le secret est le seul moyen de l'obtenir de la conscience, aussi pur qu'il s'y est formé. Si tous les caractères étaient forts, il n'y aurait point de précaution à prendre, et notre pensée supporterait sans altération l'épreuve du grand jour ; mais nous sommes si faibles, que notre liberté cherche un asyle dans le secret ; nous ne savons point penser tout haut. Nous ressemblons à ces sénateurs romains, dont la présence de Tibère enchaînait les facultés. Cœpion avait porté devant Tibère, contre Granius Marcellus, préteur de Bithynie, une de ces accusations de lèse-majesté, si fréquentes sous les mauvais princes. Tibère, enflammé de colère, sortit de sa taciturnité habituelle, et voulut opiner tout haut, afin que chacun se crût obligé de l'imiter. Mais il restait encore, rapporte Tacite [*], quelques traces de la liberté mourante, et Cn. Pison eut la hardiesse de demander à l'empereur : « César, à quel rang opinerez-vous ? si vous opinez le » premier, j'aurai une règle à suivre ; si le dernier, je » cours le risque d'être involontairement d'un avis con- » traire au vôtre. » Cette représentation émut le tyran, la délibération ne se fit pas à haute voix, et l'accusé fut absous. Il est dur de se trouver un terme de comparaison dans le sénat de Tibère ; mais il est un rapport sous lequel les hommes changent peu ; les mêmes passions reproduisent d'âge en âge les mêmes faiblesses, et font sentir le même besoin de se fortifier contre les tentations déshonnêtes. Nous qui, sans valoir mieux que les Ro-

[*] *Ann.*, l. 1, n° 74.

mains, avons du moins sur eux l'avantage très-réel d'une institution supérieure à la volonté de l'homme, mettons ce bienfait à profit, plaçons dans l'institution l'indépendance que nous ne trouvons plus dans notre âme, et, à défaut de vertu, appuyons-nous sur des lois; c'est le supplément que nous offre le régime constitutionnel. Faisons en sorte qu'un nouveau Tibère n'osât point ordonner de voter à haute voix; que le vœu des cœurs s'enhardisse à en sortir, sûr de se cacher à l'instant dans l'inviolable silence de l'urne électorale. Une bonne loi pourrait se comparer à cet appareil nouvellement inventé par un médecin célèbre, qui, à son moyen, écoute le travail intérieur d'une poitrine délabrée. Je voudrais qu'à son exemple la loi pût créer un sens polique, pour entendre avec la même certitude la voix secrète d'une conscience timide. Je voudrais même qu'elle ne dédaignât point de s'occuper de la disposition matérielle du lieu où les électeurs se réunissent et émettent leur vœu; rien de ce qui protége la liberté des suffrages, n'est indigne de la loi

Notre premier principe sera donc que le vote est essentiellement secret.

Mais toutes les précautions seraient impuissantes, si l'influence du pouvoir n'était contenue dans de justes limites. Le pouvoir est dans la main des hommes, et c'est trop attendre de ceux qui l'exercent, de les supposer capables de se modérer seuls, au point de ne jamais maîtriser l'élection dont on fait dépendre leur destinée; l'abandonner à leur discrétion, et leur défendre d'y toucher, c'est les exposer à une tentation trop forte. C'est à l'institution à être généreuse pour nous. Notre second principe sera que le gouvernement ne peut s'immiscer dans l'élection, que pour la protéger.

Mais quoi? Le pouvoir que l'on juge n'aura-t-il pas le droit de se défendre? Les moyens d'influence que se permettra l'un des partis, seront-ils interdits au parti contraire? L'élection n'est-elle pas une lutte? Sans doute, l'élection est une lutte, et l'action d'un des partis nécessite la réaction de l'autre. Que le pouvoir descende dans l'arène; qu'il vienne, avec des armes égales, combattre l'opposition; rien n'est plus constitutionnel. Une bonne loi d'élection n'est pas exclusive; elle est maniable pour tous les partis, que secondera l'opinion librement manifestée; elle se prête également à tous, à la condition qu'ils la respectent à leur tour, et qu'ils consentent à reconnaître dans ses résultats le jugement de leurs systèmes divers. Que le pouvoir, dis-je, descende dans l'arène; mais qu'il s'y présente comme parti, et non comme pouvoir; que ses moyens d'influence soient ceux du prosélytisme, et non ceux de l'autorité; qu'il persuade sans commander; qu'il plaide sa cause, sans dicter le jugement; qu'il parle à l'opinion sans offenser la pudeur publique, en intimidant les consciences.

Le seul moyen de réduire le pouvoir à ne jamais prendre d'autre rôle dans les élections, c'est de munir la loi d'une forte sanction pénale, qui la rende redoutable aux ministres et à leurs agens. Le ministre ou l'agent subalterne qui influence l'élection, commet un des plus grands attentats dans l'ordre constitutionnel; il trompe le prince, que le résultat de l'élection doit éclairer; il détruit le gouvernement représentatif, qui n'est représentatif qu'autant qu'il donne un organe à la véritable opinion nationale. Il y a donc haute trahison, et la plus terrible des peines ne serait pas ici hors de proportion avec le crime. Il faut faire entendre que l'élection est une chose grave, fondamentale, sacrée, qu'on ne peut ni arrêter d'avance dans le cabinet d'un ministre, ni commander par des circulaires, ni séduire par des places, ni punir par des destitutions; autrement nous aurons bien des députés nommés, nous n'aurons jamais d'élus.

Si le ministre ne peut, comme agent du prince, influencer l'élection, le prince lui-même le peut encore moins, n'ayant aucun moyen d'action. Le ministre qui se sert du nom du prince pour demander tel candidat, commet un double crime, puisqu'en stimulant l'électeur de céder à l'autorité du monarque, au lieu de suivre l'impulsion de sa conscience, il rend le prince complice de son attentat. L'élection étant un appel à l'opinion, il sera toujours absurde que le pouvoir dicte ou même conseille le choix qui doit l'éclairer et le surveiller. C'est la même jonglerie que celle du grand-prêtre préparant la réponse de l'oracle qu'il consulte.

Ce n'est pas assez que la représentation de la classe moyenne soit fidèle, il importe encore qu'elle soit complète : idées qui au surplus rentrent l'une dans l'autre, et qui te conduiront à connaître les rapports de la loi électorale avec la division géographique de la France.

Pour que l'intérêt de cette classe fût représenté le plus complètement possible, il a fallu diviser l'immense étendue de notre territoire, et demander à chaque section du pays son contingent à la représentation commune. Le problème consiste à trouver le mode de division, qui correspond le plus exactement à la manière dont les intérêts se répartissent dans le pays. Je m'explique : les intérêts se mesurent généralement sur les principales circonscriptions du territoire ; dans chaque circonscription, il se forme à la longue un centre d'affaires, des habitudes de fréquentation, des relations de commerce, un esprit de communauté. Avant 1789, la France se divisait en provinces, et nous avons vu, mon ami, que les provinces étaient de grands fiefs, qui se réunissaient à la France sans quitter leurs prétentions et leurs priviléges particuliers : chacune d'elles avait son intérêt distinct. Aussi était-ce la province qui députait aux états-généraux, parce que c'était l'intérêt de la province qu'il fallait y représenter. Mais la circonscription départementale, conception profonde de l'assemblée constituante, qui eut l'approbation de Louis XVI, a tout changé : de nouvelles habitudes ont pris la forme d'un nouveau type. On a détruit l'intérêt de province ; on a créé l'intérêt de département.

Mais il faut savoir s'arrêter : la subdivision du département en arrondissemens est une mesure purement administrative, qui n'existe que comme les lignes de la sphère céleste. Elle n'a point d'influence sur les habitudes, qui ne se sont pas réduites à de si petites proportions. Le département est une véritable famille politique, dont les arrondissemens ne sont que les membres. Cette séparation a été si bien adoptée dans nos mœurs, qu'elle a créé une appellation nouvelle dans notre langue : c'est par le nom de son département que l'on désigne le député, et la Charte, en adop tant le titre de *députés des départemens*, a encore proclamé une des vérités de notre époque ; c'est le cachet des bonnes lois. Concluons que la division par départemens est la vraie mesure de l'intérêt territorial, c'est-à-dire de la propriété foncière, et que le département en masse doit députer à la chambre : ce sera notre troisième règle.

Tels sont, mon ami, les trois intérêts sociaux que le prince, les pairs et les députés stipulent ; et qui, doués d'organes par la Charte, font entendre cette opinion publique, que nous recherchons pour constituer la représentation nationale. Ainsi se résout le problème.

Au milieu de ces assemblées, dont les élémens sont ainsi combinés, il est arrivé qu'une puissance d'une nature singulière s'est formée, qui, par sa seule existence, prouve qu'en effet aujourd'hui tout le gouvernement est dans l'opinion ; c'est l'opposition parlementaire. Le pouvoir a la funeste propriété d'aveugler, et souvent même de dépraver ceux qui le touchent ; combien d'excellens esprits, trop peu en garde contre ce charme, ont cessé de voir ce que naguère ils montraient à tout le monde, ont mal fait ce qu'ils raisonnaient si bien, et ont senti que tout changeait en eux à l'approche du pouvoir! Ceux qui observent à une certaine distance, ont en général une vue plus claire et un jugement plus sain : « Les hommes et les affaires, dit ingénieusement » La Rochefoucault *, ont leur point de perspective ; il » y en a qu'il faut voir de près pour en bien juger, et » d'autres dont on ne juge jamais si bien que quand

* *Maxime* 108.

» on en est éloigné. » Les hommes et les affaires publiques sont de cette dernière espèce. Aussi chez tous
les peuples, ceux sur qui agit le pouvoir, ont-ils réagi
sur lui, par un droit de censure, qui est le principe
de notre opposition. L'opposition des anciens était
dans la philosophie : Socrate et Phocion la représen-
taient chez les Athéniens, et Platon à la cour de
Denys : Cicéron plaidait sa cause auprès de César, et
Tacite protestait pour elle sous les empereurs. En nous
rapprochant de notre âge, nous la retrouvons au
Mexique avec Las-Casas ; elle inspirait Fénélon sous
Louis XIV ; elle animait Malesherbes sous Louis XVI.
La représentation nationale serait imparfaite, si ce puissant et généreux instinct de notre nature ne trouvait
un organe dans nos assemblées ; ce qu'il y a d'étonnant
et d'admirable, c'est qu'il s'y soit spontanément établi,
par la seule force des choses, comme une preuve vivante de la vérité d'un système qui s'attache à faire
entendre l'opinion publique. Aucune loi n'a créé l'opposition parlementaire, et elle compte au premier rang
de nos institutions ; aucun moyen d'action ne lui est
permis, et il n'y a point d'exagération à l'appeler la souveraine des temps modernes. Elle n'a pour elle ni le
pouvoir matériel, ni la séduction de l'or, ni la magie
des honneurs, ni l'enivrement du crédit, que l'on emploie au contraire à la combattre ; elle est dépouillée
du prestige dont le pouvoir s'environne, et le pouvoir
consent à son empire. Organe de la vérité, elle en a la
nudité, mais elle en a la force. Elle habite dans le cœur
même du gouvernement, dont aucun mouvement secret, dont aucune pensée intime ne lui échappe ; elle est

inexorable comme la conscience, et inévitable comme
le remords. Que dis-je? elle est la conscience même des
gouvernemens représentatifs, et se fait craindre du despote, autant que le remords du méchant. Un philosophe
souhaitait que sa maison fût de verre, afin que chacun
vît ses moindres actions : c'est l'image d'un gouvernement à qui la publicité a donné une sorte de transpa-
rence. Pline propose comme un sûr moyen de se bien
conduire, de choisir un personnage vertueux, sous les
yeux duquel on s'imagine passer sa vie, et dont on s'attache à mériter l'approbation; c'est l'emblème de l'opposition parlementaire. Dans les délibérations politiques,
elle parle avec la certitude d'échouer, et son énergie s'ac-
croît incessamment; on l'écoute avec l'idée fixe de voter
contre elle, et son empire est indestructible. Quel est
donc cette souveraine sans trône, sans États, sans armées, qui semble destinée à combattre, à succomber et
à régner toujours? Cette souveraine est l'opinion. Tandis
que dans l'enceinte des chambres, l'inexorable scrutin
lui donne de continuels démentis, au-dehors ses accens
avertissent, touchent, émeuvent; et bientôt, ô triomphe
que l'éloquence antique envierait à la nôtre! les
portes du palais s'ouvrent, et l'Opposition va s'asseoir
au conseil du prince. Mais aussitôt, par une loi de sa
nature, qui est incompatible avec le pouvoir, elle quitte
le parti qui triomphe, et vient avec le parti qui succombe, recommencer sa lutte éternelle contre l'éternelle tendance de tout pouvoir à s'agrandir.

Ne cherche donc pas, mon ami, les bienfaits de l'opposition dans les délibérations de nos chambres, qui
en gardent rarement une trace visible, et qui n'offri-

raient à un observateur vulgaire que l'histoire de ses revers. Son influence réelle ne s'aperçoit pas ; les fruits qu'elle porte mûrissent dans l'ombre. L'amour propre, qui domine les positions les plus éminentes, arrêtera toujours le pouvoir près de se rendre à l'évidence de ses représentations ; mais c'est dans le mystère du cabinet, c'est dans le travail des comités que l'opposition est efficace ; c'est là que la crainte de sa censure agit imperceptiblement, modifie un plan, élabore un projet, et obtient des victoires qui, pour être inaperçues, n'en sont pas moins réelles.

Tel est le jeu de notre machine : le ministre, attaché à la majorité des chambres, s'avance, s'arrête et change avec elle. Quand l'opposition peut saisir le ministère, comme Hercule faisait Antée, et le séparer de l'opinion où il puise sa force, elle acquiert la majorité, elle monte au pouvoir. Et dans ces mutations successives, ce n'est pas la disgrâce de quelques fonctionnaires qu'il faut voir, mais une erreur du gouvernement jugée par l'opinion. Quand le ministère déchu veut reconquérir le pouvoir, il n'a de moyens légitimes que ceux qui ont servi à l'attaquer, le courage, la raison, et l'éloquence ; armes qu'une opposition consciencieuse porte toujours avec elle, et dont on ne peut se passer pour soutenir son choc : ce qui écarte la médiocrité des emplois supérieurs, et leur impose l'heureuse nécessité du talent. Mais que le ministère résiste à ce mouvement qui naît de la constitution, autrement que par des moyens avoués de la constitution, qu'il refuse d'entrer dans l'opposition, quand ce mouvement l'y pousse ; qu'il change le mode électoral, uniquement parce que le

mode électoral, uniquement parce que le mode électoral menace de le changer; qu'il s'aide de la majorité
qui sort, pour fermer la chambre à la majorité qui
entre; c'est violer la première loi du système représentatif; c'est briser sa base.

On a demandé s'il convenait de s'opposer à ce qui est
bien; comme si le rôle de l'opposition était de tour-
menter le gouvernement par une contradiction injuste
et chagrine. Le jour où la minorité, se trompant à ce
point sur sa destination première, regarderait une résistance aveugle comme son emploi obligé; le jour où,
cessant de consulter sa conscience, elle abjurerait son
propre discernement, pour réciter l'invariable formule
d'un rejet systématique, l'opposition forcerait la majorité à voter sans examen dans le sens du ministère :
chaque député se métamorphoserait en un automate,
obéissant à une impulsion mécanique; il n'y aurait ni
délibération, ni chambre. Laissons ce préjugé à quelques membres du parlement britannique, et ne nous
piquons que de l'imitation qui perfectionne.

J'ai toujours admiré la règle de conduite que s'était
faite le malheureux comte de Strafford, et les contradictions apparentes de sa vie politique sont l'indice
d'une probité courageuse : dans les commencemens du
règne de Charles Ier, il ne vit que l'invasion de l'arbitraire, et le ministère le rencontra dans les rangs de
l'opposition; plus tard, il fut alarmé des progrès de la
licence, et, toujours poussé par sa conscience au secours du plus faible, il devint le martyr de la couronne,
après en avoir été l'antagoniste. Ne doutons pas que
chez nous et de nos jours, ce grand homme ne prêtât à

l'opposition française les ressources de son génie; sa bonne foi verrait dans notre époque une tendance trop grande à diminuer le contre-poids de la couronne. Malesherbes, qui fut sous ce point de vue le Strafford de la France, suivait ce noble exemple; il est beau de voir le même homme écrire les éloquentes remontrances de la cour des aides, et défendre ensuite, au péril de sa tête, le Roi qu'il avait éclairé.

« Il vaut mieux, dit Cicéron, empêcher une bonne » chose que d'acquiescer à une mauvaise. » *Impediri bonam rem meliùs; quàm concedi malœ* *. C'est le principe fondamental de toute délibération. La faiblesse de notre raison fait que nous nous défions de ceux de nos jugemens qui n'ont pas subi l'épreuve d'une discussion. C'est l'opposition qui est chargée d'entretenir cette épreuve au risque de se tromper. Mais il ne lui est permis de se tromper que dans une discussion de principes; dès qu'elle attaque dans le pouvoir autre chose que son système, elle cesse d'être opposition de principes, et devient rivalité de personnes.

L'opposition n'était pas ce qu'elle devait être dans ces parlemens de France, auxquels on attribue le mérite d'en avoir rempli l'office sous l'ancien régime, et qui trouvent encore des apologistes, comme corps politiques **? C'est sous ce point de vue seulement que

---

* De Legibus.

** Les parlemens n'eussent point été regrettés des anciens ministres, à en juger par une lettre de M. de Laverdy, contrôleur-général, à M. le duc d'Aiguillon, au sujet des troubles dont la Bretagne était menacée en 1754 : « Je ne sais, disait-il, quel parti » on prendra sur tout ceci; mais j'y vois clairement l'époque d'une » guerre intestine..... Le Roi ne le souffrira pas: les États seront

je veux examiner avec toi cette institution ; car ces illustres compagnies, considérées comme une branche de la magistrature, nous ont laissé, malgré quelques erreurs, de vénérables souvenirs.

Les parlemens affectaient, on ne sait à quel titre, une portion du pouvoir législatif. Bien qu'ils tinssent leur existence du Roi, ils se regardaient comme les représentans des états-généraux dans l'intervalle des sessions. L'exercice de ce prétendu pouvoir consistait à transcrire les lois sur leurs registres, et ils attachaient à cette formalité l'idée d'une sanction essentielle à la loi, quand les Rois n'y voyaient qu'un mode de publication. L'origine de cette transcription remonte au *conseiller Jean de Mont-Luc*, qui vivait sous Philippe-le-Bel, et qui annotait pour son usage les édits, les arrêts, et les choses mémorables dont il avait eu connaissance ; son exemple fut imité de siècle en siècle, et devint une coutume dont on voulut faire une prérogative.

Cette prétention a été la source des plus déplorables discordes entre la magistrature et le trône. Le Roi envoie un édit au parlement ; le parlement refuse de l'enregistrer ; le Roi insiste par des lettres de jussion ; le parlement résiste par d'audacieuses remontrances. La constitution ne fournit au Roi que la ressource de se mettre en colère ; il vient au parlement déployer dans un lit de justice l'appareil de sa majesté irritée, et or-

----

» séparés ; le parlement défendra la perception ; il sera dispersé ou
» rendu sans action ; les octrois des villes ne se percevront plus,
» et toutes les villes seront ruinées ; les autres parlemens pren—
» dront fait et cause pour la Bretagne, et en viendront là aussi.
» Quel bouleversement dans le royaume ! »

donner l'enregistrement en sa présence : on enregistre.
Car c'était une maxime que l'arrivée du prince faisait
cesser la magistrature : *Adveniente principe, cessat ma-*
gistratus. Le parlement lutte par des protestations et
par la force d'inertie ; il interrompt ses fonctions ; le
barreau se ferme ; le palais est désert ; les citoyens ne
trouvent plus de juges. Qu'arrive-t-il? le Roi exile à
Troyes ou à Pontoise ces indomptables perturbateurs ;
et alors, suivant le caractère du monarque ou du ministre, les exilés, vaincus par la fatigue de la résistance
et par la crainte de perdre des offices révocables, ca-
pitulent pour acheter leur retour ; ou le Roi, intimidé
par la popularité de ces tribuns opiniâtres, compromet
toute sa dignité dans des négociations pusillanimes.
Mais le plus souvent le désordre se termine par la soumission de la magistrature, dont l'humiliation se sauve
sous de vaines formes.

De quel droit le parlement refusait-il d'enregistrer?
Comment osait-il s'ingérer dans le pouvoir législatif? Il
avouait lui-même que le prince était absolu ; de quelle
manière conciliait-il cet aveu avec ses prétentions? Aussi
les Rois rappelèrent-ils les parlemens à l'esprit de leur
institution par des avis fréquens et sévères : François Ier
manda le parlement, lui fit de vertes réprimandes, lui
défendit de modifier les lois, lui permit seulement la
voie des remontrances, et l'astreignit à prendre tous les
ans de nouvelles provisions. Charles IX défendit de
mettre en question si les édits seraient vérifiés ou non.
Henri IV ne put faire passer le fameux édit de Nantes,
sans prêter à la tolérance un langage impérieux.
Louis XIII renouvela les défenses portées par Charles IX.

Louis XIV restreignit le droit de remontrances et ne voulut les écouter que dans la huitaine de l'enregistrement : l'insulte qu'il alla faire en personne à la magistrature est célèbre par sa brutalité. Le duc d'Orléans ayant permis les remontrances avant l'enregistrement, Louis XV ordonna l'enregistrement immédiatement après les remontrances permises. Mais bientôt les parlemens menacèrent le trône d'un nouveau genre de conspiration ; comme ils formaient autant de corps indépendans, et qu'on objectait à leur prétention ce défaut d'unité, ils imaginèrent de se confédérer ; les parlemens des provinces devinrent des *classes*, dont celui de Paris était le chef. Un édit se hâta de proscrire ce système d'indivisibilité, et fut le signal d'une guerre de pamphlets. Enfin Louis XVI confirma le droit de remontrances avant l'enregistrement, et en permit d'itératives après l'enregistrement effectué.

Voilà donc à quoi se bornaient les droits des parlemens : *à faire des remontrances*, tantôt avant, tantôt après l'enregistrement.

Ce n'est pas qu'il faille blâmer le principe, ou, si l'on veut, le but de leur système. La nation, qui portait sur l'ordre social son esprit de critique et d'analyse, sentait vaguement le besoin d'un contre-poids politique. Les parlemens cherchèrent à s'emparer de ce mouvement de l'opinion, et ils durent succomber. Mais, à quelques modifications près, c'était moins un manque de justice dans la chose, qu'un défaut de qualité dans la personne. Ce droit qu'ils s'arrogeaient ne leur avait été donné par qui que ce fût, et rien ne le définissait. Le parlement de Paris méconnaissait ses attributions à un tel point,

que, vers 1776, le fougueux d'Espréménil l'entraîna à
des discussions, du genre de celles qui occupaient le parlement d'Angleterre, avec lequel il n'avait de commun
que le nom. Il les avait toujours tellement méconnues,
qu'en 1789, lorsque cette compagnie (à qui, par une
destinée qui est une leçon pour nous, il était réservé
d'ouvrir la révolution qui devait renverser le trône),
lorsque cette compagnie appela à grands cris les états-
généraux, elle motiva sa demande sur son incompé-
tence pour consentir à des impôts : aveu solennel de ses
précédens excès de pouvoir.

Le mal venait de la nature du régime absolu. Les institutions portées par l'opinion n'y étant pas régulièrement admises, s'y introduisaient violemment, *fit via vi*,
et y restaient déposées comme un principe de mort,
dont l'influence, toujours combattue et toujours subsistante, ne se faisait sentir que par des secousses. Le
faux contre-poids des parlemens produisait bien moins
cette exacte pondération d'où résulte l'équilibre, que
le conflit de deux corps qui se brisent en se heurtant;
et une opposition qui éclatait ainsi par un scandale,
pour se terminer par une humiliation, ne mérite pas
trop, ce semble, les regrets des bons esprits.

Qu'il y a loin de cette turbulence séditieuse à l'opposition de nos chambres représentatives! Reçue dans
le gouvernement à un titre qui est reconnu, sa résistance n'est pas une entrave, mais un moyen; elle n'arrête pas l'action du gouvernement, elle la seconde, ou
plutôt elle est cette action même. Elle remplit près de
lui l'office du démon de Socrate. Que le régime constitutionnel puisse enfin vaincre les premières difficultés

de son établissement ; que l'odieux esprit de parti ne fatigue plus les cœurs de sa défiance haineuse (et il te sera donné de voir ces beaux jours), je le demande : y a-t-il rien sur la terre qui soit plus digne de l'amour des hommes, que ces délibérations solennelles, où l'intérêt de l'ordre, si fort par l'organisation matérielle des gouvernemens, se présente comme l'auxiliaire de cette liberté, si puissante par son empire sur les âmes ? Alors, je l'avoue, quand l'antique querelle des Rois, des nobles et du peuple, se termine à un accord qui les entraîne également tous vers un but commun, et mesure leur part dans la représentation sur leur importance dans la société ; quand des assemblées énergiques et loyales, fermes et modérées, délibèrent avec dignité, votent avec indépendance, et s'animent avec sécurité pour elles et pour l'État ; quand elles portent au trône, quand elles en reçoivent les témoignages de la confiance et les avertissemens de la vérité : alors, mon fils, je suis touché jusqu'à l'enthousiasme de l'admirable beauté de ce spectacle. Je suis frappé surtout du caractère auguste qu'une telle institution communique au député, dont le trait distinctif est de devenir législateur, sans quitter la condition privée ; mais dont le devoir le plus difficile est, à mon gré, d'élever son âme à tant de hauteur. Pour se former une idée juste de sa mission, ce n'est pas trop qu'il se propose cette perfection idéale que Cicéron cherchait dans l'orateur ; ce n'est pas trop de lui dire : Élu du peuple, c'est ici qu'il faut dépouiller l'homme vulgaire, et en revêtir un nouveau. Vois-tu cette nation, dont le choix t'appelle à une si belle gloire ? Le monde n'a pas de nation plus généreuse; l'Europe n'en connaît pas de plus éclairée, l'histoire n'en célèbre pas de plus illustre, et c'est toi qui la représentes. Ce redoutable mot signifie que dans cette élite des hommes civilisés, il n'y a pas une idée juste que tu ne sois obligé de saisir, un sentiment honnête qui ne doive t'animer, un besoin réel que tu ne fasses connaître, un droit légitime que tu ne saches défendre; la capacité de ton cœur et de ton esprit doit contenir les affections et les pensées de tous. Retranche une seule de ces conditions, et tu ne représentes plus la première nation du Monde. Que si de cette tribune où tu t'apprêtes à te faire entendre, tu crois ne parler qu'à l'assemblée qui t'écoute, garde-toi d'y monter : ni ta pensée ne serait assez grande, ni ta parole ne serait assez forte. Pour comprendre devant quel auditoire tu vas être en présence, figure-toi que les murs de cette enceinte sont tombés, et te découvrent un horizon sans bornes : au milieu de cette vaste étendue, la tribune que tu occupes est un sommet d'une élévation immense, d'où tes paroles seront recueillies par vingt-cinq millions d'hommes, pour être transmises d'écho en écho jusqu'au bout de l'univers.

TROISIÈME PARTIE.

DE LA MANIÈRE DONT LE GOUVERNEMENT DOIT ENVISAGER LES HOMMES, ET DES MŒURS CONSTITUTIONNELLES QUI EN RÉSULTENT.

> « Il est dangereux de trop faire voir à l'homme
> » combien il est égal aux bêtes, sans lui montrer sa
> » grandeur. Il est encore dangereux de lui faire
> » voir sa grandeur sans sa bassesse. Il est encore
> » plus dangereux de lui laisser ignorer l'un et l'autre.
> » Mais il est très-avantageux de lui représenter l'un
> » et l'autre. »
>
> PASCAL, *Pensées*, Ire part., art. 4, no 7.

PASCAL projetait un ouvrage sur la religion ; les pensées qui nous restent de lui, sont les matériaux qu'il avait rassemblés pour ce vaste édifice. On raconte que peu d'années avant sa mort, sollicité devant une assemblée brillante et nombreuse de développer le plan de cet ouvrage, il discourut pendant plusieurs heures sur la meilleure méthode à suivre pour ouvrir les esprits à des vérités, que dès lors sans doute on méconnaissait, puisqu'il songeait à les défendre. Ce dut être une confidence curieuse, que celle du génie admettant des profanes au spectacle du travail intérieur de sa pensée, et leur montrant un chef-d'œuvre dans son germe. Pascal commença par établir que la religion est un besoin moral, parce qu'il faut un appui surnaturel à une misère profonde, et une croyance fixe à une raison incertaine ; il pensait qu'il convenait d'abord de rendre la religion désirable, et qu'une démonstration rigoureuse brusquement présentée, eut couru le risque de ne trouver aucun accès dans l'esprit. Après cette préparation, il arrivait à ses preuves, qui, venant s'offrir pour satisfaire à un besoin de notre nature, devaient être plus facilement accueillies ; enfin il dénombrait les immenses bienfaits de la religion, et c'est ainsi qu'après avoir fait souhaiter la vérité annoncée, il faisait aimer la vérité démontrée. L'ordonnance de ce plan est parfaite ; cet art de pénétrer dans l'esprit par le cœur, et de produire la conviction par la persuasion, était le procédé le plus sûr que la logique pût conseiller à l'éloquence.

Nous avons commencé, mon ami, par rechercher l'origine du régime constitutionnel, et nous l'avons trouvée dans le cœur de l'homme civilisé. Le pouvoir absolu sous le meilleur des princes, c'est-à-dire avec toute sa perfection possible, ne peut procurer ces garanties sociales, dont nous contractons le besoin en nous éclairant.

Nous avons ensuite examiné si notre Charte organise le gouvernement de manière à satisfaire à ce besoin de garanties, c'est-à-dire, de manière à prouver sa vérité.

Nous arrivons à l'époque où il est enfin établi, et nous étudions les effets moraux de son influence ; en d'autres termes, nous éprouvons si, d'ailleurs nécessaire et vrai, il mérite encore d'être aimé. Ce troisième période de notre existence constitutionnelle est sensiblement distinct des deux premiers ; un régime excellent peut avoir reçu une organisation conforme à ses fins, sans que les législateurs et les agens du prince se pénètrent de son esprit, et sachent marcher dans ses voies. Nous allons donc nous occuper, moins de l'institution en elle-même, que des hommes à qui elle est confiée. « Ce sont, dit Montesquieu, les chefs des républiques » qui font l'institution, et c'est ensuite l'institution qui » forme les chefs des républiques. » Dans les monarchies modernes, il n'y a de vrai que la seconde partie de cette proposition, et il semble qu'il y aurait une exactitude plus rigoureuse à dire aujourd'hui : Les besoins appellent l'institution ; l'institution forme les chefs, et les chefs forment les mœurs. L'action réciproque des choses sur les hommes, ne commence qu'après l'établissement complet du gouvernement. Long-temps encore après la chute du pouvoir absolu, ses habitudes lui survivent, et cherchent à prolonger leur existence, en prétextant l'ordre public, bien qu'elles soient un véritable désordre sous un régime dont elles troublent l'harmonie. Ce n'est donc pas assez que les autorités créées par la Charte se constituent ; ce n'est point assez que deux chambres soient établies, et que les pouvoirs soient divisés : toute cette révolution matérielle peut rester complétement inutile, si les chefs ne font dans leurs idées une révolution analogue, si la loi ne se délibère, si elle ne s'exécute non-seulement selon la lettre, mais surtout selon l'esprit de la Charte ; si en un mot les hommes du nouveau gouvernement ne conçoivent

leurs devoirs autrement que ceux de l'ancien. Les habitudes constitutionnelles une fois prises, ils agiront régulièrement sans avoir besoin de s'observer ; ce sera
une coutume, et non plus un raisonnement : mais
jusque-là, le génie de la Charte ne pourra se concevoir
que par la méditation.

L'objet de nos études change donc de nature, mon
ami. Jusqu'ici nous avons eu l'histoire pour guide ;
mais l'expérience du passé va nous manquer désormais,
et c'est de notre avenir que nous allons nous occuper.
Nous nous proposons d'acquérir une notion exacte
d'un bien dont nous n'avons pas encore joui, et que
nous pressentons sans le connaître. Le seul peuple qui
nous ait précédés dans la carrière, cesse de nous instruire, et ses leçons nous abandonnent ; les annales de
l'Angleterre n'offrent pas d'exemples de cette transition
soudaine, qui marque notre mémorable époque de
1789. L'éducation constitutionnelle de nos voisins a
été lentement progressive ; elle s'est faite en même temps
que leur institution, qui n'a eu à combattre du pouvoir absolu que des préjugés invétérés dans l'esprit de
quelques Rois, mais qui n'en a jamais rencontré de
tradition durable dans la législation ni dans le peuple.
Chez nous, au contraire, une soif immodérée de liberté politique croissait depuis long-temps au milieu
des formes immuables de l'ancienne monarchie ; nous
avons voulu jouir complétement, et jouir sans délai ;
une attente trop longue a produit une impatience trop
vive, et lorsque tout le gouvernement s'est écroulé en
un jour, nous avons été poussés par des penchans, et
retenus par des habitudes contraires.

La situation de la France est donc neuve. Son histoire ne contient que des antécédens à éviter; celle d'Angleterre en présente un petit nombre à choisir.

Nous avons vu que, selon le droit strict, le prince absolu ne doit rien à ses sujets; ce prince et ses sujets ne se doivent réciproquement quelque chose que selon la morale. Il n'y a de droit proprement dit, revêtu de la sanction humaine, que sous le régime constitutionnel, qui contracte des obligations positives, et qui est tenu à des garanties. Nous avons vu également que le prince absolu, qui rend son peuple heureux, est quitte selon la morale, et qu'on n'a rien à lui demander; mais que le prince constitutionnel n'a point accompli sa tâche, en procurant à la nation le bien-être matériel, ou plutôt que le bonheur de la nation change d'objet, et qu'il ne peut résulter que de la jouissance des droits garantis. Nous en avons expliqué ailleurs les raisons.

Mais ce que l'on n'a point assez pénétré, c'est la nature de ces droits, c'est la source de laquelle ils dérivent. Si l'on avait plus clairement aperçu qu'ils sortent de notre cœur et de notre esprit, on se fût fait une plus juste idée de l'éternelle vérité du nouveau régime, et du génie dont il anime le gouvernement. Voyez par quel ordre admirable chacun de nos droits politiques correspond à une de nos facultés morales ou intellectuelles : l'homme, en se civilisant, devient-il inquiet? la constitution lui donne des garanties; la raison de l'homme est-elle perfectible? la constitution transporte la perfectibilité dans le gouvernement; l'homme est-il libre? la constitution se charge de la sûreté de sa personne :

l'homme est-il égal à l'homme? la constitution veut qu'il reste tel devant la loi ; l'homme est-il sociable par la faculté de propager ses idées? la constitution lui donne la liberté de la presse, précisément comme Dieu lui a donné la parole; l'homme règne-t-il par l'empire de l'opinion, qui puise son impartialité dans la conscience? la constitution prend l'opinion pour règle. Serait-ce en vain que la constitution de l'homme aurait ainsi passé tout entière dans la constitution de l'État? Pour comprendre l'esprit de notre régime, n'y a-t-il donc rien à conclure de ce que sa base est dans la raison et son éternelle perfectibilité, dans la liberté et ses nobles inquiétudes, dans la conscience et son incorruptible justice, dans la pensée et son besoin de se communiquer, c'est-à-dire, dans les facultés qui font de l'homme un être essentiellement sociable et le roi de la création? Je ne saurais m'imaginer que ces étonnantes analogies soient des observations oiseuses, et je crois y apercevoir une haute et féconde vérité : c'est que notre régime protége des facultés auxquelles il doit l'existence, et qu'il encourage tout ce qui en est le développement.

Jugeons de l'esprit de notre régime par ses différences avec le despotisme : le despotisme est ennemi de nos facultés, il isole les individus, il intercepte la parole, il comprime la pensée, il fausse la conscience; il nous ferait perdre, dit Tacite, la mémoire avec la voix, s'il était autant en notre pouvoir d'oublier que de nous taire. Par la raison contraire, tout ce que la philosophie enseigne de sublime sur l'excellence de notre nature, ne peut nous donner un sentiment aussi juste de notre valeur

réelle, que la jouissance complète du régime représentatif. Il arrive, ce régime réparateur, dans notre Europe
si vieille et si désolée, où l'homme a été le jouet de
tant de révolutions; il le trouve dans l'attitude que lui
ont donnée des siècles de barbarie; il le prend, le relève, et lui dit de regarder le ciel. Sa chaleur vivifiante
pénètre le cœur, et y fomente les sentimens généreux;
sorti de notre âme, il en connaît toutes les forces et les
faiblesses, et sait lui approprier l'espèce d'appui qui lui
manque. Comme l'ami de La Fontaine, *il cherche nos
besoins au fond de notre cœur.* Il ne nous promet pas,
comme aux citoyens des anciennes républiques, une
participation directe à la souveraineté; mais il nous
assure un bien plus réel, dont ils étaient obligés de
faire le sacrifice, l'usage de nos facultés individuelles,
l'exercice paisible de nos droits privés, sous la puissante
protection du droit public. C'est l'instrument choisi par
la Providence pour accomplir notre destination sur la
terre, et nous rappeler à notre dignité morale.

Le despotisme est obligé de mépriser l'espèce humaine; il ne peut l'estimer sans inconséquence; aussi la
dégrade-t-il comme pour sa propre justification; il la
force à mériter l'opinion qu'il a besoin d'en avoir. Son
triomphe est de l'avilir, au point de s'en faire aimer.
Ce malheureux qui, ayant vieilli dans les fers, fut
trouvé pleurant sur les ruines de la Bastille, est l'image
d'un peuple à qui son esclavage est devenu cher : c'est
le dernier degré de l'abjection. Mais la constitution
professe un grand respect pour l'homme en général;
elle le considère des mêmes yeux que la religion, comme
un être auguste, merveilleusement doué du ciel, où il

est appelé. Vous tous, ministres du pouvoir, auteurs ou organes de la loi, respectez donc, honorez le sujet du Roi constitutionnel; il vient d'entrer dans sa virilité; il vient de monter à l'égalité civile. Et vous aussi, ministres du Dieu qui nous donna l'Évangile, aimez une loi qui est fondée sur la vôtre, qui tient ici-bas une partie de ses promesses, et qui complète son ouvrage, l'affranchissement moral de l'homme. Méditez le nouveau régime et le christianisme, vous serez frappés de leur analogie; vous les verrez proclamer les mêmes vérités, tendre au même but, et, suivant la même marche dans leur progrès, commencer par le peuple, pour finir par le trône. Après la chute du polythéisme, la loi divine fut contrariée par les lois humaines, et la barbarie du moyen âge atteste qu'il manqua quelque chose à son triomphe. La civilisation dont elle contenait le germe attendait un auxiliaire dans le gouvernement politique, et, depuis cette alliance vraiment sainte, il n'est pas de livre plus religieux que la Charte, ni plus constitutionnel que l'Évangile. Car, n'en doutez pas, prêtres chrétiens, tout se lie dans cette merveilleuse succession d'événemens : le pouvoir absolu tombe chez nous par les mêmes raisons que le polythéisme; Dieu seconde le nouveau régime, comme il a propagé sa morale; c'est la création qui se perfectionne; c'est l'homme qui s'achève. Que ne doit-il pas sortir du concours de ces deux puissances! mais aussi que nos destinées s'accomplissent lentement! Et puisque la Charte continue dans les lois la réforme que l'Évangile a commencée dans les consciences, combien nous faut-il donc de siècles pour devenir ce que nous devons être?

Des esprits, faussés par la peur de nos excès, prennent l'alarme au seul souvenir des droits de l'homme, et ne veulent entendre parler que de ses devoirs * Il n'est point de paradoxe que notre siècle ne réduise en système, et celui-ci vient de donner naissance à une théorie nouvelle ; on nous enseigne que l'idée de nos devoirs est la seule dont il convienne de nous entretenir. Je n'entreprends pas de justifier la constitution de 1791, qui proclama la déclaration des droits, sans y joindre celle des devoirs ; chacun peut se faire, sur la nécessité ou le danger d'insérer dans la loi fondamentale une déclaration de doctrine, des idées que je n'examine pas ici ; en 1791, on réclamait des droits long-temps méconnus, et il était naturel de ne songer à définir que ce que l'on réclamait ; en 1827, on rappelle des devoirs trop souvent oubliés, et l'on nous permet uniquement l'idée que nous n'avons pas toujours eue assez présente : c'est la marche ordinaire de l'esprit humain. Mais au fond, cette discussion n'est-elle pas un peu vaine ? Ces deux prétendus systèmes ne se réduisent-ils pas à un seul ? Les droits et les devoirs sont deux corrélatifs nécessaires ; il est impossible de concevoir les premiers sans les seconds, et réciproquement ; mon droit a pour limite éternelle le même droit chez autrui, et de là naît un devoir ; on peut bien, selon la manière dont on est affecté, n'envisager qu'une des faces diverses d'un même objet ; mais ce n'en est pas moins le même objet présentant des faces diverses.

Est-il bien vrai, comme on l'affirme, que, tout en

* M. Droz.

admettant la corrélation nécessaire des devoirs et des droits, l'idée des premiers soit meilleure que celle des seconds; et qu'il soit plus sage d'en renouveler fréquemment l'impression sur notre esprit? Notre nature et notre histoire démentent également cette proposition; l'homme social a plus d'occasions de revendiquer ses droits que de se rappeler ses devoirs, et les événemens d'ici-bas s'arrangent de telle sorte, qu'il est plus souvent opprimé que séditieux. Il y a dans l'anarchie quelque chose de si effroyable, qu'elle fait horreur à tout le monde; elle est nécessairement passagère; elle se déchire de ses propres mains; elle succombe sous le poids de l'exécration universelle; aucune voix n'oserait faire entendre son apologie; tandis que le despotisme, aussi détestable et autrement dangereux, secondé de la haine même qu'elle inspire, et bien plus habile à déguiser la fausseté de ses doctrines, organise la servitude, met de l'ordre dans le mal, et sait ainsi remplir une des conditions de la durée.

Toutes les chances des révolutions tournent à son profit; il se fortifie de leurs excès, qui se font peur les uns aux autres. Les attaques même qu'on lui porte produisent l'effet du vent sur les arbres; elles le raffermissent; et malheureusement les Français ont, à sa naissance, une propension secrète à le seconder; ils connaissent même l'art d'ennoblir l'empressement obséquieux avec lequel ils l'entourent.

Mais le mal est moins encore dans la durée du despotisme que dans ses suites. Il nous a pris furieux, il nous laisse imbécilles; l'homme, en sortant de ses mains de fer, est tellement froissé qu'il se soutient à peine, et cherche en vain quelque énergie dans une âme dont tous les ressorts sont brisés. Il faut de longues années pour retremper les courages qu'il a amollis, et il est plus difficile d'effacer ses vestiges que de détruire sa puissance. Envisagé sous ce rapport, le despotisme est une plus grande calamité que l'anarchie, de laquelle on a souvent vu sortir d'héroïques vertus, et, s'il est le châtiment de celle-ci, combien l'anarchie est-elle donc une chose épouvantable, puisqu'elle donne l'opprobre pour punition à la démence! On se récrie sans cesse sur le danger d'exalter les esprits; quant à moi, je ne vois de péril réel qu'à les abattre. Ah! parlons sans scrupule à l'homme des biens qui lui sont dus; croyons-en les expériences de son histoire et de son cœur; le sentiment de ses droits est trop souvent le premier qui l'abandonne, et le dernier qui se ranime. Dans presque toutes les crises politiques, c'est le pouvoir qui a besoin de répression, c'est la liberté qui a besoin de secours. Hélas! la destinée de la liberté est si malheureuse, qu'après avoir échappé à la licence, elle est encore poursuivie par son fantôme; comme si elle devait expier jusqu'aux désordres dont elle souffre, elle subit la haine qu'inspirent ses ennemis, et porte la peine des crimes commis contre elle; ses propres malheurs servent de prétexte pour l'opprimer. On ne lui conteste pas seulement ses droits; on usurpe ses traits, on lui vole son nom. Pour elle, la plus grande difficulté est de se faire reconnaître; car on sait qu'elle triomphe dès qu'elle est reconnue.

Des écrivains ont interrogé la philosophie morale, sur la véritable manière d'envisager la nature humaine dans le gouvernement, et chacun nous en a transmis une réponse différente. Selon Hobbes, l'homme est né méchant; l'état social est institué pour combattre sa malignité; mais dans l'impossibilité de le corriger, il faut le gouverner par ses vices; c'est le fondement du machiavélisme. Selon Jean-Jacques, l'homme est né bon; mais la méditation le déprave, et l'état social le pervertit; il faut le rappeler à ses vertus primitives, et le gouverner par elles; c'est le fondement de presque toutes les utopies. Selon la saine philosophie, nous n'apportons en naissant ni bonté, ni méchanceté, mais de l'aptitude à l'une et à l'autre; placés comme Hercule, à l'embranchement des deux routes du bien et du mal, la conscience nous conseille, et le libre arbitre nous détermine. Trop souvent la conscience n'est point écoutée et les mauvais penchans l'emportent. Disons donc : l'homme est né faible, il faut le fortifier; c'est l'objet de la monarchie constitutionnelle.

L'homme est faible; et, en effet, plus on réfléchit à ce qui lui manque, plus on trouve que c'est de force qu'il a besoin. Tout est faiblesse en nous : nos sophismes, nos erreurs, nos fautes, nos crimes même, que la loi pénale est obligée de considérer d'un autre œil que le moraliste. Les fautes sont des faiblesses de notre cœur, que nous cherchons à justifier par des sophismes, autre faiblesse de notre raison. Il n'est pas jusqu'à notre manière d'être honnêtes, qui n'accuse notre fragilité : nous le sommes sans doute, nous le sommes en général; mais qu'il nous faut peu de chose pour cesser de l'être! et avec quel empressement nous nous dépêchons de succomber, quand la tentation se présente avec

quelque circonstance plausible, qui fasse à la conscience les honneurs d'une capitulation! Ce qui est vrai
de nos rapports privés, l'est bien davantage de nos
actes politiques. Les scrupules, dont nous nous piquons
encore comme particuliers, nous ont à peu près aban-
donnés comme citoyens; et nos mœurs se sont formées
de telle sorte, que non-seulement nous nous déclarons
incapables d'aucun effort individuel vers le bien col-
lectif, mais que nous taxerions d'injustice qui nous en
demanderait. La liberté nous sourit, il est vrai; nous
avons du goût, et quelquefois même de la passion
pour elle; mais nous avons aussi de la propension pour
la servitude; elle nous épargne la fatigue du mouvement, et nous procure ce repos qui plaît à notre paresse.
Tibère pourrait encore s'écrier des nos jours : *O homines ad servitutem paratos!*

La loi serait donc mauvaise, qui supposerait l'homme
toujours prêt à l'action publique, et au sacrifice de son
repos; mais la loi sera excellente, qui envisagera dans
l'homme une créature à la fois noble et débile, incapable de se défendre et digne d'être secourue; qui reconnaîtra les beaux titres dont il est porteur, et se
chargera de les faire valoir; qui garantira ses droits
en le sauvant de lui-même, et le conduira au bonheur,
en le dispensant de la vertu; en un mot, la loi sera
parfaite, qui fortifiera par l'institution l'homme devenu
faible par ses penchans.

Il en est de l'institution relativement au peuple,
comme de l'institution relativement au prince; elle
suppose l'un et l'autre faibles, et elle annule les qualités individuelles dans les choses du gouvernement, en

établissant un point fixe, qui retienne toutes les in-
firmités humaines.

Les lois des anciennes républiques réglaient les détails de la vie privée, s'ingéraient dans l'éducation domestique, et s'attachaient à rendre l'homme capable
de liberté : la loi constitutionnelle de nos jours abandonne chacun de nous à ses mœurs particulières ; elle
ne s'inquiète que de porter vers la liberté l'homme incapable de marcher à elle.

La constitution de Lycurgue et de Solon faisait de
la vertu une qualité morale, une condition necessaire
du citoyen ; nos constitutions représentatives font de
la vertu une qualité politique, une condition nécessaire du gouvernement.

La corruption des citoyens a perdu les anciennes républiques ; les États modernes doivent subsister malgré
elle ; ils ne peuvent périr que par la corruption du principe constitutionnel. Les lois anciennes étaient plus
austères envers le peuple, et les lois modernes sont
plus exigeantes envers les chefs.

Voici donc le gouvernement que j'appelle libéral, et
l'esprit qui doit pénétrer tous ses actes, depuis les
hautes conceptions du légistateur, jusqu'aux simples
détails de l'administration : la nature nous donne le
sentiment de nos droits, le choc des événemens tend
à l'amortir, et par conséquent le régime constitutionnel à le ranimer ; le premier devoir du gouvernement
qui veut remplir sa destination, est d'accourir vers le
point menacé, de soutenir cette liberté, qui ne survit
à tant de coups que parce qu'elle est immortelle, mais
qui se relève de chaque crise, chancelante comme un

malade en convalescence; de suppléer à l'inertie des caractères par la générosité des lois, et de rétablir ainsi la balance que le poids des choses emporte incessamment du côté du pouvoir.

Corrompre, c'est affaiblir. Sous notre gouvernement, corrompre ne sera donc pas seulement un crime contre la morale, mais un attentat à la loi constitutionnelle.

Un corrupteur est déjà lui-même corrompu; il y a plus de dépravation chez celui qui tente, que chez celui qui succombe. Quand la tentative vient d'un simple particulier, les tribunaux le punissent dans certains cas; dans tous les cas, l'opinion le flétrit; dans aucun, son influence ne devient générale. Mais si le gouvernement, de corrompu, se fait corrupteur; si l'opinion se tait, et ensuite se fausse, deux fléaux dont le second est l'inévitable conséquence du premier; si le mal vient d'où l'on attend le remède; si, d'abord honteux et clandestin, il devient régulier et officiel; si la puissance publique sert d'auxiliaire à l'immoralité, juste ciel! se peut-il quelque chose de plus épouvantable?

Les Anglais, pour qui la liberté est le prix de tous les genres d'épreuves, ont connu sous le ministère de Walpole cet état périlleux et dégradant. Cette époque de leur opprobre fut aussi celle de leurs désastres, comme pour leur apprendre que rien ne succède à une nation qui se laisse avilir. Walpole avait fait de l'argent l'unique ressort de son administration; l'argent dans ses mains assiégeait l'homme par tous ses endroits faibles, sollicitait toutes les passions viles, tentait tous les intérêts sordides. La facilité avec laquelle il réussit est

la honte de l'humanité; il ne fit que toucher cette nation si fière, et elle s'abattit tout entière devant lui.
Lorsque son administration elle-même fut tombée, le
corps de l'État, suivant l'expression d'un membre des
communes *, juge d'ailleurs fort indulgent de Walpole,
ne présentait *qu'une masse de gangrène*. Cependant
l'Angleterre avait dans ses vieilles habitudes constitutionnelles un principe vital, aussi difficile à détruire,
que lent à se former; et lorsque la généreuse éloquence
de Chatam vint régénérer sa nation, il se trouva encore
une pudeur et une conscience publiques, qui se réveil-
lèrent à ses accens; le mal disparut à la longue. Mais
nous, qui nous empêcherait de périr? Le passé, qui a
retenu l'Angleterre à la vie, ne nous présente que des
exemples à craindre, et des traditions à réformer; notre
jeunesse s'est usée sous le pouvoir absolu; nous don-
nons le singulier spectacle de vieillards essayant une
éducation nouvelle; nous réunissons dans une seule
époque tout le mal, qui autrefois était réparti sur plusieurs règnes; deux fléaux qui ne se sont montrés que
successivement dans notre histoire, l'hypocrisie religieuse sous Louis XIV et la vénalité politique sous la
régence, s'accumulent et pèsent ensemble sur notre
siècle, qui supporte ainsi la plus grande somme possible d'immoralité. Prenons-y garde, au nom de tout
ce que la civilisation nous a laissé de noble et de pur;
en nous abandonnant comme une proie facile au premier corrupteur que la faveur royale aura rendu puissant, nous risquons tout, même l'honneur. -

* *Essai historique sur le gouvernement anglais*, par John Russe¹.
1821.

Le genre de renom qu'a laissé Walpole était de nature à lui créer des prosélytes : le vice ou même le crime qui procure une réputation d'habileté, obtient promptement crédit chez les hommes. Je ne conteste pas à Walpole les talens personnels que lui reconnaît l'histoire ; mais je ne puis voir dans son système que la partie facile de cette horrible science, forfait du génie de Machiavel. Il ne s'agit ni de ces conceptions qui annoncent de la profondeur, ni de ces crimes qui demandent de l'énergie, mais simplement de propager la servilité par la vénalité ; en d'autres termes, d'acheter ce qui cherche à se vendre, d'abattre ce qui penche vers sa chute, de courber ce qui plie, de ce qu'il y a de plus vulgaire dans l'immoralité, et de plus trivial dans le vice. Pour gouverner ainsi les hommes, il suffit de les mépriser, et, pour les mépriser, d'être soi-même méprisable : je soutiens qu'il ne faut rien de plus, et que le corrupteur le plus médiocre réussira infailliblement, si la loi ne l'arrête. A ne considérer la probité politique que comme un moyen, et non comme un devoir, elle mériterait cependant encore qu'un ambitieux en essayât ; cette nouveauté le conduirait peut-être à découvrir que depuis le nouveau régime, c'est-à-dire depuis la réconciliation de la morale avec la politique, il faut donner d'un ministre la même définition que d'un orateur : le ministre est l'honnête homme, habile à gouverner ; en cessant d'être probe, il cesse d'être homme d'État ; s'il manque d'honnêteté, il manque d'habileté ; un cœur droit est pour lui l'unique source du talent, et l'estime de lui-même la première condition du génie.

Nous avons en France un préjugé qui contrarie cette philosophie du gouvernement constitutionnel, et qui fait entrer des mœurs ennemies dans les lois, l'administration et la jurisprudence. On enseigne comme une doctrine classique, on proclame à la tribune de la chambre élective *, nos députés semblent reconnaître par des signes d'adhésion, que le pouvoir sous le nom de l'ordre, et la nation sous le nom de liberté, réclament une seule et même chose. Qu'en est-il résulté? que dans les occasions nécessairement fréquentes, où les idées d'ordre et de liberté ont paru se trouver en conflit, c'est toujours la considération de l'ordre qui a prévalu sur celle de la liberté, et l'on sent quelle arme cette doctrine met aux mains d'une faction puissante. Je n'en connais cependant ni de plus fausse en principe, ni de plus funeste dans la pratique. Assurément je n'entends point constester la nécessité du bon ordre, ni affaiblir le sentiment de son importance. Mais on lui donne une place qui n'est pas la sienne, et il devient le prétexte de mesures illégitimes. Non, l'ordre et la liberté ne sont pas des idées égales, parallèles, qui se servent de contre-poids; l'esprit du gouvernement n'est pas de les contenir et de les réprimer mutuellement, ni sa perfection d'établir entre elles un équilibre. Il n'y a aucun équilibre à chercher entre deux puissances, dont l'une est subordonnée à l'autre. Car j'ai déjà eu, mon ami, l'occasion de te le dire : la liberté est le but, l'ordre est le moyen. Sans l'ordre, la liberté est impossible; mais l'ordre n'est bon et utile qu'autant qu'il nous conduit à la

* M. Cuvier, commissaire du Roi.

liberté. Si nous parvenions à ranger ainsi ces deux idées, et à les rétablir dans leurs vrais rapports, nous démêlerions mieux les cas où l'ordre n'est allégué que comme un prétexte, et nous comprendrions enfin que partout où on lui sacrifie un droit, les idées sont interverties; il détruit ce qu'il est destiné à protéger.

J'entends bien ce que l'on va m'objecter : quoi donc? faut-il de nouveau déchaîner l'anarchie ? à peine relevés du despotisme, allons-nous faire une rechute dans la licence? je regarde, et j'aperçois de toutes parts les précautions d'un pouvoir ombrageux contre les tentatives impossibles d'un adversaire terrassé. Saurons-nous quelque jour marcher avec le temps, et changer de système en changeant d'époque? ce n'est pas de l'anarchie de 1793, c'est du despotisme impérial que nous sortons. Napoléon n'a cessé de commander que d'hier; et aujourd'hui même il n'y a de mort que sa personne. Son génie lui survit dans cette foule de décrets qui continuent à régir mes actions; nous sommes enveloppés de je ne sais quel bonapartisme royaliste que je ne puis définir, et, quand un commandement m'est fait au nom du Roi, comment arrive-t-il que ce soit presque toujours à l'Empereur que j'obéisse? c'est sa volonté que nous rencontrons dans les règlemens publics, et, ce qui devrait nous être un inépuisable sujet de douleur, c'est sa trace que nous retrouvons au fond des âmes. Le pouvoir qu'il a transmis à ses successeurs, est un géant, dont les regards et les bras atteignent en même temps aux extrémités du royaume, qui tient dans une seule main tous les fils d'une administration immense, qui est présent en tous lieux, assiste à tous nos entretiens, prévient nos actions, pénètre nos pensées ; et cependant je n'entends de tous côtés recommander que le pouvoir, affecter de sollicitude que pour la force, appeler de secours que pour le vainqueur, comme si le gouvernement qui a recueilli l'héritage de l'empire, pouvait réclamer des sûretés nouvelles, sans se calomnier ou se condamner lui-même.

Lorsqu'après l'anarchie et le despotisme, on voit une nation fatiguée tendre au repos, il y a tout à craindre, non pas d'elle, mais pour elle. Ne jugeons point de la France entière par une circonstance donnée. Malgré des irritations individuelles qui ne sont pas une disposition générale, il y a inertie parmi nous ; et en vérité, au milieu de cet empressement universel à se précipiter vers le pouvoir, je ne suis touché que d'une chose, de la ruine chaque jour plus imminente de l'esprit public. Le despotisme a détruit l'enthousiasme, et l'a remplacé par l'égoïsme ; le pouvoir doit se dissimuler cette vérité encore moins que nous, lui à qui il est si souvent arrivé de prendre pour l'enthousiasme je ne sais quel brillant fantôme décoré de ce nom, qui, semblable à l'image de Deïphobe après avoir ramené Hector près d'Achille, s'évanouit au premier souffle de l'adversité. Il n'est pas juste qu'on retrouve dans les mauvais temps, ce que l'on a calomnié dans les jours sereins.

On affecte de redouter le fanatisme politique ; et il est vrai que le fanatisme a parcouru toute l'étendue du cœur humain ; nous n'avons point de passion noble qu'il n'ait successivement touchée et flétrie. Après avoir ensanglanté la terre au nom de Dieu, il a quitté la religion pour s'introduire dans la politique ; il les a quel-

quefois unies en France et en Angleterre, pour les en-
flammer l'une par l'autre. Mais ce temps est passé; nous
avons perdu jusqu'à la faculté du fanatisme : elle suppose une illusion devenue impossible, et une exaltation
de sentimens, non-seulement que nous n'éprouvons
pas, mais à laquelle nous ne croyons plus. Ce qui lui
ressemble le plus dans l'histoire des derniers temps,
vient plutôt, le dirai-je? du pouvoir que de la nation :
ces combats livrés pour des maximes de gouvernement,
comme autrefois pour des subtilités théologiques; ces
massacres de septembre, ces mitraillades de Lyon si
tristement comparables à la Saint-Barthélemy et aux
dragonades; cette police générale, que l'on peut sans
injustice montrer dans l'inquisition; ces familiers, ces
cachots, ces enlèvemens, ces mystères, cette terreur,
ces professions de foi, ces rétractations, ces armées
qui envahissent un royaume pour redresser les torts
faits à tel système, et qui rappellent si bien l'armée
espagnole désolant le Mexique et le Pérou, pour la plus
grande propagation de l'Évangile, afin sans doute que,
par un singulier retour, l'Espagne souffrît en politique
l'application des principes autrefois pratiqués par elle
en religion; les proscriptions en masse, cette grande
iniquité, qui a trouvé des prétextes dans la religion
comme dans la politique, et qui a produit l'émigration
de 1793, comme la révocation de l'édit de Nantes; ces
tribunaux correctionnels qui, par une fâcheuse ressemblance avec la Sorbonne du dix-huitième siècle, étendent leur juridiction sur les doctrines; en un mot,
toute cette répétition du fanatisme religieux, qui s'en
est rendu coupable? un très-petit nombre d'hommes

maîtres du pouvoir ; les masses ont constamment été spectatrices ou victimes. *Delirant reges, plectuntur Achivi.* Que si l'on remarque une certaine turbulence dans la nation française, il ne faut pas s'y méprendre : rien n'est plus étranger au fanatisme. A la vérité, la politique s'est emparée chez nous de l'homme social ; elle y a ses prophètes vrais et menteurs, ses controversistes hérétiques et orthodoxes, ses Escorbar et ses Pascal ; elle dénature nos mœurs, et les rend graves ou ridicules, selon le temps et les hommes : elle asservit les caprices mêmes de la mode ; elle est à la fois le fléau de la conversation, et le texte d'entretiens qu'écouteraient Cicéron et Atticus ; son influence a ennobli et dépravé les arts, altéré et enrichi la langue, agrandi le domaine des lettres, et corrompu le goût ; des orateurs se sont élevés à des hauteurs sublimes ; des sophistes ont indigné par d'infâmes doctrines ; une profession nouvelle s'est formée dans la société ; donner des leçons de despotisme ou de liberté, est un métier qui fait vivre : mais que l'on y prenne garde ; cette ardeur ne vient que de l'esprit. La dispute nous échauffe la tête, et tout le reste est froid. En résultat, il n'y a pas plus à craindre qu'à espérer de l'énergie des caractères.

Nous ne saurions nous faire à la vivacité des partis ; nous reculons, avec une surprise imbécille, devant l'événement que nous avons appelé ; ce que nous avons prévu, nous étonne ; ce que nous avons désiré, nous épouvante. Parce que la chaleur des esprits se concentre tout entière dans les questions politiques, parce que les partis dévorent le bien qu'ils ont long-temps convoité, parce qu'ils se jettent dans l'arène avec la fougue de leur superbe inexpérience, tout est perdu à nos yeux. On accorde le principe, sans se résigner à la conséquence, et le plus nécessaire paraît aussi le plus difficile. A voir comme on se récrie sur une faute, comme on s'alarme d'un excès, ne semble-t-il pas que l'on puisse exiger d'une nation à peine sortie des langes du pouvoir absolu, qu'elle marche d'un pas aussi ferme que si elle eût vieilli dans la carrière? Aurait-on la prétention de franchir ce premier moment de liberté, pendant lequel il faut s'attendre à tant de faux pas? Ce premier moment arrivera toujours; il est dans l'ordre nécessaire des choses, autant que la succession même des saisons; et, quoi que vous fassiez, persuadez-vous bien que si vous le reculez long-temps, vous ne l'éviterez jamais.

Tout concourt à nous tromper, jusqu'aux termes dont nous nous servons. Notre langue, formée sous la monarchie absolue, attache un sens odieux à ce mot de parti; mais notre régime doit le restituer à son acception véritable, et nous apprendre à le distinguer de la faction.

Que plusieurs personnes s'entendent pour attaquer les bases fondamentales d'un gouvernement, comme chez nous la Charte, il y a faction. Tu sens qu'un pareil concert ne se forme qu'entre des personnages puissans, et que la masse de la nation y reste encore étrangère. *Cùm injusti sunt optimates*, dit Cicéron dans sa République, *quorum consensus factio est.* Que plusieurs factieux concertent et arrètent la résolution d'attenter aux lois de l'État, il y a complot.

Un parti est tout autre chose : que plusieurs personnes, d'accord sur les principes généraux et moteurs du gouvernement, se divisent sur le mode d'exécution, sur l'étendue de la prérogative, sur la force du contre-poids de la couronne, sur quelqu'acte important de la société, ceux qui sympathisent dans la même opinion forment un parti. Ils diffèrent des factieux sous un double rapport : par le but, en ce qu'ils respectent la constitution ; et par la manière de s'entendre, en ce qu'ils n'ont pas besoin de se concerter. La cause de leur intelligence est dans l'identité des sentimens, et le moyen de communication, dans la publicité légale ; ils se trouvent du même parti, sans se liguer, sans se choisir, et même sans se connaître.

La monarchie absolue n'a pas dû distinguer les partis des factions, parce toute disposition qui tendait à contrarier la volonté unique et suprême du monarque était un crime. La monarchie constitutionnelle doit les distinguer, parce que, associant les individus au gouvernement par l'empire de l'opinion, elle met les esprits en contact par la publicité.

Tu vois par quel lien les partis tiennent à notre régime, et de quelle source dérivent leurs inconvéniens et leurs avantages ; de leur unanimité sur les principes généraux naît leur bonne foi réciproque ; de la résistance qu'ils éprouvent sur ce qu'ils regardent comme l'intérêt national, naît la chaleur de la dispute. Leur bonne foi les rend respectables, la dispute les rend passionnés, et la constitution les rend nécessaires.

Chercher à les détruire, c'est donc blesser la nature des choses ; s'alarmer de leur vivacité, une inconséquence, et les punir, une injustice.

Mais il ne faut pas plus les alimenter que les détruire : ce que l'on appelle le système de bascule, est un système négatif. Changer alternativement de parti, c'est n'en avoir aucun; se donner à l'un d'eux par l'unique raison que son tour est venu de dominer l'autre, c'est la nullité avouée du gouvernement. D'un autre côté, il ne faut pas se faire une étude de les admettre en même temps dans une proportion parfaitement égale, car leurs systèmes étant opposés, le gouvernement manquerait d'unité.

Que demande donc notre régime? Que l'on suive, à l'égard des partis, la même règle qu'à l'égard des inégalités sociales; que sans les fomenter dans le monde, on les accueille dans le gouvernement, tels que l'opinion les a formés, et qu'on laisse prévaloir celui que l'opinion élève.

On n'a connu que fort tard, en Angleterre, la vraie manière de s'en servir. « L'avènement de Georges Ier, » dit lord Russel *, fut l'époque où s'établit d'une ma- » nière complète, en Angleterre, le gouvernement de » partis. Sous le règne de Guillaume, les wighs et les » torys avaient participé ensemble à l'administration; » et quoique la distinction entre un ministère wigh et » un ministère tory fût plus prononcée sous Anne, ce- » pendant Marlborough et Godolphin, qui formaient » une grande partie du ministère wigh, étaient torys; » au contraire, Harley et Saint-John, qui se mirent à » la tête de l'administration tory, avaient rempli, peu • de temps auparavant, des places subalternes sous les

---

* *Essai historique sur la Constitution anglaise*, p. 176.

» wighs. Mais la chute complète de l'administration
» tory qui avait signé la paix d'Utrecht, et le soupçon
» qui planait sur tout le parti, de favoriser les préten-
» tions du fils de Jacques II contre celles de la maison
» de Hanovre, placèrent sans réserve Georges Ier dans
» les mains du parti contraire.... » Depuis ce temps, la
balance des torys s'est relevée, à mesure que les craintes
de la dynastie régnante se sont calmées, comme on
peut prévoir que l'esprit du parti libéral l'emportera
un jour en France, lorsque les préventions qui l'éloignent du pouvoir n'existeront plus; mais le gouvernement anglais, en changeant de partis, les a tous souf-
ferts, sans les favoriser alternativement, et sans les admettre simultanément.

Chez nous, au lieu de se pénétrer de ces vérités, le
parti qui possède le pouvoir cherche à détruire son
adversaire, oubliant, suivant un mot profond *, qu'il y
a nécessairement deux partis, ou qu'il n'y en a aucun;
il remet en question la loi commune, il fait violence à
l'opinion rivale, il la traite de factieuse, il la persécute,
il dégénère, et devient lui-même une faction. Nous
ressemblons à Le Dante : nous plaçons tous nos ennemis dans l'enfer, avec cette différence que le parti
proscrit, devient violent et brise la machine qui le
comprime : « J'ai pour maxime, écrivait Horace Wal-
» pole à Montague, que l'extinction des partis est l'ori-
» gine des factions. » Et en effet, c'est une vérité d'observation que, dès qu'un parti est comprimé, une
faction éclate; ce qui peut donner naissance à cet

* De M. Royer Collard.

axiome, qu'en politique une prétention criminelle indique presque toujours un intérêt méconnu. Aussi voudrais-je, dès qu'une conspiration est découverte, qu'on ne se bornât point à punir les conspirateurs, mais qu'on recherchât sincèrement si leur attentat n'a point pour principe quelque chose qui soit avoué de la justice.

On ne peut envisager sans douleur l'état présent des affaires; nous avons d'un gouvernement constitutionnel les élémens, les noms, les formes et les prétentions; mais comme il est plus facile de changer de régime que d'habitudes, et de jeter la livrée que d'en dépouiller les mœurs, nos docteurs politiques s'obstinent à voir dans les Français des hommes qui pèchent par excès de force; c'est toujours un frein qu'on nous propose; c'est toujours la licence que l'on combat. L'idée fausse que le bon ordre est le contre-poids de la liberté, et que sous ces deux noms la nation et le pouvoir défendent deux intérêts rivaux, porte naturellement les agens du pouvoir à surveiller avec inquiétude l'exercice le plus légitime de nos droits les moins contestés; sans nier formellement ces droits, ils se font une difficulté de leur usage le plus simple; le gouvernement n'est à leurs yeux qu'un moyen mécanique de maintenir l'ordre, et les citoyens une chose, une matière sur laquelle opère la machine. Cette impression vague et véritablement hostile produit à la longue le mépris des hommes et de l'opinion. Faut-il s'étonner qu'avec une telle dépravation de principes, nous comprenions si mal notre droit public; ou plutôt que nous ne parvenions point à le former? Mesure les funestes progrès de ce système; rapproche de l'époque où je t'écris celle où la Charte fut promulguée, tu verras d'abord la déclaration de Saint-Ouen annoncer expressément aux Français une constitution *libérale*, et le gouvernement incliner ensuite vers le pouvoir par une pente, si sensible, qu'aujourd'hui la seule présence de ce mot dans un acte officiel attesterait toute une révolution. Le préjugé que je te signale est la cause de cette dérivation affligeante, ou du moins il a fourni des prétextes à tous les actes successifs qui nous ont entraînés si loin du but : de là nos principes sur les fonctionnaires publics, dont la responsabilité est oubliée, quand leur garantie est cimentée avec tant de soin; de là l'existence précaire et dépendante des communes, dont une bonne organisation serait cependant le premier soutien de notre faiblesse, parce qu'elle nous donnerait le point d'appui le plus rapproché de nous; de là cette effrayante concentration du pouvoir, qui fait que l'État ne respire que par la capitale, et que la France entière a deux fois été prise dans Paris; de là cette inextricable jurisprudence administrative, œuvre irréfléchie de l'assemblée constituante, qui empiète sur les tribunaux, les domine par les conflits, et les menace de la forfaiture; de là notre législation sur la presse, qui n'a jamais su trouver de différence entre la mauvaise doctrine et le véritable délit, ni distinguer le mal qu'il faut déférer aux tribunaux, de celui qui ne doit se réprimer que par la presse elle-même; de là cette erreur de notre ministère public, qui s'identifie avec le pouvoir, qui a tant de peine à sentir sa propre indépendance, et à comprendre ses devoirs dans les débats criminels; de là cette difficulté si remarquable que, malgré un petit nombre d'heureux exemples, le principe de l'inamovibilité éprouve à produire son effet sur notre magistrature; de là cette influence du pouvoir sur les élections, ces manœuvres si hardies, si déhontées, si infâmes, dont le ministère profite en les désavouant, et dont l'histoire exacte suffirait pour déshonorer une époque.

Je ne t'ai promis que des réflexions générales sur le vaste sujet qui nous occupe; si j'entreprenais de suivre notre principe dans ses innombrables applications, et de rechercher au sein de l'ordre administratif et judiciaire toutes les habitudes qu'il convient d'y réformer, j'aborderais cette politique spéciale, plaie douloureuse et irritable que je me suis interdit de toucher. Mais ce n'est point sortir de mes limites, que de recueillir quelques circonstances particulières de ces derniers temps, pour les comparer à des circonstances semblables de l'histoire d'Angleterre; ces rapprochemens sont toujours lumineux, et je t'exhorte à ne jamais en négliger le secours. Les Anglais sans doute entendent aussi bien que nous la théorie du bon ordre; on pourrait dire qu'ils doivent en sentir plus vivement la nécessité, parce que la vigueur, l'énergie, la fierté de leurs mœurs politiques les exposent de plus près à la licence; et cependant, chez aucune autre nation, les lois ne sont animées d'un plus profond respect pour l'homme, pour sa grandeur morale, pour sa vie et sa liberté. Dans les États despotiques, les populations sont tellement avilies, que l'on ne met aucun prix, je ne dis pas à des droits dont on n'a point l'idée, mais à l'existence même, dont cependant la nature seule nous inspire l'amour ; le despote immole ses sujets avec la même indifférence que le peuple les voit tomber. Un Roi de Perse faisait entasser en forme de pyramide les têtes des animaux qu'il venait de tuer à la chasse ; il en manqua une, et il y fit placer celle de son favori pour achever la pyramide. Dans un état libre, il n'y a rien d'aussi précieux qu'un citoyen : il semble que la liberté politique ajoute à ce que l'homme reçoit de sa liberté morale, et qu'elle rehausse encore en lui cette dignité native, dont elle tire son origine.

Les Anglais n'entendent comme nous ni l'obéissance militaire, ni la responsabilité des agens subalternes. On lit dans un ouvrage célèbre * : « Un soldat en faction » sur des pontons avait reçu l'ordre de tirer sur qui- » conque tenterait de franchir l'enceinte confiée à sa » garde ; il fit feu sur un citoyen anglais, le tua, fut » poursuivi en justice, et, malgré sa consigne, con- » damné à mort.

» Chez les Français, au dix-neuvième siècle, un fac- » tionnaire exécute la consigne de tirer sur les prison- » niers qui se montraient aux barreaux de leur geôle ; » d'autres soldats, par amour du sang, se joignent au » factionnaire pour faire feu comme lui. A deux re- » prises, une commission militaire est chargée de les » juger. Tous sont absous du crime de meurtre, et les » derniers seulement renvoyés au conseil de discipline » de leurs corps : *Le tout*, dit l'arrêt de révision, *con-*

---

* *Voyage dans la Grande-Bretagne.* par Ch. Dupin , tom. I, pag. 2.

« *formément à la loi du 5 brumaire*. La loi fait suite à
« l'an III et l'arrêt à 1815. »

Nous ne nous rencontrons pas davantage avec nos
voisins dans la manière de comprendre et de pratiquer
la liberté individuelle.

Nous pour qui cette liberté est une conquête de la
révolution, nous qui n'avons jamais su, autrement que
dans l'intérêt du pouvoir, porter aux détails de l'administration cette attention inquiète, qui est la source de
toute amélioration politique ; nous qui n'avons de sollicitude que pour les infortunes illustres, de vengeance
que pour les injustices éclatantes, et chez qui il faudrait encore que l'assassinat de Calas fût dénoncé par
Voltaire, ou que l'éloquence de la piété filiale rachetât
de l'infamie la mémoire de Lally-Tollendal, nous ne
concevons pas cette vigilance de tous les momens, qui
épie en Angleterre les plus simples actes du pouvoir ;
nous ne savons pas assez que c'est l'oppression d'un
particulier obscur qui fit naître *l'habeas corpus*. Ce particulier avait nom *François Jenks*, et un acte arbitraire
a rendu ce nom immortel. *Jenks*, ayant été empri-
sonné sous Charles II pour avoir demandé la convocation d'un parlement, sa détention fut prolongée pendant
deux mois, et la loi fameuse qui vint protéger cet individu sans crédit, est le plus ferme rempart de la
liberté des Anglais. Ne perdons pas cette occasion de
remarquer toute la supériorité d'une loi organique sur
une déclaration de principes : le principe de la liberté
individuelle avait été déposé dans la grande Charte,
avant d'être consolidé par l'institution ; or, on a reconnu la faiblesse de la première et l'efficacité de la

seconde, à ce signe frappant : c'est qu'il a fallu toujours confirmer la grande Charte, et toujours suspendre *l'habeas corpus.*

Le mode d'exécution de cet acte n'est pas moins remarquable que les particularités de sa naissance. Nous encore, chez qui la liberté individuelle ne se trouve jamais en opposition avec la force publique sans succomber, que nous sommes éloignés du respect religieux dont elle est entourée chez nos aînés! leur gouvernement ne la touche qu'avec la pudeur de la loi même.

* Sir Henri Ferrers était baronnet : on veut l'arrêter en vertu d'un mandat qui le qualifie chevalier. Son valet prend sa défense, résiste à l'officier public et le tue. Les Anglais ont décidé que le *warrant*, auquel on s'était opposé avec violence, n'étant pas un bon *warrant*, le meurtre de l'officier n'était pas un vrai meurtre, et le valet de Ferrers a été absous.

** En France, Louis Bernard est arrêté par un gendarme; ce gendarme agit en vertu d'un mandat délivré par un commissaire de police, qui n'a pas le droit de décerner de mandat, et Bernard résiste à la contrainte. Les Français décident que Bernard est coupable de rébellion, parce que le caractère de la rébellion n'est point subordonné à la régularité du mandat, que l'illégalité des mandats autorise des poursuites contre les fonctionnaires qui les ont donnés, et non une résistance, dans laquelle on ne manque jamais de voir l'ordre compromis.

----

* Delolme.

** Arrêt de Cassation, du 5 janvier 1821. — Denevers, volume de 1821, pag. 111.

Ainsi, mon ami, en Angleterre, c'est la considération de la liberté, et en France celle de l'ordre qui détermine le juge. Cependant, depuis que la Cour de cassation a rendu son arrêt de 1821, on a remarqué avec
joie le commencement d'une révolution dans les idées
de notre magistrature. Plusieurs fois, en 1826, l'occasion s'est présentée devant les Cours royales de fixer le
véritable caractère de la rébellion, et les Cours de
Lyon, de Nîmes et de Toulouse ont compris que la
rébellion n'était que la résistance à l'officier public
exhibant le signe régulier de sa mission, et agissant dans
le cercle de la loi; autrement la résistance n'est que
l'opposition à une voie de fait. Il était réservé à la magistrature de donner ce bel exemple; mais, par une de
ces contraditions, si fréquentes à une époque d'indécision et d'embarras comme la nôtre, la magistrature a pris
l'alarme à la première apparition des saines doctrines,
et un tribunal a puni dans un jurisconsulte la théorie,
qu'un autre tribunal avait reconnu dans un citoyen le
droit de mettre en pratique.

On a tort de confondre la résistance individuelle à
un acte arbitraire, avec le droit d'insurrection, que les
publicistes anglais, notamment Locke parmi les wighs
et Bolinbroke parmi les torys, reconnaissent à toute
nation opprimée. Adoptons pour maxime, en politique,
de ne jamais discuter ce qui ne doit pas se prévoir, et
de ne jamais prévoir les maux sans remède. Attachons-
nous à ne raisonner que dans la sphère de l'ordre
légal: hors de là, tout échappe au raisonnement comme
à la puissance des hommes, et les princes, aussi bien
que les nations, sont emportés par le cours naturel des

choses. Le Code des dissensions civiles est un ouvrage impossible.

Mais le droit de repousser un attentat à la liberté individuelle rentre dans le domaine du raisonnement, puisqu'il peut être régi par une loi, et ne serait-ce pas un bien que la loi n'abandonnât pas à la jurisprudence, l'office qu'elle seule peut ici remplir? qu'un particulier, illégalement arrêté, préfère aux périls d'une résistance souvent inutile un acquiescement provisoire, et se contente du droit de recours contre un fonctionnaire, dont la responsabilité est ceinte d'un triple acier; je le veux avec lui, c'est une faculté dont il peut user. Mais que l'acquiescement provisoire lui soit imposé comme un devoir rigoureux, et qu'on le réduise au droit de recours : c'est une doctrine qui ne supporte pas l'examen. Il ne sera jamais vrai que la faculté d'obtenir la réparation d'un dommage, soit une raison nécessaire de ne pas s'opposer à ce dommage. D'après l'art. 4 de la Charte, *je ne puis * être* arrêté que *dans les formes*, et cependant avec cette doctrine je pourrais être arrêté autrement que dans les formes. Ce que l'on a le droit d'exiger de moi, c'est que je ne me rende pas juge *des motifs* de mon arrestation : voilà ce que l'ordre public me commande, voilà tout ce qu'il me commande. Mais quant *à la forme*, sans laquelle je *ne puis être* arrêté, seul signe ostensible que je sois obligé de reconnaître, unique preuve que la force publique agit au nom de la loi, procédé simple et facile qu'on n'est

---

* On peut appliquer a ce texte la maxime de Dumoulin en droit civil : *Negativa præposita verbo potest tollit potentiam juris et facti.*

jamais excusable de négliger, pourquoi donc n'en serais-je pas le juge? Ne sommes-nous pas tous, par la nature même des choses, les premiers juges des crimes flagrans qui se commettent sur nos biens et sur nos personnes? et depuis quand faut-il que la voie de fait se consomme, pour que justice se fasse? La doctrine et la jurisprudence s'accordent à reconnaître * qu'un possesseur annal peut, de son autorité privée, réprimer l'entreprise que l'on hasarde sur l'objet possédé; mais toutes les voies de fait sont régies par des principes communs; l'entreprise sur la liberté individuelle est une voie de fait contre les personnes, comme l'entreprise sur une propriété est une voie de fait contre les biens; par quelle bizarrerie excepterait-on de la règle la voie de fait de l'espèce la plus coupable, l'attentat du genre le plus grave? A Rome, dans les questions d'état, la présomption était toujours contre l'esclavage; chez nous, serait-elle contre la liberté? La loi des Douze Tables, en défendant les arrestations arbitraires, permettait à la partie lésée de repousser la force par la force; la terrible ordonnance de 1670 n'empêchait pas d'enseigner autrefois la résistance aux actes illégaux **; nous avons vu nos Rois eux-mêmes défendre d'obéir aux lettres closes, qui ne portaient que le petit scel; et aujourd'hui, sous un régime qui rend à l'homme le sentiment de ses droits, ce principe de tous les temps et de tous les lieux deviendrait tout à coup une

* MM. Merlin, Toullier, Lanjuinais: la Cour de cassation, arrêt du 8 janvier 1813; Duparc-Poullain.

** Jousse, *Traité de la Justice criminelle*, partie IV, titre 45, n° 8.

fausse doctrine! Est-ce ainsi que nous avançons dans la carrière ouverte par la Charte? Vous parlez d'ordre public; mais l'ordre public souffre de tout acte illégal; et prenez garde que votre doctrine relâche les devoirs de vos agens, en affaiblissant chez eux ces scrupules salutaires, qui doivent régler tous leurs actes et finir par entrer dans leurs mœurs. L'inconvénient est moindre avec la répression actuelle qu'avec l'acquiescement provisoire; car notre rébellion est beaucoup moins probable, que la violence de vos agens subalternes; nous avons plus de faiblesse qu'ils n'ont de modération; nous sommes plus enclins à souffrir, qu'eux à s'abstenir, et un seul exemple de notre part produirait plus de bien sur leur esprit, que l'habitude de l'acquiescement provisoire n'en produira jamais sur le nôtre.

Il vaudrait mieux sans doute ôter à cette difficulté jusqu'à l'occasion de naître. Je voudrais qu'à un acte de procédure criminelle, sujet à des formalités ignorées du vulgaire et de certains agens, on substituât un signe, un symbole qui parlât aux sens, comme la baguette du constable ou la verge noire que porte en Angleterre l'huissier chargé de dissoudre le parlement. Le plus obstiné rebelle, dès que la baguette le touche, devient immobile. Ce serait hâter nos mœurs constitutionnelles, que de nous habituer à respecter une marque extérieure, inaltérable, populaire, et d'augmenter ainsi à nos yeux cette puissance du droit, cette magie de la loi, qui est une des merveilles de notre régime. Lorsque le législateur s'occupera de notre acte d'*habeas corpus*, puisse-t-il avancer ainsi l'ouvrage de la Charte!

Le système de notre époque est un contre-sens continuel; non-seulement le pouvoir atténue les scrupules de ceux qu'il emploie; mais il énerve leur caractère; méthode infaillible pour faire des hommes violens et faibles. En même temps qu'il les rassure contre de trop justes plaintes, il les enveloppe de liens qui, à chaque pas, se font tous sentir à la fois, de manière qu'ils ne peuvent se mouvoir sans se rappeler leur dépendance. Il les fait vivre dans la terreur de sa disgrâce; il les épouvante par les bruits coups sur coups répétés de destitutions inattendues; il ne leur permet de s'asseoir que sous l'épée de Damoclès. Cependant, si nous en croyons Vattel *, « il y a entre celui qui donne un office » et celui qui le reçoit, un pacte qui opère quelque » chose. L'officier, n'ayant peut-être pas de quoi sub- » sister, se vouerait sans doute à autre chose, plutôt » que d'accepter cet office, s'il ne supposait pas qu'on ne » l'en privera pas, tant qu'il fera son devoir. Mais celui » qui confère l'office, ne manquant en aucun temps de » sujets pour le remplir, ne laisserait pas de le donner » à un homme habile et plein de mérite, quand même » il penserait que cet homme ne voudra pas le con- » server toujours. Il semble donc que la clause tacite de » perpétuité est mise avec plus de force de la part de » celui qui reçoit, et par conséquent que celui qui donne » est obligé plus fortement à laisser subsister le pacte » qui est entre eux. » En principe, les fonctions révocables ne doivent différer qu'en un seul point des fonctions inamovibles, c'est qu'il n'est pas besoin d'un jugement

---

* Questions de droit naturel.

pour en dépouiller le titulaire ; à cette différence près, qui n'est que dans le mode, les motifs de la révocation doivent s'apprécier avec une justice également sévère. Un agent est-il intègre et capable? on n'a rien à lui demander, et je veux qu'il se repose dans ses fonctions, avec la même sécurité que si elles étaient inamovibles. Il a besoin de cette stabilité pour connaître et aimer ses devoirs; jamais un état précaire ne formera d'administrateurs. Destituer pour cause d'opinion politique, ou, pour parler la langue barbare des partis, épurer, c'est chercher querelle à la pensée, c'est fomenter l'hypocrisie, c'est perpétuer les haines, c'est créer deux nations, des parias et des brames.

Tâche de trouver une bonne réponse aux plaintes de cet administrateur récemment destitué, qui vient nous tenir ce langage :

« J'ai fait serment d'être fidèle au Roi, et j'ai été fidèle » au Roi; de me conformer à la Charte, et je me suis » conformé à la Charte; de remplir mes fonctions avec » probité, et je les ai remplies avec probité.

» Je croyais avoir compris toute l'étendue de mes de- » voirs; mais on vient de m'en découvrir un qui n'était » ni dans mon serment ni dans ma conscience, et qui » consiste à aimer ou à haïr certaines choses et certaines » personnes; on me l'a révélé en me destituant.

» Je croyais m'acquitter loyalement de ma charge, en « exécutant les instructions qui m'étaient transmises, » selon leur texte et selon leur esprit. Mais on vient de » m'apprendre que j'ai manqué à mes devoirs, aussi » bien par la pensée que par l'affection : une mesure a » été prise, sur laquelle je ne pouvais rien directement ni

» indirectement; il m'est arrivé de la blâmer, et l'on me
» destitue.

» Qu'un ministre révoque le fonctionnaire, dont l'in-
» fluence peut contrarier son système, rien de plus juste.
» Mais moi, atome inaperçu dans l'immensité, quelle
» invisible liaison y a-t-il donc entre ce système et ma
» pensée?

» Ce que l'on appelle le système du jour est un être
» insaisissable et incompréhensible : j'en ai suivi les va-
» riations dans les gazettes; j'ai fait périodiquement des
» voyages de la capitale pour l'étudier de plus près, et
» l'on me chasse, en me déclarant que je ne suis point
» dans le système du jour.

» Voyez dans quelle perplexité je me trouve! J'ai cru
« ne promettre que mon zèle, et l'on me demande ma
» conscience; le pouvoir veut se substituer à elle dans
» l'acte le plus important du citoyen, dans l'élection
» des députés.

» Les cruels! ils m'obligent à me taire ou à mentir
» avec mes amis; ils font plus : ils exigent que je re-
» nonce à ceux avec qui j'entretenais le plus doux com-
» merce de l'esprit et du cœur. En revanche ceux qui
» m'étaient indifférens ou inconnus, me sont devenus
» odieux ou hostiles : mon prédécesseur ne m'avait
» laissé sa place qu'avec sa haine, et aujourd'hui mon
» âme n'est point assez forte pour pardonner à mon
» successeur, qui ne se fait connaître à moi que par
» la délation dont il est coupable ou dont il profite.

» Ils assurent que tel est le gouvernement constitu-
» tionnel. Mais ici ma perplexité redouble : on m'avait
» persuadé que cette espèce de gouvernement rendait

» l'homme à l'usage de ses facultés morales, et le pre-
» mier sacrifice que l'on demande en son nom, est celui
» de mon libre arbitre! On me retranche de l'opinion
» publique, que je ne puis ni recevoir, ni former. On
» m'enjoint le dévouement, comme le plus facile de mes
» devoirs : on commande mon amour, comme un partie
» de mon service. Il semble qu'en me donnant une place
» on ait acheté mon âme tout entière. Ah! si tel est le
» gouvernement constitutionnel, rendez, rendez-moi
» le pouvoir absolu. »

Ce n'est pas avec un homme, mon ami, ce n'est pas
avec un petit nombre d'hommes que l'on fait un tel
pacte; c'est une partie considérable de la nation, c'est la
nation tout entière qui se vend à ceux qu'elle paie; car
tu compterais facilement les sages qui ne convoitent pas
la possession d'un pouvoir mis à un tel prix. Vient-il à va-
quer, dans un des derniers degrés de la hiérarchie administrative, un emploi subalterne, qui ne peut ni flatter
l'orgueil ni allécher l'avarice? vois avec quelle rivalité jalouse, vois avec quelle émulation de bassesse, vingt con-
currens se précipitent pour l'envahir. Les funestes progrès de cet esprit servile, un des plus effrayans symptômes
de notre décadence, ne sont arrêtés ni par l'infamie du
marché, ni par les exemples journaliers de l'instabilité de
la faveur. On nous élève dans je ne sais quel besoin de
dépendance; on nous élève pour un emploi, comme on le
ferait pour une profession; on nous habitue à placer
notre bien-être sur un roseau, à le suspendre à un cheveu. Tel est le nombre des hommes à gages, qu'il suffit
de susciter leurs clameurs, pour donner à toutes ces
voix réunies l'apparence de l'opinion publique, et que

le pouvoir finit par y ajouter foi, comme un menteur par se faire illusion. Napoléon avait senti que sa puissance devant s'appuyer sur un autre fondement que l'institution, il était obligé de rattacher à lui toutes les existences, et de multiplier les emplois, pour multiplier ses créatures. Son administration nous a légué dans cette prodigieuse complication de rouages, dont les embarras même sont un secret du pouvoir, un instrument que l'on manie de nos jours avec une merveilleuse dextérité. Songe que chacun de ses innombrables emplois tient sous le joug, non-seulement ceux qui les possèdent, ou plutôt qu'ils possèdent, mais la multitude bien plus grande de ceux qui les convoitent; calcule la quantité probable de ces malheureux, et tu te feras une idée des altérations profondes qu'en reçoivent la morale publique et le génie de la nation.

Comment se défendre d'un sentiment douloureux, à la vue de cet immense filet, qui, des emplois publics qu'il a enveloppés, s'étend de jour en jour sur une partie de nos propriétés privées, sur les professions libérales? car une profession est une propriété. Le gouvernement impérial avait pris le commerce en une sorte de haine, parce que la tendance du commerce est de s'affranchir de tout assujettissement illégal; depuis la restauration, il semble que le pouvoir ne puissse envisager sans envie rien de ce qui vit et s'élève sans lui : on a cherché à ébranler dans l'esprit des notaires, le principe de leur inamovibilité; une ordonnance du 3 juillet 1822 destitue un avoué du tribunal de Joigny; il n'est pas jusqu'aux avocats, auxquels une ordonnance du 20 novembre de la même année, n'ait retranché dans ses dispositions, en raison directe de ce qu'elle leur promet dans son préambule. Sachons nous défendre contre cette jalousie du pouvoir; usons de tous les moyens légaux pour conserver ou reprendre nos droits; c'est à l'industrie que nos ancêtres ont dû leur liberté; c'est aux professions libérales que nous devrons notre indépendance; et, si nous nous endormons sur le péril, les mœurs constitutionnelles seront attaquées dans leur dernier asile. O mon fils, qu'une profession indépendante est un présent inestimable! Quiconque n'a pas vécu de nos jours, ne l'appréciera jamais qu'à demi. Quel orgueil de soi-même, quelle compassion pour les autres n'éprouve-t-on pas, quand on voit autour de soi tant d'infortunés, qui vont, reviennent, s'élèvent, tombent, avec les anxiétés d'une possession précaire, ou le désespoir d'une disgrâce non méritée, et qu'au centre de ce tourbillon, on se sent calme et immobile! Conserve toute ta vie, mon ami, au milieu de tant d'existences incertaines et troublées, conserve ce noble et délicieux sentiment de ta sécurité; aime, chéris une condition où il t'est permis d'être toi-même, de sentir selon ton cœur, de juger selon ta raison, et de maîtriser ta destinée, autant qu'il est donné à un homme. Juge si la classe intermédiaire n'est pas bien servie par son instinct, qui la porte vers les professions libérales, comme vers sa destination naturelle; il semble qu'une voix secrète de la liberté nous avertisse d'être fidèles à cette cause première de l'affranchissement de nos pères; car nous-mêmes, lorsque nous avons l'ingratitude de les délaisser, séduits par cet amour des places, qui tue le zèle du bien public, notre punition est de retomber sous une autre espèce de servage; c'est la captivité de Babylone châtiant les adorateurs du veau d'or.

Le veau d'or est en effet l'objet de notre culte; le préjugé de notre époque est que la richesse seule procure l'indépendance; et, dans le conseil que je donne d'embrasser les professions libérales, on pourrait bien ne voir qu'une recommandation de rechercher la fortune. La fortune n'est pas le principe de l'indépendance; mais il est vrai que si elle ne peut donner celle que l'on n'a pas, elle raffermit celle que l'on s'est faite, en diminuant les tentations qui assiègent notre faiblesse. La fortune acquise n'est la source d'aucune vertu; elle leur sert cependant à toutes de garanties et d'occasion; mais la fortune à acquérir est leur ennemie; les soins qu'elle commande énervent l'âme et dessèchent le cœur; la vie se passe à subir tous les jougs, pour parvenir à la prétendue indépendance de la richesse, au moment où la mort suffit pour nous affranchir de toutes les dépendances de ce monde. Quelle perspective pour celui que n'a point visité la fortune au commencement de sa carrière! L'avantage réel d'une profession n'est pas le bien-être matériel, que les fonctions publiques procurent plus promptement et à moins de frais; ce sont les mœurs qui en résultent. Quand l'administration aura rempli la tâche facile de diminuer les ressources précaires créées par le despotisme, et de réduire la nation à celles qu'elle peut tirer d'elle-même, dans un pays qui n'est jamais ingrat au travail ni au talent, on sentira la puissante influence des professions sur le génie national. L'habitude de n'attendre du gou-

vernement que la protection des lois, l'habitude de
n'attendre son bien-être que de soi-même, donne de la
sécurité à l'homme qui se sent fort, et de la fierté à
l'homme qui se suffit; ce sont les sentimens dont se
composent les caractères mâles; c'est la source de l'esprit public; c'est l'origine de la plus haute vertu à laquelle puisse atteindre l'homme social, et qui marque
la perfection de notre régime, le courage civil.

Car, mon ami, le courage n'est une vertu que parce
qu'il suppose la vigueur de l'âme, et nos mœurs nous
ont donné des idées si fausses à ce sujet, que nous le
cherchons le moins où il se manifeste le plus. La valeur du soldat n'est pas nécessairement le courage, et
pourrait bien n'être autre chose que la familiarité avec
le péril : chez les Français, elle est trop facile pour
devenir une vertu, et trop vulgaire pour rester une
distinction. Les peuples civilisés la partagent avec les
sauvages et les esclaves; si la vertu n'était que la force
de braver la douleur et la mort, nous aurions à rougir
d'être vaincus par une femme indienne. Le courage
civil, le plus rare et le plus difficile de tous les courages, parce qu'il prouve le citoyen, est plus pur et
plus vrai que la valeur guerrière. Ce n'est pas en présence du canon qu'il se montre, c'est en présence de
l'arbitraire, ennemi plus dangereux, parce qu'il nous
réduit à nos propres forces, ou plutôt parce qu'il nous
les ôte. Mais ne te méprends pas sur la nature de cette
vertu, dont on se fait trop souvent un faux point
d'honneur de quereller le pouvoir. Chose admirable!
le gouvernement n'obtient jamais une obéissance aussi
prompte, que lorsque cette vertu est devenue popu-

laire; car le courage civil étant fondé sur une entière soumission à la loi, ce qui constitue son essence, c'est le droit que l'on puise dans sa propre soumission, d'exiger celle des autres, citoyens ou magistrats.

Nous avons dit que si les besoins appellent l'institution, l'institution forme les chefs, qui à leur tour forment les mœurs. Cette action des hommes sur le gouvernement n'est jamais aussi sensible, que lorsqu'on la considère dans nos chambres législatives; les habitudes parlementaires de nos pairs et de nos députés et le ton de leurs discussions, sont peut-être la cause la plus puissante dont notre éducation politique ressente l'influence. Ce que l'on a dit des rois peut s'appliquer aux chambres; la nation se règle sur elles; on la voit s'animer pendant les sessions, s'assoupir dans les intervalles, et, par cette merveilleuse sympathie avec les formes représentatives, rendre un nouveau témoignage à la vérité du système. Les mouvemens de ces assemblées ont sans doute leur principe dans la nation même; mais ils réagissent sur elles, et lui donnent le premier spectacle des vertus politiques. C'est la fibre la plus irritable de l'État; on ne la touche pas sans communiquer un frémissement universel au corps social. Vérité importante! Placés sur une hauteur où se portent tous les regards, quel retour nos pairs et nos députés ne doivent-ils pas faire sur eux-mêmes! Avec quel scrupule inquiet n'ont-ils pas à calculer des discours et une conduite, dont tout un peuple est le témoin et l'imitateur!

Nous ne réfléchissons point assez sur l'usage de la parole dans les matières politiques; nous n'apercevons pas combien un régime, qui vit de la communication des idées, peut en recevoir de bien et de mal. Que sous un gouvernement absolu, un homme puissant ait tort, il a la faculté de se taire, et le superbe silence dans lequel il se retranche, prend à la longue sur les esprits toute l'autorité de la raison. Mais si la loi du pays le condamne à rendre compte de ses motifs, on ne saurait calculer les résultats moraux de cette obligation de parler; il faut recourir aux sophismes, les sophismes se réfutent, et l'homme puissant est convaincu. On sent que celui qui veut éluder cette nécessité terrible de discuter doit se créer un langage évasif, et perfectionner l'art de parler sans rien dire; c'est satisfaire à la rigueur du nouveau régime, sans perdre l'avantage de l'ancien. Nous en avons sous les yeux de nombreux exemples, qui n'ont encore donné lieu qu'à des remarques littéraires; nous n'avons vu que des discours longs, faciles et insignifians, où nous devions signaler un moyen nouveau de gouverner une assemblée. Il y a des hommes à qui il suffit qu'une réponse quelconque ait été faite; la véritable manière de les conduire est d'occuper la tribune, et d'user la séance. Remarquez que deux habiles despotes, Tibère, dont la tyrannie hypocrite tenait encore à certaines formes, et Cromwel, que la représentation nationale désolait par les siennes, ne parlaient jamais sans s'envelopper des ténèbres d'une équivoque étudiée. Tibère épouvantait le sénat romain par des ambiguités, *solitis sibi ambagibus,* dit Tacite *, où l'on désespérait de trouver sa

---

* Ann., l. 3.

pensée, et dont il était dangereux de demander l'explication. « Les discours de Cromwel, rapporte M. Ville-
» main *, sont trop fréquens et trop longs, pour ne
» pas faire supposer qu'il y avait tout à la fois de sa
» part calcul et manie. Cet homme d'une impétuosité
» si féroce, plaçait dans son éloquence un des grands
» moyens de son pouvoir, et les habitudes théologiques
» lui avaient laissé un inépuisable besoin de parler,
» qui semblerait contraire à cette profondeur de dissi-
» mulation qu'on lui attribue. Mais le verbiage mys-
» tique du temps lui servait d'un voile merveilleux. »
La précision et la clarté tiennent de plus près qu'on
ne pense à la liberté elle-même; il ne faut plus les recommander comme de simples qualités du discours,
mais les exiger comme des vertus politiques. Une rhé-
thorique parlementaire serait véritablement le code du
député, et le traité de ses devoirs; c'est à ce degré
d'importance et de gravité qu'il faudrait relever un tel
sujet. Malheur à qui n'y verrait que la science de la
parole, et l'art de seconder les puériles prétentions de
l'amour-propre! Je voudrais même qu'un de ses préceptes bannît de la tribune le style académique, avec
la stérile ambition de ses figures, et la vaine pompe de
son harmonie. Mais la discussion parlementaire, consi-
dérée dans ses rapports moraux et politiques, est une
science trop nouvelle parmi nous pour qu'il soit possible d'en poser les règles; nous ne nous doutons même
pas à quel point elle est nouvelle, car nous ne portons
pas une attention assez sérieuse à cette partie de nos

* Tom. II, p. 97.

mœurs politiques, et nous conservons des habitudes peu convenables dans un genre de discussion trop peu médité.

Grâce à leurs institutions, les anciens s'étaient tellement approprié l'éloquence, qu'ils ne nous avaient laissé que la gloire de l'imitation ; nous avions tout à leur envier, et les hommes et les choses. Ce n'était pas seulement le génie que pleurait notre âge ; la tribune était tombée, le genre même avait péri ; les harangues de Cicéron et de Démosthènes ressemblaient à cette statue grecque, faite d'un marbre dont on a perdu l'espèce. Le pouvoir absolu tolérait bien de magnifiques lieux communs sur les vanités humaines, où trop souvent il retrouvait, en forme de compensation, une flatterie d'autant plus adroite qu'elle semblait échapper à l'austérité sacerdotale. Mais le droit divin eût repoussé comme un attentat toute prétention à partager la discussion des affaires, et l'éloquence délibérative resta ensevelie sous les ruines de la tribune antique. Car nous ne pouvons regarder comme des essais en ce genre les discours que les états-généraux débitaient de loin à loin, et quelquefois à genoux, au pied du trône, sous le triste nom de *doléances :* dénomination frappante, qui n'aurait pu signaler dans le peuple l'habitude de la souffrance, sans dénoncer dans le pouvoir l'habitude de l'oppression. Quand l'assemblée constituante eut relevé la tribune sur tant de décombres, elle ouvrit la plus belle carrière que, depuis l'antiquité, les choses humaines eussent offerte à l'éloquence. Une réunion nombreuse, ardente, sensible, que les partis travaillaient déjà, mais ne s'étaient pas encore partagée ; la nécessité d'une réforme unanimement reconnue, mais de l'indécision sur la nature et le mode des changemens; beaucoup de principes à poser, et d'opinions à faire; des esprits neufs, maniables, accessibles à la persuasion; des illusions qu'aucune expérience n'avait détruites; une liberté que le contact de la licence n'avait point souillée; l'orgueil des nouvelles découvertes, l'enthousiasme de la philantropie; et, devant cette assemblée de publicistes et de philosophes, tout l'ordre social appelé à la révision par l'impérieux esprit d'analyse et de réforme : quel moment pour un orateur! quelle magnifique combinaison les temps modernes avaient préparée au génie de Mirabeau!

Mais tout a changé; et, depuis que le siècle de la révolution a blanchi nos têtes, nous ne nous ressemblons plus à nous mêmes. Les partis se sont séparés; la patrie mesure avec effroi l'intervalle qui les sépare. Nous avons conservé de nos longs malheurs, de la tristesse et de la défiance; les esprits, comme les métaux, se durcissent en se refroidissant; chaque député arrive à son poste avec des principes fixes, des vues arrêtées, des opinions invariables, je dirais presque avec un rôle appris. De la tribune où vous parlez, regardez cette masse pesante et compacte qui vous écoute : ni votre logique ne pourra la rompre, ni votre éloquence la pénétrer, ni l'évidence l'émouvoir; ses membres se sont comptés; ils attendent avec impatience, ils hâtent par leurs murmures le triomphe que leur promet le scrutin, et le seul fruit de vos efforts sera de voir mourir tous vos traits sur le bouclier de la majorité.

C'est ici, mon ami, qu'ont dû naître les élémens de cette science nouvelle, dont les règles manquent à nos mœurs parlementaires. Tu sens qu'avec les hommes, l'éloquence délibérative a dû changer. Les fougueuses saillies de Mirabeau blesseraient aujourd'hui nos chambres, sans émouvoir la nation, ou plutôt ce puissant génie aurait bientôt fixé le caractère de son éloquence sur celui de notre époque. Les esprits plus positifs lui feraient acheter plus cher ses victoires, et il conviendrait lui-même que la tâche du général Foy a été moins aisée que la sienne. Le véritable orateur de nos jours, tel que je le conçois, est un homme probe ; il aime sincèrement la monarchie et la Charte ; il veut la Charte avec des institutions conformes à son esprit, et une administration conforme à ces institutions. Je crois en conscience qu'il doit être libéral, pour prendre de l'autorité sur un siècle, dont un régime libéral est le premier besoin. Il est philosophe ; il a profondément étudié le cœur humain dans l'histoire, et il a recueilli de ses longues méditations sur la révolution française, un sentiment d'estime pour les doctrines, et d'indulgence pour les fautes de chaque parti ; car s'il a pénétré la mauvaise foi de quelques chefs, il a reconnu beaucoup d'illusion dans les disciples. Son style est d'une gravité judicieuse, sa parole d'une franchise persuasive, sa doctrine d'une élévation imposante. Il s'est fait une telle habitude de généraliser ses idées, et de déduire de la nature de l'homme la solution de tous ses doutes, qu'il ne traite jamais de questions politiques, sans découvrir de vastes aperçus, que les esprits superficiels prennent pour des abstractions. Toujours sévère sur une foule de convenances, dont le nombre s'augmente à mesure que les conjonctures se compliquent, il a l'heureux don de ne jamais s'exprimer sur les personnages ou les événemens les plus déplorables de notre révolution, sans satisfaire à la plus exigeante susceptibilité, et sans que son jugement n'en impose comme celui de la postérité même. S'adresse-t-il au parti contraire? il le désarme d'avance par des concessions que celui-ci croyait impossibles; il met tant d'adresse à se rapprocher de lui, tant d'adresse à se l'attirer, qu'il le trouve tout étonné du peu de distance qui les sépare. C'est alors qu'étant plus à portée de se faire entendre, il commence à traiter les points qui les divisent. Loin de gourmander les erreurs qu'il veut détruire, il les excuse et les plaint; il s'est accoutumé dès long-temps à traiter chaque parti comme un homme dont l'âme est pleine des défauts et des préjugés que donne le malheur, et avec qui il faut remonter à la source de ses longues infortunes, pour lui montrer qu'elles sont imputables plutôt aux choses qu'aux hommes, pour soulager son cœur de beaucoup de haines injustes, et le ramener, avec l'autorité d'une raison douce et l'onction d'une pitié tendre, à une meilleure philosophie.

N'en doutons pas, mon ami; une discussion animée de cet esprit aurait sur les mœurs la plus heureuse influence, et, à la longue, les citoyens se traiteraient commes les députés. Mais au lieu de cela, que voyons-nous? Les deux côtés de la chambre, réciproquement irrités par l'impuissance de se convaincre, renoncent à discuter la question pour elle-même: on ne parle plus à ceux qui écoutent, et il arrive une chose bizarre: ce

sont les parties qui plaident dans l'enceinte, et c'est le
juge qui écoute du dehors. Il y a sans doute une différence dont il faut tenir compte, entre les devoirs des
deux fractions rivales. Ceux de la majorité sont les plus
simples, et peuvent tous se réduire à voter en conscience. Maîtresse du résultat des délibérations, la majorité peut ne manifester ses opinions que par le scrutin.
On attend d'elle plus de calme que de la minorité; car la
modération doit coûter moins à qui est sûr d'avoir raison. L'opposition porte sans contredit presque tout le
poids de la représentation nationale; sa situation plus
compliquée lui crée des devoirs incomparablement
plus difficiles. Elle est placée plus près de tous les
écueils. Quand la majorité parle pour s'éclairer, l'opposition discute pour convaincre; la première s'adresse
à la chambre où elle domine, la seconde à la nation
qu'elle veut émouvoir. Elle a toujours une lutte à soutenir, puisqu'elle a toujours une conquête à faire; ce
qui doit la rendre vive, passionnée, impétueuse. Elle
ne peut se permettre qu'une guerre de principes; c'est
de la force des principes qu'elle emprunte la sienne; et,
dès qu'elle s'en sépare pour recourir aux moyens vulgaires, à l'intrigue, et même aux négociations, le cheveu
fatal auquel tenait son existence est coupé. Aussi n'ai-je
jamais approuvé le reproche que l'on a fait à celle
de 1819 de n'avoir pas transigé avec le ministère du
temps. Renfermée dans la tribune, elle y devient redoutable; elle absorbe tout l'éclat des discussions; il n'est
pas jusqu'à son infériorité numérique qui ne la serve,
en lui attirant cet intérêt dramatique, qui s'attache à la
faiblesse combattant avec les seules armes de la raison;

et l'éloquence, qui reconnaît la liberté dans ses rangs, y passe avec tous ses charmes et ses dangers. Mais en tenant compte de cette différence, les délibérations de nos chambres ne sont point ce qu'elles devraient être : la discussion est une protestation véhémente contre ce qui se passe, et un appel anticipé de la décision qui va se prendre. La passion aveugle, le tumulte étourdit. L'éloquence du pouvoir devient verbeuse, arrogante, sophistique ; l'opposition, poussée au-delà de toute mesure par d'évidentes injustices, prend quelquefois l'humeur pour l'indignation, et harcèle au lieu de surveiller. En résultat, l'éloquence se déprave, et le contre-coup s'en fait sentir dans la nation.

TELS sont, mon ami, les principes et les sentimens de ton père. J'avais d'abord projeté d'en terminer l'exposé par un résumé analytique ; mais j'ai pressé tant de choses dans un si étroit espace, que je me trouve, en finissant, n'avoir fait que le résumé d'un ouvrage immense, qu'il serait bien plus nécessaire d'étendre que de réduire. Maintenant tu peux juger ; je viens de te fournir les pièces du procès ; voilà le pouvoir absolu, et voilà le régime constitutionnel : choisis.

TABLE DES MATIÈRES.

TROISIÈME PARTIE.

⊱✦⊰